中國文化通史

遼西夏金元卷·上冊

中國文化源遠流長，欲理解中國文化，捨其歷史無由。而欲理解中國文化史，界定文化的概念，梳理中國文化史的發展脈絡，特質及其研究狀況，又是十分必要的。爰作是序。

一、文化概念的界定

文化問題是世界關注的熱門話題，但是，國內外學術界對於文化的概念，迄無統一的界定。聯合國教科文組織曾邀請各國學者討論什麼是「文化」，也未取得共識。據統計，有關文化的概念，多達數百種，人們見智見仁，莫衷一是。

從西方的歷史上看，人們對於文化的理解，大致經歷了四個時期。

第一個時期是古代。最具代表性也是最古老的文化概念，是由約兩千年前古羅馬哲學家西塞羅提出來的，它從拉丁文譯成英文是「culture is the philosophy-or cultivation-of the mind」。漢譯為「文化是心靈的哲學（修養）」。其中 cultivation 本義是耕種，引申意為耕種─栽培─培養─修養。這可謂哲學的文化概念。它強調文化是人類心靈的創造物，並視文化是一個趨向品德修養終極目標的動態的創造過程。

第二個時期是中世紀。有代表性的是藝術的文化概念：「文化是藝術的總稱。」它是文藝復興時代的藝術家們提出來的，強調文化是人類對美的追求和自由的創造。

第三個時期是十九世紀。其間出現了兩種有代表性的文化概念。一是英國著名學者阿諾德在一八六九年出版的《文化和無政府狀態》一書中提出的：

　　文化就是追求我們的整體完美，追求的手段是通過了解世人在與我們最有關的一切問題上所曾有過的最好思想和言論……引導我們把真正的人類完美看成是為一種和諧的完美，發展我們人類的所有方面；而且看成是一種普遍的完美，發展我們社會的所有部分。[1]

　　這是心理學的文化概念。它強調文化是人們藉助於自然科學和人文科學包括文學藝術中一切真、善、美的東西，陶冶心靈，追求社會完美與和諧的過程；二是另一個英國著名學者泰勒一八七一年在《文化的起源》中提出的人類學的文化定義。他說：

　　文化或文明，就其廣泛的民族學意義來說，乃是包括知識、信仰、藝術、道德、法律、習俗和任何人作為一名社會成員而獲得的能力和習慣在內的複雜整體。[2]

　　泰勒的定義第一次強調文化是「複雜的整體」和「文化是整個的生活方式」。

　　第四個時期是二十世紀。二十世紀初社會學家提出了社會學的文化概念：

　　文化是一個多義詞，我們這裡是在包容較廣的社會學含義上使用它，即它是指人造物品、貨物、技術過程、思想、習慣和價值觀念，它們是一個民族的社會遺產。這文化包括所有習得的行為、智力知識、社會組織和語言、經濟的、道德的或精神的價值系統。一種特定文化的基礎是它的法律、經濟結構、巫術、宗教、藝術、知識和教育。[3]

　　此一定義第一次強調價值觀念和價值系統，是文化內涵的核心。

1　轉引自〔英〕雷蒙德・威廉斯：《文化與社會》，160-161 頁，北京，北京大學出版社，1991。
2　轉引自莊錫昌等編：《多維視野中的文化理論》，99-100 頁，杭州，浙江人民出版社，1987。
3　轉引自閔家胤：《西方文化概念面面觀》，《國外社會科學》，1995 年第 2 期。上述參考了該文的內容。

二十世紀中期以後，隨著科學的進步和視野的拓展，人們進而在生物學乃至在整個宇宙的範圍之內，探討文化問題。例如，生物學的文化定義為：「文化是不同物種的組織結構和行為規範。」聯合國教科文組織「世界文化項目」主持人、加拿大學者謝弗，則進而提出了宇宙學的文化概念：「文化一般是指物種，特殊地是指人類觀察和感知世界，把自己組織起來，處理自身事務，提高和豐富生活，以及把自己安置在世界上的那種方式。」[4]

　　由上可知，西方文化概念的內涵是隨著時代的發展而逐漸拓展與深化的。據統計，一九二〇年前只有數種不同的文化定義；但是到一九五六年，就已多達一百五十餘種，也集中說明了這一點。其中，如果說阿諾德的定義是對古代以來文化認識的集大成的話；那麼泰勒的定義強調文化是一種「複雜的整體」和「整個的生活方式」，以及社會學家強調文化內涵的核心是價值觀念與價值系統，則更具有開創性和劃時代的意義，構成了今人理解文化的現代基礎。這說明，十九世紀末二十世紀初是西方現代文化觀念形成的重要時期。至於其後新說迭起，尤其是生物學的、生態學的、宇宙學的概念的出現，固然反映了人們視野的開拓，但是文化的概念既囊括了物種與宇宙，實漸泛化了，以至於無從把握。

　　從中國歷史上看，「文明」一詞的出現要早於「文化」。《易‧乾》：「見龍在田，天下文明。」《易明夷》：「內文明而外柔順，以蒙大難，文王以之。」「文化」一詞雖然也是古已有之，但它被作為一個完整的辭彙和概念加以使用，有一個演化的過程。在秦漢時期，儒生編輯的《易‧賁卦》的《象》中有「觀乎天文，以察時變；觀乎人文，以化成天下」之說，但「文化」尚未構成一個完整的詞。西漢的劉向在《說苑‧指武》中將「文」與「化」聯用：「聖人之治天下也，先文德而後武力。凡武之興，為不服也，文化不改，然後加誅。夫下愚不移，純德之所不能化，而後武力加焉。」不過，這裡的「文化」仍非一個完整的詞，而各有獨立的意義，「文」指文德，「化」指教化，即借文德行教化。其後，晉人的詩文中出現了完整的「文化」一詞。如束皙的《補亡詩》有「文化內輯，武功

4　同上。

外悠」句；王融在《曲水詩序》中則說：「設神理以景俗，敷文化以柔遠。」至此，「文化」顯然已作為一個完整的辭彙和概念，開始為人們所廣泛使用。其含義包括文治、教化和禮樂典章制度。這與西方古代哲人強調「文化」的內涵在於趨向品德修養終極的目標，是相通的。

語彙是隨著社會生活和時代的變動而變動的。在西方，文化的概念所以於近代以後發生了日益深刻的變動，是與西方資本主義的發生發展、科學的進步以及世界聯繫的日益密切分不開的。反觀中國，封建社會綿延兩千餘年，沉沉一線，「天不變，道亦不變」。與此相應，已有的「文化」一詞，古色古香，其內涵也無甚變化。鴉片戰爭後，中國封建社會因受西方資本主義的衝擊而解體，且日益走向世界，語彙便漸生變動。在一些新的語彙出現的同時，更多的語彙增加了新的內涵。就「文化」一詞來說，其新義的增加尤其是人們自覺重新探究其內涵，界定其概念，則要晚到二十世紀初。梁啟超諸人的觀點具有代表性。梁啟超在《什麼是文化》中說：「文化者，人類心能所開積出來之有價值的共業也。」[5]梁漱溟則謂：「文化並非別的，乃是人類生活的樣法。」[6]胡適也指出：「文化（culture）是一種文明所形成的生活的方式。」[7]他們都強調文化是人類創造的一種複雜的整體（「共業」）和「生活的方式」，這顯然是接受了泰勒關於文化的定義。

所以，儘管國際上對文化迄今未能形成統一的界定，但泰勒的定義實已構成了人們進一步探討文化問題的現代基礎。同時，在此基礎上，除主張文化泛化者外，人們也畢竟形成了相對的共識，即認為文化可分作廣義與狹義兩種概念來理解。梁啟超曾說：「文化這個名詞有廣義狹義二種，廣義的包括政治經濟；狹義的僅指語言、文字、宗教、文學、美術、科學、史學、哲學而言。」[8]就已經有了此種見解。今天我們可以作進一步表述：廣義的文化就是人化，即人類所創造的一切東西構成了文化。具體講，它包括三個層面：物質文化、制度文化、精神

5　梁啟超：《飲冰室文集》之三十九。
6　梁漱溟：《東西文化及其哲學》第 2 章，北京，商務印書館，1935。
7　胡適：《我們對於西洋近代文明的態度》，《胡適文存》三集，卷一。
8　梁啟超：《中國歷史研究法補編》，《飲冰室專集》之九十九。

文化。其中，精神文化是文化結構中最深層的部分。狹義的文化就是指精神文化，即觀念形態的文化，包括思想、觀念、意識、情感、意志、價值、信仰、知識、能力等等人的主觀世界的活動及其物化的形態或外鑠的成果，如典籍、語言、文字、科技、文學、藝術、哲學、宗教、道德、風習，等等。

對於「文化」與「文明」的關係，人們也頗存異議，但從總體上看，大致有三種理解：一是學術界一般將「文明」一詞用來指一個社會已由氏族進入國家組織的階級社會的階段，即是與「文化」並無直接瓜葛的學術上的專有名詞；二是「文化」與「文明」同義。美國學者亨廷頓說：「當談論文明的時候，我們指的是什麼呢？一種文明就是一種文化存在。」[9]他顯然是將「文化」與「文明」視作同義詞，等量齊觀。故所謂「物質文化」、「制度文化」和「精神文化」，人們通常也稱作「物質文明」、「制度文明」和「精神文明」；三是「文化」與「文明」都是人類創造的一切成果的總稱，但前者是動態的，後者則是靜態的。陳安仁說：「文明是指靜的狀態而說，文化是指動的狀態而說。」[10]張崧年也曾指出：「文化是活動，文明是結果，也不過一事的兩看法。」[11]

本書對文化的界定，取狹義文化。對「文明」一詞的使用，則據行文的需要，兼顧三義。

二、中國文化史研究的回顧

文化史是古老的史學的一個分支學科，但它真正的確立，在歐洲要晚到十八世紀的啟蒙運動時期。西方「文化史之父」、法國啟蒙思想家伏爾泰的名著《路易十四時代》，實為文化史研究的開山之作。其後，西方關於文化史的著述日多，漸漸蔚為大觀。

9　〔美〕亨廷頓：《文明的衝突》，《國外社會科學》，1993 年第 10 期。
10　陳安仁：《中國文化演進史觀》，據文通書局 1942 年版影印，6 頁，上海，上海書店，1992。
11　張崧年：《文明與文化》，《東方雜誌》第 24 卷第 24 號。

在中國，文化史學科的確立更要晚到二十世紀二〇至三〇年代。梁啟超於此有創榛闢莽之功，他曾擬撰多卷本《中國文化史》，遺憾的是僅成《社會組織篇》計八章，壯志未酬。但是，進入二十世紀二〇年代後，有關文化史的研究成果已是連翩出現。一九二四年《史地學報》有文報導學界消息說：「近來研究歷史者，日新月異，內容大加刷新，多趨重文化史方面。」[12]足見中國文化史的研究和編纂，是時已開始浸成風氣。其中較重要的通史性著作有：顧康伯的《中國文化史》、常乃德的《中國文化小史》、陳國強的《物觀中國文化史》、柳詒徵的《中國文化史》、楊東蓴的《本國文化史大綱》、陳登原的《中國文化史》、王德華的《中國文化史略》、繆鳳林的《中國民族之文化史》、陳安仁的《中國文化演進史觀》、王治心的《中國文化史類編》、陳竺同的《中國文化史略》、錢穆的《中國文化史導論》，等等。此外，涉及斷代的、區域的和專題性的有關文化史著作也相繼出版。其中，專題性的著作，尤以王雲五主編的大型《中國文化史叢書》為代表。叢書仿效一九二〇年法國出版的《人類演進史叢書》及一九二五年英國劍橋大學主編的《文化史叢書》的體例，共分八十個專題，每冊一專題，於一九三七年後相繼推出，產生了很大的社會影響。該叢書的出版，標誌著中國文化史的研究發展到了一個新的階段。

中國文化史的研究之所以於二十世紀二〇年代後蔚為風氣，並非偶然，至少可以指出以下的原因：

其一，是近代中西文化問題論爭深化的必然結果。經五四後，中西文化問題的論爭不僅日益激烈，且愈趨深化。歐戰慘絕人寰，創深痛巨，引發了世界範圍內的反省西方文化的思潮。與此相應，國人相信西方文化必有所短，中國文化自有所長，因而要求重新審視固有文化。為此，探討中國文化的發生發展史自然便成了當務之急。張蔭麟說：「文化是一發展的歷程。它的個性表現在它的全部『發生史』裡。所以比較兩個文化，應當就是比較兩個文化的發生史。」[13]柳詒徵的《中國文化史·緒論》則強調該書的旨趣，即在於回答：「中國文化為何？中

---

12 《史地界消息·歷史類（一）〈研求國史方法之宣導〉》，《史地學報》第 3 卷第 1、第 2 合期，1924。

13 《論中西文化的差異》，參見張雲台編：《張蔭麟文集》，北京，教育科學出版社，1993。

國文化何在？中國文化異於印、歐者何在？」而錢穆在《中國文化導論‧弁言》中，說得更加明確：

中國文化，表現在中國已往全部歷史過程中，除卻歷史，無從談文化。……我們應在歷史進程之全時期中，求其體段，尋其態勢，看他如何配搭組織，再看他如何動進向前，庶乎對於整個文化精神有較客觀，較平允之估計與認識。[14]

很顯然，這就是明確地提出了，要正確認識中西文化，必須重視中國文化史的研究。

其二，借文化史振奮民族精神，謀國家復興。二十世紀三〇至四〇年代正是中國遭受日本帝國主義的野蠻侵略，民族危亡喚醒全民抗戰和謀國家復興的慷慨悲壯的時代。愈來愈多的國人意識到了文化復興與民族復興的內在聯繫。康敬軒在《中國文化演進史觀‧跋》中說：「念一年秋，予歸自歐洲，默察大勢，知欲救國家危亡，必先求民族之復興，而求民族之復興，必先求文化復興。」陳安仁《中國文化演進史觀‧自序》也說，近世治國家學說者，皆謂土地、人民、主權是國家三要素，必得三者安全獨立，才是名副其實的國家。實則，即便三者盡得，「而文化不能獨立，亦遂足以當國家之名實乎」？帝國主義侵略弱國，不僅占有其土地、人民與主權，「尤且汲汲皇皇，以消滅弱小國家民族之文化，吁！可怖哉」。[15]需要指出的是，近代最早的中國文化史著述雖是出自日人之手，它們對於國人著述不乏借鑒的作用，但如一九〇三年出版的白河次郎、國府種德的《支那文明史》和一九二六年出版的高桑駒吉的《中國文化史》，其有意歪曲歷史和貶損中國文化，也是人所共見的。因此，編纂中國文化史，給國人以正確的民族文化教育，以振奮民族精神，史家責無旁貸。王德華《中國文化史略‧敘例》因之強調說：

中國文化之評價各有不同，有謂為落後者，有謂為優美者，然不論其評價如何，中國人之應當了解中國文化，則無疑問，否則，吾族艱難奮鬥、努力創造之

---

14 錢穆：《中國文化導論‧弁言》，北京，商務印書館，1994。
15 陳安仁：《中國文化演進史觀‧自序》。

歷史，無由明瞭，而吾人之民族意識，即無由發生，民族精神即無由振起，晚近中國國勢不振，即由於文化教育之失敗所至。茲者國脈益危，不言復興則已，言復興，則非著重文化教育，振起民族精神不可。本書之作，意即在此。[16]

其三，新史學思潮影響的結果。十九世紀末二十世紀初，是西方史學新陳代謝的重要時期。傳統史學重政治史，而新史學思潮則要求擴大史學範圍，注意經濟、社會、思想、文化等領域的研究。巴勒克拉夫在《當代史學主要趨勢》一書中指出，「從蘭克時代到阿克頓時代，歷史學家們對於歷史學的主線是政治史這一點極少懷疑」，而經二十世紀二〇年代後馬克思主義唯物論和以狄爾泰為代表的相對主義史學思潮的衝擊，「歷史學的重點轉移到經濟、社會、文化、思想和心理等方面，歷史學家的工作範圍也相應地擴大了」。[17]西方史學思潮的此種變動，也強烈地影響到了中國。二十世紀二〇年代後馬克思主義唯物論在中國日益傳播，與此同時，作為歐洲相對主義史學衍生物的美國「新史學」，也傳入了中國。新史學派主要人物的代表作，如魯濱遜的《新史學》、巴恩斯的《史學史》、紹特威爾的《西洋史學史》等，於二十世紀二〇年代也相繼被譯成中文出版。新史學派同樣主張擴大史學範圍，加強對於經濟、社會及文化等領域的研究。何炳松在《新史學導言》中說：「舊日歷史家，又有偏重政治史的毛病。實則政治一端，哪能概括人類活動的全部呢？」[18]由於新史學派的理論是被當作代表了西方史學發展的最新趨勢的新理論，而加以宣傳與介紹的，故在當時的中國史學界產生了廣泛的影響。梁啟超、章太炎等人雖在二十世紀初即有研究文化史的初步主張，但僅是少數人的先知先覺；二十世紀二〇年代後，因受新史學思潮的廣泛影響，中國史學家要求擴大治史範圍，注重經濟、社會和文化史研究實已成為時尚。所以柳詒徵《中國文化史·緒論》指出：

世恒病吾國史書為皇帝家譜，不能表示民族社會變遷進步之狀況，實則民族社會之史料，觸處皆是，徒以浩穰無紀，讀者不能博觀而約取，遂疑吾國所謂史

---

16 王德華：《中國文化史略·敘例》，南京，正中書局，1942。
17 〔英〕巴勒克拉夫：《當代史學主要趨勢》，13、14頁，上海，上海譯文出版社，1987。
18 何炳松：《何炳松論文集》，51頁，北京，商務印書館，1990。

者，不過如坊肆《綱鑑》之類，止有帝王嬗代及武人相斫之事，舉凡教學、文藝、社會、風俗以至經濟、生活、物產、建築、圖畫、雕刻之類，舉無可稽。吾書欲去此惑，故於帝王朝代，國家戰伐，多從刪略，惟就民族全體之精神所表現者，廣搜而列舉之。[19]

顧康伯《中國文化史・自序》同樣強調說：

歷史之功用，在考究其文化耳。顧吾國所謂歷史，不外記歷朝之治亂興亡，而於文化進退之際，概不注意，致外人動譏吾為無史。二十四史者，二十四姓之家譜，斯言雖或過當，然吾國史家專為一朝一姓之奴隸，未始非缺憾也。[20]

此期的文化史研究不僅出版了一批成果，而且對文化史研究的方法論問題作了探索，提出了某些有益的見解：

（1）**分類與綜合**。以梁啟超為代表的一些學者主張文化史當分類研究。梁啟超的《中國歷史研究法補編》中有「文化專史及其做法」一章，其中說：「狹義的文化，譬如人體的精神，可依精神系發展的次第以求分類的方法。」文化是人類思想的結晶。思想的表現有宗教、哲學、史學、科學、文學、美學等等，「我們可一件一件的講下去」。[21]王雲五在《編纂中國文化史之研究》中也提出，以綜合方法編纂文化史，「其難益甚」，宜「就文化之全範圍」，區分若干科目，作系統詳盡敘述。如此，「分之為各科之專史，合之則為文化之全史」。[22]王治心的書即取名為《中國文化史類編》，內分經濟、風俗、學術思想、宗教倫理和藝術器物五類。作者在「緒論」中說：「這五個大綱，或者可以把整個的文化大約地包括起來。……合起來可以成全部的文化史，分開來也可以成為各自獨立的五種小史。」[23]但是，柳詒徵諸人不贊成分類而主綜合的研究方法。柳詒徵以為，分類的方法難以說明文化發展中複雜的歷史因果關係和表現「民族全體之精

19 柳詒徵：《中國文化史》上冊，7頁，北京，中國大百科全書出版社，1988。
20 顧康伯：《中國文化史・自序》，上海，泰東圖書局，1924。
21 梁啟超：《飲冰室專集》之九十九，134頁。
22 王雲五：《編纂中國文化史之研究》，北京，商務印書館，1937。
23 王治心：《中國文化史類編・緒論》，上海，作者書店，1943。

神」,「此縱斷之病也」。[24]何炳松則指出,分類縱斷的研究無法表現「某一時代中整個的文化狀況」,由此組合成的所謂文化史,「不是整個的;是死的,不是活的」。[25]應當說,柳詒徵等人主綜合的研究方法是對的,因為文化專史固然是必要的,但是中國文化史不應是各種專門史的簡單組合。

（2）文化史的分期。此期的研究者都將進化的觀點引入了文化史,強調要「注意動的研究方法,從歷史進化變遷的法則,說明社會演變,人類活動行為的影響」[26]。他們普遍注意到了中國文化史的分期問題,也反映了這一點。梁啟超不愧是文化史研究的創始者,他看到了文化史自身的發展規律,明確地提出了文化史的分期不應與政治史劃一的重要思想。[27]從宏觀上看,此期的研究者多以上古、中古、近世對中國文化史作長時段的區分;從微觀上看,則是超越王朝界限,力圖以文化發展的自身特點作中時段的區分。前者可以柳詒徵的《中國文化史》為例,它以遠古至兩漢為上古;魏晉至宋、元為中古;明至當代為近世,並依此分為三編,構建全書體例。柳詒徵寫道:

> 吾書凡分三編:第一編,自邃古以迄兩漢,是為吾國民族本其造之力,由部落而建設國家,構成獨立之文化之時期;第二編,自東漢以迄明季,是為印度文化輸入吾國,與吾國固有文化由柢牾而融合之時期;第三編,自明季迄今日,是為中印兩種文化已就衰,而遠西之學術、思想、宗教、政法以次輸入,相激相蕩而卒相合之時期。此三期者,初無截然劃分之界限,特就其蟬聯蛻化之際,略分畛畔,以便尋繹。[28]

後者可以常乃德的《中國文化小史》為例,它分中國文化史為八期:

> 自太古至西周的宗法時期;春秋戰國時代的宗法社會破裂後文化自由發展的時期;秦漢兩代統一安定的向外發展的時期;魏晉朝民族移徙印度新文化輸入的

---

24 柳詒徵:《中國文化史》上冊,「弁言」及「緒論」。
25 何炳松:《何炳松論文集》,148 頁。
26 陳安仁:《中國文化演進史觀·緒論》。
27 梁啟超:《飲冰室專集》之九十九,172 頁。
28 柳詒徵:《中國文化史》上冊,1 頁。

時期；隋唐兩代民族同化成功新文化出現的時期；晚唐五代宋朝民族能力萎縮保守思想成熟的時期；元明清三朝與西方文化接觸逐漸蛻化的時期；晚清以至今日大革新的時期。[29]

他們的上述分期是否科學，可不置論；重要在於，他們都力圖從中外文化融合和中國文化發展變化的大勢上，考量中國文化史的分期，無疑都表現出了可貴的新思維。

（3）**唯物史觀的運用**。儘管此期的多數研究者並未接受唯物史觀，但是畢竟有部分學者已開始嘗試和倡導運用唯物史觀研究中國文化史。例如，陳竺同的《中國文化史略》說：「社會生產，包含著生產力與生產關係。這本小冊子是著重於生產力去分析文化的進程。」[30]陳安仁的《中國文化演進史觀》也強調，一國的經濟「與一國的文化進程，有密切的關係，重大的影響」。作者進而引德國學者的話說：「無論如何，唯物史論包含一個大真理，植物賴其所生地的肥料而生長，繁殖開發，同樣道理，可知食物根源的擴張（如由農業），生產方法的進步（如因資本主義的制度），工藝上的文明（如鐵路、省勞動的機器等等），對於文化發達發生的影響，遠勝於道德教訓、宣講書籍、藝術品、哲學系統。」儘管經濟並非影響文化發展的唯一因素，「但就一切社會學的現象看起來，經濟唯是有大影響於文化發達的」。[31]固然，這些研究者對於唯物史觀的理解與把握，尚屬粗淺，故其於文化史現象的分析一時也難以避免簡單化的傾向。

二十世紀上半葉的中國文化史研究儘管取得了明顯的成就，但終究屬於發軔期，粗獷有餘而精密不足。二十世紀三〇年代初，朱謙之著《文化哲學》一書，以為已有文化史研究的不足，在於普遍缺乏理論基礎；與此同時，陳寅恪也指出，「以往研究文化史有二失」：舊派「其缺點是只有死材料而沒有解釋」，失之在「滯」；新派多留學生，喜歡照搬外國理論，其書有解釋，「看上去似很有條

---

29 常乃德：《中國文化小史》第 1 章，上海，中華書局，1928。
30 陳竺同：《中國文化史略》，144 頁，上海，文光書店，1948。
31 陳安仁：《中國文化演進史觀》，61 頁。

理，然甚危險」，失之在「誣」。[32]二者的批評有相通之處，頗能中其肯綮。

遺憾的是，新中國成立後，除了如文學、藝術、史學、哲學等具體的部門文化史的研究還在繼續外，文化史作為一個獨立的學科，在長達近三十年的時間裏，實陷於中斷。這主要是受「左」的思潮影響，視文化史為資產階級唯心論的淵藪而加以簡單否定的結果。

中國文化史研究枯木逢春，其根本轉機在二十世紀七〇年代末。一九七八年黨的十一屆三中全會確立了改革開放的路線後，國人得脫「左」的羈縛，百業發抒。與此相應，中國文化史研究與「文化熱」同時升溫，尤其是進入八〇年代後，更似春潮勃發，迅速蔚為大觀：報刊上就中國傳統文化的優劣展開長時間激烈的爭論；文化史研究的專門機構在許多高校和科研單位先後建立了起來；專門的學術團體、期刊出現了；國際國內的或地方的相關學術討論會，每年都在舉行；文化史不僅進入了高校的課堂，而且成為研究生培養的重要研究方向。這場文化和文化史「熱」，其持續時間之長，影響範圍之廣，為新中國成立以來所僅見，以至於我們迄今都可以感受到它。

自二十世紀七〇年代末以來，文化史研究取得了豐碩的成果，已出版的著作為數十分可觀。馮天瑜等的《中華文化史》、陰法魯等的《中國古代文化史》、劉蕙孫的《中國文化史稿》等，是有影響的通史性的著作；萬繩楠的《魏晉南北朝文化史》、龔書鐸主編的《中國近代文化概論》、史全生主編的《中華民國文化史》等，則是斷代史方面有代表性的著作。此外，有關區域文化史、專題文化史、少數民族文化史、中外文化交流史等方面的著作，為數最多，更不乏精品佳構。此期的中國文化史研究，無論從品質與數量上看，還是從涉及領域的廣度與深度上看，均非二十世紀上半葉的研究所能同日而語。

一定的文化是一定社會的政治和經濟的反映，又給予偉大影響和作用於一定社會的政治和經濟。二十世紀七〇年代末以來，文化及文化史的研究之所以得以

---

32 蔣天樞：《陳寅恪先生編年事輯》，222 頁，上海，上海古籍出版社，1997。

復蘇乃至於勃興，歸根結柢，是中國揭出了實現現代化的時代主題和社會醞釀著轉型的產物。所謂現代化，不是孤立的社會目標，對於一個國家和民族來說，它意味著自身整個文化的現代化。就中國而言，文化的現代化不應也不可能是全盤西化，它只能是傳統文化的現代化。為此，去除糟粕，繼承和弘揚中華民族優秀的文化傳統，實現傳統文化的內在超越，便成了中國現代化課題中的應有之義。「中國文化，表現在中國已往全部歷史過程中，除卻歷史，無從談文化。」也因是之故，欲解答現實中的文化問題，便不能不去請教歷史。不僅如此，中國的現代化事業任重道遠，它需要不斷增強民族的凝聚力、認同感，中國文化史研究恰恰可以高揚愛國主義，為之提供無可替代的民族精神的支柱。很顯然，二十世紀末，國人重新發現了中國文化史的價值，這是完全合乎邏輯的。當然，思想既經解放，學術研究無禁區，文化史這塊長期荒蕪卻又遼闊而肥沃的學術園地，自然會吸引來眾多拓荒者。這即是說，中國文化史學科自身發展的強勁內驅力，也是不容忽視的。要言之，此期中國文化史研究復蘇的原因與二十世紀二〇至三〇年代肇端的原因，一脈相承，只是因時代條件的差異而表現出愈加斑斕的特色罷了。

同時，也應當看到，此期的中國文化史研究雖然成就斐然，超過了前期，但它在更高的層面上並沒有完全解決前期業已提出的問題，而且面臨著新的分歧。例如，柳詒徵等人早已提出，中國文化史應是綜合的，不應是專門史的組合，這在今天雖成共識，但究竟應怎樣實現綜合，當年的柳詒徵等人在實踐上並未解決，今天我們也仍然處於摸索的過程中。文化概念的界定依然莫衷一是，此不待言；但是，如今文化史的界定本身也成了爭論的問題。此外，朱謙之曾提出文化史研究的理論基礎問題，應當說，迄今足以表現中國氣派的文化學理論，尚未見之。從西方引入的各種文化學理論為數雖多，但有經久生命力的學說也不多見。陳寅恪所說的失之於「滯」的舊派學者固然不存在了，但他對於失之於「誣」的新派學風的批評，卻不能說已無現實的意義。

學術的本質在於發現問題，追求真理。從這個意義上說，上述的現象是正常的，它反映了學術研究無止境和學術研究的艱辛。但是，重要的一點是，不應沉湎於概念的爭論而停止了實踐的探索。蘇聯的學者說得對：「如果只集中注意力

去制定一個什麼是文化，什麼是它的研究對象的準確的、完善無缺的定義，再開始研究俄國文化史未必是合適的。」[33]唯其如此，我們以為在學術界已有的研究基礎上，編纂一部多卷本的《中國文化通史》，不僅已具備了必要的條件，而且其本身即是一種有益的探索。

三、中國文化史發展脈絡

任何事物的發展過程，都因受其根本矛盾在不同發展階段上的具體展開形式的制約，從而顯現出階段性來。「如果人們不去注意事物發展過程中的階段性，人們就不能適當地處理事物的矛盾。」[34]因之，注意事物發展過程中的階段性，對於正確認識事物具有十分重要的意義。實則，馬克思主義唯物史觀從來便重視人類社會歷史的階段性發展，馬克思曾指出，生產關係是隨著生產力的發展變化而變化和改變的。生產關係的總和構成了「一定歷史發展階段上」和「具有獨特的特徵的」所謂社會。「古代社會、封建社會和資產階級社會都是這樣的生產關係的總和，而其中每一個生產關係的總和同時又標誌著人類歷史發展中的一個特殊階段。」[35]

緣是可知，欲理解中國文化史，注意其發展過程中的階段性，同樣是十分重要的。

中國文化史是中國通史的一部分，但其分期應有其自身的根據，而不能強求與政治史或經濟史相一致。固然，一定的文化是一定社會的政治與經濟在觀念形態上的反映，但是，此種反映絕非徑情直遂的，而是通過複雜的中介層面實現的。因之，二者的關係不能等同於物質與精神的關係，以為政治經濟是第一性的，文化是第二性，是政治經濟的派生物。事實上，文化自身有很強的傳承性和

---

33 轉引自莊錫昌等編：《多維視野中的文化理論》，383 頁。
34 《毛澤東選集》第 1 卷，314 頁，北京，人民出版社，1991。
35 《馬克思恩格斯選集》第 1 卷，345 頁，北京，人民出版社，1995。

相對的獨立性。從人類歷史上看，精神文明並不總是與物質文明同步。如古希臘的生產力並不發達，但卻創造了燦爛的古希臘文明；在歐洲歷史上，德國曾長期是經濟上落後的國家，但這並不影響它時常占據歐洲文化交響樂團中第一提琴手的位置。同樣，春秋戰國時代是中國歷史的童年，物質文明水準不高，但它卻是中國文化發展史上的一個巨人輩出的黃金時代；宋代國勢孱弱，但人多公認宋代是中國古代文化發展史上的又一個高峰期。陳寅恪甚至這樣說：「華夏民族之文化，歷數千載之演進，造極於趙宋之世。」[36]

中國文化史的分期，當考慮到以下幾種因素：

其一，中外文化的關係。中國文化的發展不是孤立的，在歷史上中國文化曾廣泛吸納了域外文化，其中尤其是東漢後傳入的印度佛教，深刻地影響了中國文化的發展。而鴉片戰爭以後，西學東漸更是有力地衝擊了中國文化，促使其解紐、轉型和近代化。中國文化的發展包含著外來文化的基因，後者提供了重要的內驅力，這是不容忽視的歷史現象。

其二，民族與文化的關係。中國文化的起源是多元的。漢唐之際中國文化進入了發抒的重要時期，其間以漢族為主體的多民族的大融合，同樣深刻地影響了中國文化的發展。故陳寅恪曾反覆強調指出：必須明白民族與文化的關係，「始可與言吾國中古文化史」[37]。實則，與言中國中古以後的文化史，也依然不容忽視民族與文化的關係。這只須指出蒙古族與滿族曾先後入主中原，分別建立了元朝與清朝，有力地影響了中國文化的發展，就足以說明這一點。正是從這個意義上說，中華民族的形成與發展和中國文化的源起與發展是互為表裡、相輔相成的。

其三，社會形態與文化形態的關係。馬克思主義指出，一定生產關係的總和構成了人類社會發展一定階段上具有獨特特徵的所謂社會，即形成了一定的社會形態，如古代社會、封建社會和資本主義社會等。文化的發展雖然並不總是與政

36 陳寅恪：《鄧廣銘宋史職官志考證序》，《金明館叢稿二編》，上海，上海古籍出版社，1980。
37 陳寅恪：《寒柳堂集》，33頁，上海，上海古籍出版社，1980。

治經濟的發展亦步亦趨，但是，歸根結柢，文化的發展又總是與一定的生產方式所構成的社會經濟基礎相適應的，即一定的文化形態適應於所由產生的一定的社會形態。所以，有所謂古代社會文化、封建社會文化和資本主義社會文化等的分際。這是具有普遍意義的唯物論的觀點。

緣此，從文化的性質和中外文化關係的發展態勢上，學術界對中國文化史曾有以下兩種長時段的分期：

（1）自遠古迄西周[38]，屬古代社會的文化；自西周迄明清，屬封建社會的文化；自鴉片戰爭以降迄新中國建立，屬半殖民地半封建社會時期的近代文化。

（2）自遠古迄漢代，是為中國文化獨立形成與發展的時期；自漢代迄明末，是為中國文化積極吸納域外文化，尤其是印度佛教，從而使自身得到不斷豐富與發展的時期；自明末迄新中國建立前，是為西方文化漸次傳入，中西文化相激相盪終相融合和中國傳統文化向近代文化轉型的時期。[39]

上述兩種分期，視角不同，實質是一致的，即都注意到了中國文化的階段性發展，但略顯疏闊。依上述理路，中國文化史的發展大勢，還可以進一步大致分成六個時期：先秦；秦漢；魏晉南北朝至隋唐五代；遼宋西夏金元；明清（前期）；近代。茲分述如下：

第一個時期，先秦。

這是中國文化的孕育、化成時期，也是中國文化的奠基期和第一個高潮期。先秦文化的集成奠定了中國文化博大精深的基礎，給中國文化的發展開拓了廣闊的道路。所謂的中國文化傳統，就是從這個時期發軔、源起。

先秦文化的積澱經歷了漫長的歷史時期。從一百七十萬年前元謀猿人開始，中華民族的祖先經歷了直立人、早期智人（古人）、晚期智人（新人）到現代人

---

38 中國古代史分期問題，學術界存在爭論。這裡以西周封建說舉例。
39 參見柳詒徵：《中國文化史》上冊，1頁。

的演進，度過了舊石器時代、中石器時代、新石器時代，通過原始人群、母系氏族社會、父系氏族社會，進入了階級社會的門檻。這標誌著他們已經艱難地越過了蒙昧、野蠻而迎來了文明的曙光。中國大地的文明曙光，最早是以滿天星斗式的多元發生為特點的。遠在新石器時代的後期，我國廣大的區域內，即已經形成了若干初級文明的文化區域：陝晉豫文化區、山東文化區、湖北文化區、長江下游文化區、鄱陽湖——珠江流域文化區、遼西河套文化區。這些不同區域的文化不斷地積累、發展、碰撞，最後通過在中原地區的交匯、融合，完成了中國古代從野蠻到文明、從量變到質變的轉變，建立起中國歷史上第一個文明國家王朝——夏。

我國古代是在基本上沒有改變氏族結構的情況下進入階級社會的，因而它在政治制度的架構上還保留著氏族社會的許多特點。夏王朝基本上還是氏族方國聯盟的王朝，王權通過巫術神權去體現，其思想文化還帶有強烈的氏族觀念和宗教神權的巫術特徵，人們的思想意志，歸根結柢，要以神的意志為轉移。

商代是神權政治的極盛時期。商王國政治地理相對狹窄與它統治區域廣大的矛盾和以子姓為主的家族統治集團與外服異姓方國的矛盾，促使商的國家宗教愈來愈向強化神權、王權的方向發展。商代的巫術神權無所不包，其思想、文化、藝術無不帶有典型的溝通人神的神話或巫術的意義。

殷商以一味迷信天命走向殘暴導致了國家的滅亡。周初「封建親戚」，在「因於殷禮」的基礎上，吸收殷亡國的教訓，制定了以敬天保民、明德慎罰為主導思想的禮樂文化，完善周王朝的上層建築。這是我國古代神權思想解放、理性文化思想形成的第一步。

禮樂文化的思想基礎是「德」。周人強調「敬德」，強調用人力、人的道德保有「天命」即掌握政權，主張用體現國家制度、人倫行為準則和道德規範的「禮」來穩定社會的等級秩序；用「樂」來引導人們在遵守等級秩序的前提下的親和。這是商周之際統治思想也是文化思想的重大變化。它孕育和涵蓋的「人治」理性精神和一統「和合」精神，對中華民族和大一統國家的形成都有不可磨滅的指導意義。

春秋時期，王室衰微，諸侯爭霸。新型的君主專制國家和郡縣制的發展，使處於幾個不同文化區域的爭霸大國逐漸形成幾個不同的政治文化中心。宗法制度的崩潰，「學在官府」的局面被打破，私學的發展，推動了學術文化的普及和文化思潮的發展。急劇動盪的社會變革，戎狄蠻夷和華夏融合，農業、工商業、科學技術的發展，激發了思想家們對面臨的各種現實問題如天人關係、君臣關係、君民關係、華夷關係以及忠孝、仁義等思想倫理學說的探討。由此，隨著爭霸各國為了富國強兵而進行的政治、經濟、文化變革，不同的政治主張競相揭出，不同流派的私家講學和各成一家之言的私人著述逐漸發展。儒墨顯學之爭已揭開了文化爭鳴的序幕。

戰國以後，新成長起來居於統治地位的地主階級處在統一中國的激戰之中，他們希望從思想家那裡吸取新的學說和營養，禮賢下士成風，學術政策寬容，為士人衝破舊思想的束縛，探求創作新的思想創造了極為有利的政治環境和生活環境，促使不同觀點的各種著作雨後春筍般湧現，儒、道、陰陽、法、名、墨、縱橫、雜、農、小說諸家紛然並存，相互駁難，形成了錯綜複雜、生動活潑的百家爭鳴局面。

百家爭鳴是華夏各民族文化積澱的結果，也是春秋戰國時期諸多思想家智慧的結晶。百家爭鳴的出現，標誌著華夏文化的成熟和發展，標誌著我國古代理性文化已經達到了博大的、難以攀登的高峰。它的出現，不僅為統一的多民族的國家的出現奠定了思想和文化的基礎，也為中國幾千年的政治文化的發展奠定了基礎。兩千多年來，歷史上的許多思想都可以從戰國諸子的學說中找到源頭，甚至今天社會科學的許多問題，我們也可以或多或少地從諸子那裡發現頭緒。

第二個時期，秦漢。

這是中國文化的成長時期。此期以封建經濟政治制度為基礎，以漢民族形成和各民族交往的加強為背景，確立了以儒家思想為核心的多民族統一的文化格局。這樣的格局一直延續到了有清一代。

秦皇朝建立起空前統一的大一統政權，為思想文化的統一提供了必要的條

件。秦始皇堅持法家路線，力圖構建起服務於大一統政治的以文化專制主義為特色的文化體系。他的努力沒有成功，強制性的文化統一沒有產生與封建政治共同發展的結果。

經過多年的探索，儒家思想最適應封建政治的需要，漸成政治家們的共識。漢武帝順應歷史發展的客觀需要，確立「罷黜百家，獨尊儒術」的國策，將儒家經學正式確定為官學，以政權力量樹立起儒家的權威。在解決漢代遇到的一系列重大歷史與現實問題方面，儒家思想充分顯示出它的理論力量。在儒家思想指導下，漢武帝在政權建設和鞏固多民族統一國家方面努力開拓進取，擴大了封建大一統政權的政治影響。通西域和開發西南，使西北、西南各少數民族加強了與內地的聯繫，以儒家思想為核心，封建多民族統一的文化格局逐步形成。其後，漢宣帝親自主持召開石渠閣會議，以皇帝兼宗師、教主身分裁決五經異同，這是以皇權專制的儒學形式進一步控制思想的標誌。宣帝開始注意用符瑞粉飾政治，在白虎觀召開經學會議，形成封建社會的法典性文獻——《白虎通義》，儒家政治倫理原則在社會得到全面落實。

儒家統領文化的格局確立後，哲學、史學、文學、教育、科學技術以至社會風俗等各文化領域，日益浸潤著儒家思想的影響。封建大一統文化表現出了巨大的創造力量，但是，與此同時，其高度一統的負面效應也開始顯露出來，對當時和以後的中國文化發展產生了消極的影響。

第三個時期，魏晉南北朝至隋唐五代。

這是中國文化發展的第二個高峰期。從魏晉南北朝開始，中國文化結構經歷了一次更新和充實的過程，到隋唐五代時期終於發展到了光輝燦爛的階段。

兩漢時期神學化的儒學長期處於獨尊的地位。然而，從漢末起，社會環境的巨變以及自身方面的原因使得儒學式微。以玄學為先導的多種文化因素競生並長，不但一變百草蕭疏而為萬木爭榮，而且也為道教從原始幼稚走向完備成熟、佛教在中國站穩腳跟並得到迅速發展，掃清了道路。經過不斷的調整組合，到南北朝後期，儒釋道三家並立主導文化的格局初步形成。魏晉南北朝時期，各族人

口的頻繁流動與接觸，使得異質性十分鮮明的胡漢兩種文化間的衝突與融合，不可避免。入主中原的胡人在被漢文化涵化融合的同時，也為漢人注入了胡文化的新鮮活力。在南北交往過程中，文化的進步逐漸泯沒了民族隔閡，中華文明在登上一層新的臺階後，終於進一步實現了在根基方面的趨同。然而，由於長期分裂隔絕，又使得南北文化的地域特徵明顯存在。南人善創新，北人重傳統；南人重文，北人尚武；南人學問清通簡要，北人學問淵綜博廣，凡此種種，都是這一時期南北文化趨異性的表現形式。

隋唐五代的文化總結和繼承了前代的成果，同時，又以博大的胸懷、恢弘的氣勢，吸收了當時域內外各民族文化的精華，造就了此期各部門文化的大發展，從而形成中國文化發展史上的一座新高峰。隋唐統治者確立了以儒學為正宗、三教並存主導文化的格局，同時注意對南北文化差異進行溝通，並對胡漢文化採取了兼容並包的政策。到開元、天寶年間，終成盛唐氣象，哲學、宗教、文學、藝術、科技等的文化天空，群星燦爛，湧現出了一大批包括李白、杜甫等在內的文化巨匠。唐中後期的文化則在多元的、深層次的發展過程中，又開始了結構上的局部調整，經五代的發展，為宋代文化的再度高漲奠定了基礎。

第四個時期，遼宋西夏金元。

這是中國文化發展的第三個高峰期。此期漢族政權與周邊少數民族政權多元並存，及其由紛爭趨歸統一的歷史走向，深刻地影響了中國文化的發展。

北宋建立後，採取措施加強了皇權專制主義統治。但是，北宋統一的範圍有限，與漢唐規模不能相比；右文政策帶來了文化的興盛，另一方面，文化鬥爭與政壇上黨爭交織，政局動盪不定。北宋兩次重大的改革慶曆新政與王安石變法，沒有收到應有的成效。南宋高孝光寧四朝是所謂的「中興四朝」，南宋孝宗等一度起用抗金人士，但一遇挫折，便失信心。加之奸相把持大權，朝政腐敗已極，「中興」難再。動盪不定的政局給文化帶來新的特點。

兩宋的經濟有了較大的發展，客戶與主戶關係表明封建生產關係的新發展，地主階級各個階層中，占支配地位的是品官地主，這與身分性很強的門閥地主不

同。商品經濟發達，超過前代，汴京、臨安、大都等一些大都市出現了。中國經濟重心南移在南宋完成，地區特徵的經濟形成，使得文化分布呈現了新的格局。

遼、西夏、金與元不斷進行改革，推動中國周邊地區封建化。在中原地區的漢文化深刻影響下，雅好儒學文化成為一種風尚；同時，更值得注意的是，此期塞外遊牧民族的草原文化與中原農業文化相互匯合，相互補充，相互吸收，浸成了以漢文化為核心的多樣性文化。程朱理學地位在南宋後期不斷上升，到了元朝才成為占統治地位的學術，影響封建社會後期的政治、社會生活的各個層面。

宋代文化在中國文化史上占有特殊重要的地位。元朝文化是宋代文化的延長，只是帶上恢弘與粗獷的特點。

宋元文化上的一個十分突出的方面，是人文精神的出現。兩宋文化體現出的是一種開闊的視野與清醒意識。學者疑古惑經，突破疏不破注治經的藩籬，表現了「變古」的精神和文化批判的勇氣。都市文化的崛起，則是反映了新興的市井百民對精神文化的需求，表現了他們的情感與思想。

宋元文化核心是理學。它強調萬物一理，理一分殊，天理支配宇宙變動、歷史興衰和人事得失。原有的儒學得到一次更新、改造，經歷了一次抽象、昇華。隨著理學成為占統治地位的學說，成為教條，原先學術上活潑、富有創造的活力消失了。在這樣的土壤裡，人文精神不可能得到進一步發育。

宋元文化中民族觀念的內涵，有了新的因子，體現出民族起源的認同感，反映民族凝聚力不斷增強。遼、金史書中認定自己是黃帝、炎帝的子孫，遼、金人主如遼聖宗、金世宗，即使是金海王，都努力學習漢文化，力圖從《貞觀政要》、《新唐書》等典籍中，吸取經驗。元人修宋、遼、金三史，在正統問題上，長期爭論不下，最後決定各與正統，寫成三部史書。這件事本身體現出民族觀念的新發展。

包括科技在內的宋元文化極其燦爛輝煌，對十至十四世紀的亞洲，乃至對世界，都有重大的影響。程朱理學為亞洲儒學圈的形成奠定了基礎。宋代人的指南針等科技的發明和傳播，影響到世界史的進程。同樣，此期外域文化的傳入，為

華夏文化注入了新的因子。

第五個時期，明清。

這是中國文化盛極而衰的遲暮期。中國封建社會由明代步入了晚期，專制制度發展到了極致，加劇了政治的衰朽與社會的矛盾；社會經濟的發展雖然達到了封建社會所能容納的高度，並醞釀著新舊的衝突和支撐了社會文化的幾度繁榮，但終屬夕陽殘照，中國封建社會的文化無法避免明日黃花的命運。

明代初期，統治者在政治上強化君主專制，在思想文化上，尊崇程朱理學，剿滅異端，大興文字獄，推行文化專制主義。這不僅造成了思想文化的沉寂，而且助長了以文學復古、擬古為代表的社會復古思潮。明代中期，社會經濟有了重要的發展，資本主義萌芽的顯露，預示著封建生產方式內在矛盾的深刻化，商品經濟因此出現了前所未有的活躍勢頭。緣是，封建統治稍稍鬆弛，思想文化領域呈現出一派生機。以「心」為本體，強調人的主體意識的陽明心學的崛起，打破了程朱理學的一統天下，促進了思想的解凍。從王艮到李贄的泰州學派發展了陽明學的積極因素，更具「異端」色彩。與此相應，主體意識覺醒和講求實學的思潮的湧動，為僵滯的社會生活、文學藝術創作與思想文化界，帶來了一股新鮮活潑的時代氣息，顯露出新舊衝突變動的徵兆。以李時珍的《本草綱目》、吳承恩的《西遊記》、徐光啟的《農政全書》等等為代表，文學、藝術、科技等領域都取得了重大成就。

明末耶穌會士東來，帶來了天文曆算等西洋的科學技術，傳達了西方文藝復興的資訊，中西文化發生了交匯與衝突。徐光啟、李之藻諸人積極迎受西學，並依稀感悟到了世界科技發展的主潮，提出了「先行會通，進而超勝」處理中西文化的正確思路。但遺憾的是，隨著朝代更迭，政局劇變，這一正確的思路被打斷了，中國歷史文化的發展，後來因此付出了沉重的代價。

清朝代明而興，開拓疆土，基本奠定了今天中國的疆域，有力地促進中國多民族國家的鞏固和發展，同時也促進了各民族間文化的多元融合。清前期，經濟繁榮，國力強盛，出現了中國封建社會歷史上新的治世和高峰。以此為依託，

「康乾盛世」也成了中國文化集大成的重要時期。《古今圖書集成》、《四庫全書》，卷帙浩繁，氣勢宏大，是中國文化遺產的總匯；乾嘉學派研究儒家經典，考其真偽，正其訛誤，辨其音義，校勘異同，在治經、考史、文字、聲韻、曆算、地理、金石等諸多方面都取得了很高的成就；在文學藝術方面，《紅樓夢》是古典小說的極品，《長生殿》、《桃花扇》等，則成為戲曲發展新的里程碑。

但是，封建社會畢竟日薄西山，故清代文化實為一種爛熟的文化，輝煌與衰朽並存，集大成與僵滯共生。統治者不僅推尊理學，加強君主專制，而且較明代更加殘酷地推行文字獄。「避席畏聞文字獄，著書只為稻粱謀。」這嚴重束縛了思想文化的發展。理學空疏，漢學破碎，終於導致了士習敗壞，實學消沉，「萬馬齊喑究可哀」的局面。同時，自雍正後，統治者實行閉關鎖國的政策，中西文化交匯之道阻，中國脫離世界文化發展的主潮，陷入了孤陋寡聞的境地。

清代中期，漸入「衰世」。內有民眾起義，外有西方侵略勢力頻頻叩關，社會險象環生，「山雨欲來風滿樓」。封建專制的控制力也因之削弱。嘉道間，經世思潮浸浸而起。以常州學派為代表，有識之士因經學飾政論，「更法」、「求變」之聲漸起。但清朝統治者顢頇昏聵，不到鴉片戰爭的大炮轟鳴，不肯睜眼看世界。

第六個時期，近代。

這是中國文化轉型和謀求復興的時期。一八四〇年的鴉片戰爭不僅是中國社會歷史發展的轉捩點，而且也是中國文化發展的轉捩點。鴉片戰爭後，由於西方列強的入侵和中國社會內部資本主義因素的增長，中國傳統社會開始瓦解，走上了半殖民地半封建的道路，中國文化也發生了從古代向近代的轉變。

鴉片戰爭時期林則徐、魏源提出了「師夷長技以制夷」的主張，在舊思想的防堤上打開了一個缺口。第二次鴉片戰爭以後，隨著洋務運動的開展，中國社會出現了新的文化因素，西方自然科學的引進，新式學堂的創立，早期改良思想的出現，為中國近代資本主義文化的形成準備了條件。為了適應新形勢的需要，儒學思想體系作了新的調整，洋務派因之提出了「中體西用」的思想主張，即要求

在不改變封建綱常名教的前提下，吸收西方的「富強之術」。這比封建守舊派的「天不變，道亦不變」的觀點進了一步。總之，十九世紀四〇至九〇年代，中國文化領域的基本特徵是：器唯求新，道唯求舊。

甲午戰後，中國文化領域發生了重大的變化：近代文化事業有了較大的發展，新型知識分子開始形成與壯大。在空前嚴重的民族危機的刺激下，新興資產階級登上了政治舞臺，推動了近代新文化的形成和發展。「詩界革命」、「小說界革命」、「戲劇改良」、「史界革命」、「軍國民教育」、「科學救國」、「教育救國」、「文學救國」、「實業救國」等等口號的接連提出，是資產階級新文化崛起的重要表徵，構成了晚清文化領域發生重大變革的壯麗畫卷。文化的變遷不僅表現為部門文化的拓展，更主要的還表現為中國文化結構的變動，孔孟儒學及封建綱常名教受到了新思潮新文化的衝擊而動搖，西方的進化論、民權學說漸為國人所接受，成為進步階級反對舊文化的思想武器和資產階級新文化的思想指導。尤其是晚清最後十年，隨著社會變革的加劇，以及資產階級維新派、革命派的推動，近代新文化的影響不斷擴大，終至成為文化的主潮。

中華民國的建立，尤其是二十世紀初年中國民族資本主義的進一步發展和新生的無產階級開始登上政治舞臺，為中國文化的演進創造了新的條件。此期中西文化的衝撞與融合，愈趨深化。國人通過自身能動的選擇和積極的創新，使中國的新文化在各個領域都獲得了巨大的發展，從而奠定了從傳統向現代轉型的基礎。

五四新文化運動是此期文化演進的一大關鍵。經過它的洗禮，科學和民主作為一種有機聯繫的觀念，成為中國文化追求的價值目標，滲透到所有重要的文化領域，對中國文化的發展產生了深遠的影響。可以說，正是在這一時期，中國文化最終形成了自己真正現代意義上的科學和民主的傳統。

五四以前，近代資產階級的新文化代表著文化發展的方向，主導著文化的潮流。五四以後，馬克思主義在中國得到廣泛傳播，以之為指導的新民主主義文化開始形成，並通過與封建主義文化和帝國主義文化的鬥爭，逐漸成為中國文化發展的主流。新民主主義文化繼承和發展了科學和民主精神，使中國文化實現了內

在的超越，中國人從此在思想文化上一改晚清以來的被動局面，轉為主動，中國文化也由此邁向了衰而復興的新歷程。

現代自然科學和社會科學在中國初步形成了自己獨立的體系；白話文取代文言文成為通行的語言文字等，堪稱此期具有劃時代意義的重大變革。它為中國文化的發展開闢了新的領域和道路，在內容與形式上都深刻地體現了文化的現代性追求。

民族主義激情和愛國主義精神，是促進此期文化由傳統向現代變革的巨大動力。而中西文化的會通融合，即西方文化中國化、中國文化現代化，則是實現此種轉換唯一正確的途徑。揭櫫建設「民族的科學的大眾的文化」大旗的新民主主義文化，正是當時人們會通中西文化的最佳方案。不過，因歷史的原因，這一文化形態當時還不可能發展成熟。

四、中國文化的特質

《易·賁卦·彖》：「文明以止，人文也。」文明或文化作為人類一定社會歷史條件下的產物，不能不受特定的地理、人種及歷史傳統諸多因素的影響，而具有一定的民族特質。中國文化的特質，至少可以指出以下幾點：

（一）中國文化源於中華民族獨立的創造，具有獨創性

二十世紀初，一些西方學者無視中國文化自身的傳統，曾認定中國文化最早是由西方傳來的。一時不少中國學者也隨聲附和，有人甚至專門寫了《中國人種考》一書，表示認同。中國人種既是來自西方，中華文化當然也是源自西方了。這是當時一些人崇信西洋文化和民族自卑心理的一種反映。新中國成立後，中國的考古研究完全證實了「中國人種西來」說，原屬無稽之談。一九九八年考古工作者在巫山縣龍骨坡發現的距今二百萬年前的古人類遺址表明，中國很可能是地

球上早期人類的發源地之一，更說明了這一點。[40]實則，中國人種的起源與中國文化的起源，是兩個概念。儘管科學界對於前者尚存歧見，但是，中國文化源於中華民族獨立的創造，卻是無可非議的。研究表明，中國史前文化譜系的分布及其趨同發展和最終導入古代文明的過程，層次分明，脈絡清晰。在這漫長的歷史演進中，中國境內各文化譜系有過相互間的關係與影響，但並沒有發現與遙遠的境外文化有過經常的密切聯繫。中國與外來文化的交流，始於漢代，但當時的中國古代文化早已完全形成了。[41]這與中國文化賴以形成的地理環境有關。從宏觀上看，中國本身是一個巨大的地理單元。這裡東臨浩瀚的太平洋，西部、北部、南部分別被茫茫戈壁和險惡的高原峻嶺所阻隔，形成了與外部世界相對隔絕的狀態。而內部又極廣闊，氣候濕潤，物產豐饒。這種狀況決定了中國文化起源的獨創性，決定了它在很長的時期裡只能走著獨立發展的道路，而與鄰近地區史前文化的聯繫只能維持在較低的水準上。這與羅馬文化主要靠吸收希臘文化成長起來，印度古文化主要仰仗外來民族的創造，是大不相同的。

中國文化的起源是多元的。如前所述，遠在新石器時代的晚期，我國廣大的區域內，即已形成了若干初級文明的文化區域，猶如滿天星斗。不同區域文化的積累、孕育、碰撞和在中原地區的交匯、融合，促進中國古代首先在中原地區完成了由野蠻到文明，從量變到質變的轉變，建立起中國歷史上第一個文明國家的王朝——夏，也奠定了華夏民族形成的基礎。雖然此後黃河流域在歷史發展的進程中，常常居於主導地位，但其他地區的古代文化也以各自的特點和途徑在發展、創造，並進一步接受和給予黃河流域以重大的影響。春秋戰國時期齊魯、三晉、楚、吳越、巴蜀、胡文化的交融、爭鳴而成為大一統文化的前奏是如此，秦漢、兩晉南北朝、唐宋時期，也是如此。平常我們所說的中國文化的包容性、涵化性，在其起源的多元性中業已體現了出來。

我國古代是在基本上沒有改變氏族結構的情況下進入階級社會的，因而我國

---

40 《200 萬年前華夏大地有人類活動》，《光明日報》，1998-01-24。
41 參見嚴文明：《中國史前文化的統一性與多樣性》，《北京大學哲學社會科學優秀論文選》第 2 輯，北京，北京大學出版社，1988。

早期的國家在政治制度的架構上，這種人與人關係的變化決定社會關係變化，還保留著氏族社會的許多特點：家（族）國同構；經濟基礎是以木、石、骨、蚌生產工具為主的耜農業；統治思想更多的表現氏族觀念和宗教神權思想。這種家（族）國同構的政治組織形式和意識形態對我國古代社會的發展影響極大。商周時代的氏族封建、宗法封建社會，基本上還是家族、宗族和國家一體的宗法社會。秦漢以後的地主封建社會，雖然家族、國家已經不是一體的了，但仍然是一個人的「家天下」，而且整個社會族權、父權、夫權一直占統治地位，一直到現在還有影響。這是中國文化乃至中國社會的一個重要特點。

我國古代由野蠻進入文明的主要變化，是人與人之間關係的變化，即表現為氏族對氏族、人對人的壓迫、剝削，而人與自然的關係即生產工具、生產力的變化，並不明顯。因而我國文明很早就注重文化的「化成」即文化的整合和引導作用。以青銅冶鑄技術的發展為例，我國夏代已經有了比較發達的青銅冶鑄技術，然而此時發達的青銅冶鑄技術主要並不是用於製造生產工具，而是用於鑄造祭祀天地祖先以溝通人神的禮器和兵器。「國之大事，唯祀與戎。」這說明青銅器在中國的發展從一開始就是政治性的、宗教性的。它的功用，主要不是表現為人與自然的關係，而是主要體現人和人的關係，體現「禮」對人們等級關係的約束。「禮」（包括「禮樂」、「禮法」、「禮俗」）是我國古代國家典章制度、社會生活習慣、個人行為規範的綜合。我國歷朝歷代除秦以外都把「禮」看成是「國之幹」、「國之柄」，而主張以「禮」治國。這都是基於禮的「化成」即整合、規範、引導作用出發的。「道德仁義，非禮不成；教訓正俗，非禮不備；分爭辯訟，非禮不決；君臣上下，父子兄弟，非禮不定；宦學事師，非禮不親；班朝治軍，涖官行法，非禮威嚴不行；禱祠祭祀，供給鬼神，非禮不誠不莊；是以君子恭敬撙節退讓以明禮。」[42]唯其如此，我國自古稱「禮儀之邦」。這也是中國文化有別於西方文化的重要特質之一。

---

42 《禮記・曲禮》。

（二）中國文化的精神尚「和」

中國文化在自己漫長的發展歷程中，形成了諸多精神，但是最能從整體上表現中國文化神韻的核心精神，是尚「和」，即追求和諧的中和主義。中國人獨特的宇宙觀、人生觀和審美觀，都是圍繞著尚「和」精神的軸心來展開的。

在先秦奠定中國人宇宙觀基礎的《周易》中，就孕育了「天人合一」的思想，即認為人類社會和自然界所組成的宇宙，是一個生生不已、有機聯繫的和諧的生命統一體，事物內部互相對立的雙方（它用高度抽象的概念「陰陽」來代表），必須貫通、連接、和合、平衡，才能順利發展。所謂「陰陽合德」、「剛柔相濟」，強調的都是對立面的和諧統一。一旦陰陽失調，剛柔不諧，統一破壞，禍亂就要發生。這種對立面的和諧不是在靜態中實現的，而是表現為不斷的運動、變化和更新的過程。所謂「日月相推而明生焉」，「寒暑相推而歲成焉」，均表明和諧就是矛盾雙方互相轉換的結果。此種思想體系，視「和」為宇宙的本然和內在的精神，對中國文化的發展產生了極其深遠的影響，特別是形成了中國人重視整體，講求調和，崇尚中庸的思維方式。

宇宙觀決定人生觀。既然宇宙是一個和諧的生命統一體，實現個體生命與宇宙生命的融合，以體驗宇宙間最高的真善美，也就自然成為古往今來中國人所追求的人生最高境界。孔子自稱五十歲「知天命」，六十歲「耳順」，七十歲「從心所欲不逾矩」，其所自道的便是一種自以為實現了的與自然界高度和諧統一的崇高精神境界。孟子也表示過「萬物皆備於我」，「樂莫大焉」。至於道家的莊子，認為與人和得「人樂」，與天和得「天樂」，主張清靜無為，物我兩忘，就更將此種對精神自由的追求推到了極致。因此，對於中國人特別是文化人來說，人生的終極理想絕非是肉體的滿足，而是在求與自然合一中實現那種「與日月同輝」、「和天地並存」的精神不朽。尚「和」的人生觀，還具體地表現在以中庸為準則的處世哲學上。中庸的本意，是要求人們在處理問題的過程中，注意避免「過」和「不及」兩個偏向，以便保持各種矛盾和關係的和諧統一，但它卻不是要人們作無原則的調和，滿足於消極的苟同，故孔子說：「君子和而不同。」同時，尚「和」的人生觀還促使中華民族注重個人品格修養，養成了謙和善良、溫

柔敦厚的民族性格，所謂「文質彬彬然後君子」。中華民族愛好和平的精神，也由此形成。

中國人的審美觀，同樣體現於此種尚和精神。把「和」定為美的一個原則，是一種古老的見解。早在孔子之前，史伯、單穆公等人就曾有過關於「五色」和「五美」問題的討論。他們認為，「聲一無聽，物一無文」，即單調的一種聲音無法悅耳，孤立的一種物象不可能構成絢麗多彩的景觀；相同的事物加到一起不可能產生美，只有不同的事物綜合統一起來才能形成美。這就提出了「和為美」的思想。後來孔子強調「禮之用，和為貴，先王之道斯為美」，又將「和為美」的思想進一步擴大到政治倫理一切領域，並將美和善統一起來，從而使傳統的審美觀帶上了倫理的色彩。

尚和精神還滲透到中國人的政治觀念和社會心理等許多方面，由於此種精神承認世界多樣性統一，因而形成了國人崇尚統一的「大一統」的政治理想，成為中華民族大家庭保持團結，具有強大的凝聚力和向心力的文化根源。歷史上漢族政權與少數民族政權之間常通過「和親」，緩和或解決矛盾衝突；近代孫中山革命黨人甫推翻清廷，即提出「五族共和」的主張，以取代原有激烈的排滿宣傳，都反映了這一點。同樣，中國人注重「人和」的力量，諸如「和氣生財」、「和睦興家」等等眾多的訓條，無疑又都彰顯了尚「和」的社會普遍心理。

（三）中國文化以倫理為本位

如上所述，我國古代由野蠻進入文明，帶著氏族社會的臍帶，形成了以宗法關係為紐帶、家國同構的社會範式。故重人與人的關係甚於人與自然的關係，突出以「禮」規範社會，「化成」天下。這與小農經濟相適應，復使中國文化形成了以倫理為本位的特質。

早在西周，先人就提出了「以德配天」、「敬德保民」、「明德慎刑」的思想，即強調宗法道德規範。到春秋時期，儒家更將之提升到了思辨的層面，形成了系統的倫理道德思想。孔子說：「仁者愛人」，「克己復禮以為仁」。遵守宗法道德

規範，以實現社會的和諧，是儒家所追求的最高倫理境界——「仁」。所以，在儒家看來，注重道德修養，希賢希聖，是人生的價值所在。《易》曰：「君子厚德載物。」封建士大夫追求所謂的「三不朽」，即「立德、立功、立言」，其中「立德」是第一位的。不僅如此，道德修養還被視為治國安邦、實現儒家理想社會的起點。儒家經典《大學》指出：「欲治其國者，先齊其家。欲齊其家者，先修其身。欲修其身者，先正其心。欲正其心者，先誠其意。欲誠其意者，先致其知。致知在格物，格物而後知至，知至而後意誠。意誠而後心正，心正而後身修。身修而後家齊，家齊而後國治，國治而後天下平。」這裡明確地把個人道德修養與國家社會的治理結合起來，體現了儒家治國以道德為本的主旨。這種將政治道德化的價值取向，是中國傳統文化的顯著特色。

可以說，中國文化的各個領域都染上了濃重的道德色彩：史學強調「寓褒貶，別善惡」；文學強調「文以載道」；戲曲強調「勸善懲惡」；美術則有《古畫品錄序》說「明勸戒，著升沉，千載寂寥，披圖可見」；《三字經》則謂「首孝弟，次見聞」，明確將道德教化置於智育之上；如此等等。黑格爾說：「中國純粹是建築在道德的結合上，國家的特性便是客觀的『家庭孝敬』」[43]。這種觀察並沒有錯。論者稱中國文化是以倫理為本位的文化，或倫理道德型的文化，也不無道理。

注重倫理道德的文化精神，對中華民族的歷史發展起過積極的作用。在道德面前人人平等是儒家的一個重要理念，孟子說「人皆可為堯舜」，王陽明也說「滿街皆是聖人」。意思是說，無論是達官貴人，還是平民百姓，都可以在道德修養方面達到最高境界。這包含了對最高統治者的道德約束。在缺乏約束機制的中國傳統社會中，此種道德意義上的平等理念，可以發揮社會政治的調節作用。同時，強調道德境界復使中國文化形成了追求人格力量和憂國憂民的博大情懷。所謂「貧賤不能移，富貴不能淫，威武不能屈」；「三軍可奪帥也，匹夫不可奪志」；「先天下之憂而憂，後天下之樂而樂」；「為天地立心，為生民立命，為往

---

43 柳卸林主編：《世界名人論中國文化》，193頁，武漢，湖北人民出版社，1991。

聖繼絕學，為萬世開太平」，都是反映了此種情懷。也因是之故，在中國漫長的歷史發展過程中，先人形成了許多優秀的道德品質，諸如不畏強暴，勤勞勇敢，自強不息，捨生取義，殺身成仁，等等。尤其在國家民族和社會遇到危難之際，許多志士仁人便會挺身而出，維護正義，抵抗外侮，反抗黑暗勢力，拯救國家與民族，弘揚正氣與真理。千百年來，無數英雄人物都從傳統倫理道德精神中汲取力量，努力奮鬥，建功立業，光照千秋。

（四）中國文化生生不已，具有強大的生命力

中國古代文化與古埃及、古巴比倫和古印度文化並稱為人類四大古文明，與後起的希臘、羅馬一道，代表著人類古代文明的高峰。但是後來其他的古文明，陸續凋謝，沉光絕響，唯中國文化一枝獨秀。數千年間，它歷風雨而不衰，遭浩劫而彌堅，源遠流長，迄今仍保持著旺盛的生命力，成為人類文化發展史上的一大奇蹟。生生不已，具有強大的生命力，是中國文化的重要特徵。其箇中的奧秘固然不易說清，但是指出中國文化的幾個因果互為表裡的特點，顯然有助於人們理解這一點：

其一，中國文化具有追求大一統的內驅力。

自西周起，追求大一統便漸成中國政治文化的核心內容。孔子著《春秋》，開宗明義即稱：「王正月。」《公羊傳》釋之曰：「曷為先言王而後言正月？王正月也。何言乎王正月？大一統也。」先秦諸子雖論難詰駁，勢若水火，但於政治理想，卻都歸宗於「大一統」。墨家「尚同」與儒家「大同」，目標完全一致。孟子更明示天下要「定於一」；荀子不但要「一天下」，而且還要「一制度」，「風俗以一」，「隆禮而一」。秦漢以後，大一統思想復被推崇到了「天地之常經，古今之通誼」[44]的高度，並浸成了中華各民族共同的理念和政治價值取向。在中國歷史上，人們追求和珍惜統一，將統一的時代稱作「治世」，而將分裂的時代稱

---

44 《漢書·董仲舒傳》。

作「亂世」。在任何時候，製造分裂的言論和行動都要受人唾罵。而任何一個割據勢力也都不肯長期偏安一隅，無不殫精竭慮，把統一天下視作英雄偉業。在紛爭不已的十六國時期，前秦國王氐族人苻堅統一北方後，聲稱揮師南下的理由說：「吾統承大業垂二十載，芟夷逋穢，四方略定，惟東南一隅未賓王化。吾每思天下未一，未嘗不臨食輟。」[45]至於南宋陸游有《示兒》曰：「死去元知萬事空，但悲不見九州同；王師北定中原日，家祭無忘告乃翁」，則表達了一切愛國者共同的大一統情結。正因中國文化具有追求大一統的內驅力，故從總體上看，中國的歷史，分裂的時間短，統一的時期長，統一終究是無可抗拒的歷史大趨勢。

其二，中國文化具有包容性。

中國文化的起源是多元的區域文化融合的結果，其本身就體現了包容性。迄秦漢時期，「天下同歸而殊途，一致而百慮」[46]，此特性愈彰顯。從先秦時起中國文化固強調「華夷之辨」，但華夷界限，從來是重文化而輕血統。《春秋》曰：「中國而夷狄，則夷狄之；夷狄而進於中國，則中國之。」此種重文化輕種族和以文化高低判華夷的民族觀和文化價值觀，對後世影響甚大，因為它為各民族間的融合和吸收外來文化提供了良好的社會心理素質。漢代開通的絲綢之路和魏晉南北朝隋唐時期胡漢文化融合，以及佛教的中國化，都是中國文化包容性的生動體現。同樣，鴉片戰爭以降，近代志士仁人無不歷盡艱辛，向西方尋求救國真理。林則徐、魏源主張「師夷長技」；馮桂芬等人主張「中體西用」；康有為提出：「泯中西之界限，化新舊之門戶」[47]；嚴復指出：「必將闊視遠想，統新故而視其通，苞中外而計其全，而後得之」[48]；孫中山強調：「發揚吾固有之文化，且吸收世界之文化而光大之，以期與諸民族並驅於世界」[49]；毛澤東更進而指出：「中國應該大量吸收外國的進步文化，作為自己文化食糧的原料」，「凡屬我

45 《晉書‧苻堅載記》。
46 《易傳‧繫辭下》。
47 湯志鈞編：《康有為政論集》上冊，295頁，北京，中華書局，1981。
48 王栻主編：《嚴復集》第3冊，560頁，北京，中華書局，1986。
49 《孫中山全集》第7卷，60頁，北京，中華書局，1985。

們今天用得著的東西，都應該吸收」[50]，這些也無不是中國文化包容性的生動體現。此外，近年來，中國生物學家對南北二十八個地區、三十二萬多人口的 GM 血清血型和 HLA 白細胞抗原資料進行研究，發現今天的漢族人口是由南北兩大起源不同的集群構成的。這一科學研究成果進一步表明，漢民族不是建立在血緣基礎之上的，而是以文化認同為基幹的民族。重文化輕血統，同樣是中華民族具有旺盛生命力的源泉。[51]

其三，中國文化具有慎終追遠的情懷。

中國文化是伴隨著農耕經濟的長期延續而形成的。與工業文明相較，農業文明少變化重經驗，易於形成恆久的觀念，培養起慎終追遠的情懷。孔子曰：「殷因於夏禮，所損益可知也；周因於殷禮，所損益可知也；其或繼周者，是百世，可知也。」[52]他主張「慎終追遠」。同時《易傳》所謂「可久可大」，《中庸》所謂「悠久成物」，《老子》所謂「天長地久」和董仲舒所謂「天不變，道亦不變」等等認識，無不是追求永恆和持久觀念的反映。而中國具有重史傳統，史籍完備，史學發達，最能集中反映中國文化慎終追遠的情懷。《尚書·多士》載：「惟殷先人，有冊有典。」說明商代已重視歷史典籍。孔子整理古代典籍，著《春秋》，本身即是良史。孔子已提出了「疏通知遠」的思想。漢代司馬遷著《史記》，進而提出「述往事，思來者」，「究天人之際，通古今之變，成一家之言」，更將對史學功能的認識提高到了一個全新的境界。此後兩千多年，中國不僅史家輩出，追求「一家之言」，促進了史學持續繁榮的發展，同時歷代封建統治者也十分重視官修史書和大規模整理文化典籍。一部卷帙浩繁的「二十四史」，完整地記錄了中華民族的歷史足跡，這是世界公認的歷史奇觀。

慎終追遠的情懷既包含著自強不息的進取精神，更包含著尊重傳統、鑒往察來的歷史智慧。這對於保證中國文化一脈相承和源遠流長的發展所起的巨大作

---

50 《毛澤東選集》第 2 卷，706-707 頁，北京，人民出版社，1991。
51 趙桐茂：《中國人免疫球蛋白同種異型的研究：中華民族起源的假說》，《遺傳學報》，1991 年第 2 期；《免疫球蛋白同種異型 GM 因子在 40 個中國人群中的分布》，《人類學學報》，1987 年第 1 期。
52 《論語·為政》。

用，是不言而喻的。江澤民同志曾指出：「中華民族歷來重視治史。世界幾大古代文明，只有中華文明沒有中斷地延續下來，這同我們這個民族始終注重治史有著直接的關係。幾千年來，中華文明得以不斷傳承和光大，一個重要原因就是我們的先人懂得從總結歷史中不斷開拓前進。」[53]這是十分深刻的論斷。同時，需要指出的是，中國文化得以一脈相承，傳之久遠，還得益於作為文化重要載體的漢字。大汶口陶文的發現，證明漢字至少可以溯源到五千五百年前。漢字是世界上唯一從古到今不斷發展、一直使用並富有強大生命力的文字。古巴比倫的楔形文字、古埃及和古印度的象形文字，都先後銷聲匿跡了，唯有方塊漢字歷盡滄桑，長盛不衰。正是由於漢字的特殊性質與功能，才使得我們祖先創造的燦爛文化能夠記述和傳承，古代和現代的漢族書面語言能夠統一。奇特的漢字在保持文化傳統、溝通全國人民的情感和維繫中華民族的統一諸方面所起到的巨大作用，實在是怎樣估計也不會過分的。

上述中國文化的特質，不僅往往彼此互為因果，難以截然分開；而且也無須諱言，內中純駁互見，精華與糟粕雜陳。例如，家國同構和注重倫理的文化範型，固然有益於社會穩定和提升人們的精神境界，但濃重的宗法等級觀念和道德的泛化，又易於造成對獨立人格的束縛和形成重德輕藝、重義輕利價值觀上的偏差；尚「和」的精神固然助益了社會和諧與民族的融合，但又易於導致鄉愿式的苟安心理；追求大一統和慎終追遠的情懷，固然促進了中華民族的統一和傳之久遠，但也易於造成封建專制的傳統和形成因襲循環的思維定式，如此等等。然而，儘管如此，中國文化的特質畢竟顯示了中華民族的特殊智慧，並從根本上成就了中國文化的獨立體系和燦爛輝煌的風貌。毫無疑問，它是我們今天應當加以批判繼承的珍貴文化遺產。

53　《中共中央總書記江澤民給白壽彝同志的賀信》，《史學史研究》，1999 年第 3 期。

五、弘揚優秀的中國文化傳統，
　　助益社會主義的文化建設

　　法國著名的「年鑑學派」的史學家們指出：「歷史知識取得進步不是依靠總體化，而是依靠（借用攝影的比喻來說）鏡頭移動和變焦。……對視角作不同調整，既會顯出新的面貌，又會突出所掌握的概念範疇的局部不適應即縮減性，提出新的解釋原則；在每個認識層次上，現實的網狀結構圖以不同方式顯示出來。這就要求除了方法以外，必須對觀察者及其進行分析的手段所起的作用給予特別注意。」[54]這即是說，對於特定歷史文化現象的認識與判斷，歸根結柢，是取決於觀察者的立場、觀點與方法。在近代，志士仁人對於中西文化問題長期爭論不休：激進者多隆西抑中，以為欲救國，只有學習西方，更有甚者，則倡全盤西化；保守者多隆中抑西，以為文化是民族的根，「學亡則國亡」，故欲救國，必先保國粹，更有甚者，則倡世界「中國化」。二者各有所是，亦各有所蔽。究其致蔽的原因，除了缺乏科學史觀的指導外，端在受民族危亡的時局制約，不免心理緊張，缺乏從容探討文化問題的心態。時柳詒徵曾大聲疾呼：「學者必先大其心量以治吾史，進而求聖哲立人極、參天地者何在，是為認識中國文化之正軌。」[55]所謂「大其心量」，實含大度從容之意。但是，問題在於柳詒徵自己也不能免俗。

　　時移勢異。我們現在的情況完全不同了。社會主義的新中國久已屹立在世界的東方，尤其經過 30 多年的改革開放和中國特色社會主義現代化的建設，不僅綜合國力大為增強，而且國人的文化心態也愈趨成熟。江澤民同志在黨的十五大報告中，提出了建設「有中國特色社會主義的文化」的任務。胡錦濤同志在黨的十七大報告中，進一步提出了「推動社會主義文化大發展大繁榮」的要求。他說：「當今時代，文化越來越成為民族凝聚力和創造力的重要源泉、越來越成為綜合國力競爭的重要因素，豐富精神文化生活越來越成為我國人民的熱切願望。

---

54 《年鑑》編輯部：《我們在進行實驗：再論歷史學與社會科學》，《國外社會科學》，1990 年第 9 期。
55 柳詒徵：《中國文化史·弁言》。

要堅持社會主義先進文化前進方向，興起社會主義文化建設新高潮，激發全民族文化創造活力，提高國家文化軟實力，使人民基本文化權益得到更好保障，使社會文化生活更加豐富多彩，使人民精神風貌更加昂揚向上。」又說：「中華文化是中華民族生生不息、團結奮進的不竭動力。要全面認識祖國傳統文化，取其精華，去其糟粕，使之與當代社會相適應、與現代文明相協調，保持民族性，體現時代性。加強中華優秀文化傳統教育，運用現代科技手段開發利用民族文化豐厚資源。加強對各民族文化的挖掘和保護，重視文物和非物質文化遺產保護，做好文化典籍整理工作。加強對外文化交流，吸收各國優秀文明成果，增強中華文化國際影響力。」黨的十七大突出強調了加強文化建設、提高國家文化軟實力的極端重要性，對興起社會主義文化建設新高潮、推動社會主義文化大發展大繁榮作出全面部署。這是我們黨總結歷史、立足現實、著眼未來作出的重大戰略決策，充分反映了對當今時代發展趨勢和我國文化發展方位的科學把握，體現了我們黨在新的歷史條件下的高度文化自覺。

要加快發展國家軟實力，關鍵就在於要更加自覺、更加主動地推動文化大發展大繁榮。要努力繼承和發揚我國悠久歷史文化中源遠流長、博大精深的寶貴遺產，借鑒當今世界一切有價值的思想理論成果，深刻認識國家硬實力與軟實力的辯證關係，高度重視和加快發展國家軟實力。有了新時代文化建設的目標和十七大精神的指引，我們今天對中國文化史的研究，也便有了最佳的焦距，可以更從容、更全面、更客觀即更科學地看待中華五千年的文明史，從而獲致歷史的教益。

編纂這部多卷本《中國文化通史》，目的正在於助益推動社會主義文化大發展大繁榮。

本書研究中國文化的發展歷程，揭示其發展規律，彰顯中國文化的民族精神。

本書堅持以馬克思主義歷史唯物論為指導，同時積極吸收和借鑒當代社會科學的各種相關的理論與方法。

中國是一個多民族的國家。中華民族源遠流長的歷史和文化是各族人民共同創造的。因之，本書不僅寫漢民族的文化，同時也重視各少數民族的文化創造及其特色，尤其注意突出不同的歷史階段中，各民族間的文化互相滲透、交流與融合。

　　中國文化是世界文化的一個有機組成部分。本書將中國文化置於世界文化發展的總體格局中去考察，既注意中外文化的交流、衝突與融合，也注意中國文化在世界文化發展過程中的地位與作用。堅持實事求是的精神，避免民族虛無主義與民族虛驕情緒。

　　從目前已出版的有關文化史的著作看，編纂體例不一，其中大致可分為兩類：一是重宏觀把握，突出問題，以論說為主；一是重微觀透視，突出部門文化，以描述為主。前者的優點是脈絡清楚，簡潔明快，論說有深度，但歷史信息量小，失之抽象；後者的優點是具體翔實，便於查閱，但頭緒紛繁，失之散漫。文化史究竟應當怎樣編寫，是一個不易解決的大問題。當年常乃德曾說：「有時具體記錄所表現不出的內在精神，非有抽象的理論加以解釋不可。故理想的文化史必多少帶有史論的性質，不過不可空論太多，影響事實的真相罷了。」[56]足見他已深感到了困惑。今天學術界的意見仍不統一。我們以為，編纂一部大型的文化通史著作，當有理論框架一以貫之。該書既要具有能幫助廣大讀者從中學得豐富的中國文化史知識的功能，又應是視野開闊，脈絡清晰，有助於人們理解和把握中國文化發展的自身規律與特點。為此，須將宏觀與微觀、抽象與具體、問題論說與部門描述很好地結合起來。

　　總之，本書力圖突出一個「通」字：從縱向上說，要求全書各卷之間脈絡貫通，要於沿革流變之中體現中國文化自身的發展規律和一以貫之的民族精神；從橫向上說，當避免寫成部門文化的簡單拼盤，要注重時代精神對文化現象的整合，注重諸文化部門的內在聯繫及其不平衡的發展。同時注意文化的層間、空間差異，以及二者間的互動關係。

---

56 常乃德：《中國文化小史》第 1 章。

本書共分十卷，即：先秦卷、秦漢卷、魏晉南北朝卷、隋唐五代卷、兩宋卷、遼西、夏、金元卷、明代卷、清前期卷、晚清卷、民國卷。各卷附有參考書目。

本書實行各卷主編負責制。編委會同仁通力合作，歷時四年，備嘗艱辛。但因中國文化通史的編纂工作本身難度甚大，加之主編來自京城內外不同的單位，作者為數較多，聯繫不便和學養有限等原因，著者雖然盡了很大的努力，各卷水準仍難一致，全書與既定的目標，也存在著差距。我們敬祈讀者批評指正。

本書借鑒和吸收了學術界已有的研究成果，不敢掠美，這裡謹表謝意。

本總序是在集體討論的基礎上完成的。

鄭師渠

一九九九年八月初稿

二〇〇九年六月修改於北京師範大學

目錄
CONTENTS

總序

緒言

第一章　多元的社會與多姿多彩的文化

056　**第一節・各少數民族政權政治、經濟對文化的影響**

056　　一、遼代

060　　二、金代

062　　三、西夏

063　　四、元代

066　**第二節・政權對峙對文化的制約**

071　**第三節・中原先進文化促進了民族融合的進程**

071　　一、遼代

076　　二、金代

080　　三、西夏

082　　四、元代

第二章　文化精神與特點

090　**第一節・殊途同歸：各少數民族政權一致推崇儒學**

094 　第二節・草原文化與農業文化的匯合

098 　第三節・文化交流範圍的擴大

第三章　文化論爭

102 　第一節・聚訟不決的正統之辨

109 　第二節・元代釋道之爭

第四章　規模空前的文化交流

118 　**第一節・遼與宋、中亞的文化交流**

118 　一、遼與宋朝的文化交流

123 　二、遼與女真、高麗及西北地方的文化交流

125 　三、遼與中亞的文化交流

128 　**第二節・金與宋、西夏、高麗的文化交流**

128 　一、金與宋朝的文化交流

132 　二、金與西夏、高麗的文化交流

133 　**第三節・西夏與遼、宋的文化交流**

133 　一、西夏與遼的文化交流

134 　二、西夏與宋的文化交流

135 　**第四節・元朝中央政府與宗藩國的文化交流**

140 　**第五節・元朝與毗鄰諸國的文化交流**

140 　一、元朝與高麗的文化交流

147 　二、元朝與日本的文化交流

152 　三、元朝與安南、占城、真臘、尼泊爾等國的文化交流

157　**第六節・元朝與非洲、歐洲的文化交流**

157　一、元朝與非洲的文化交流

160　二、元朝與歐洲的文化交流

第五章　風格各異的語言文字

168　**第一節・契丹文的創制與使用**

168　一、契丹語與契丹文的創制

172　二、契丹文的使用與廢止

173　三、已經發現的契丹大、小字資料

175　四、契丹文的研究

178　**第二節・女真文的創制與使用**

178　一、女真大、小字的產生及廢止

184　二、現存的女真文資料

186　**第三節・西夏文的創制與使用**

186　一、西夏文的創制

192　二、現存的西夏文文獻

196　**第四節・元代的語言文字**

196　一、蒙古語的產生與流傳

198　二、畏兀文與八思巴字

第六章　異彩紛呈的哲學

204　**第一節・遼代的哲學思想**

208　**第二節・金代的哲學思想**

211 **第三節 · 元代的哲學思想**

211 一、元代的哲學家

223 二、元代的朱陸合流

第七章　五光十色的宗教

228 **第一節 · 遼代的宗教**

228 一、薩滿教

231 二、佛教

238 三、道教

239 **第二節 · 金代的宗教**

239 一、原始宗教

242 二、佛教

245 三、道教

249 **第三節 · 西夏的宗教**

249 一、原始宗教

251 二、佛教

257 **第四節 · 元代的各種宗教**

257 一、薩滿教

260 二、佛教

263 三、道教

265 四、伊斯蘭教

266 五、基督教

268 **第五節 · 金代、元代三教(儒、佛、道)歸一思想的發展**

268 一、金代的三教合流

269 二、元代的三教合流

第八章　與漢族有同有異的倫理道德

286　**第一節・遼代婚姻、家庭中所反映的倫理道德**

290　**第二節・金代女真人的倫理觀念**

295　**第三節・從西夏的社會風俗看倫理觀念**

298　**第四節・元代宗族、家庭、婚姻中所體現的倫理道德觀念**

第九章　教育與科舉制度

304　**第一節・遼代的教育與科舉**

304　一、契丹的貴族教育與學校的設立

307　二、科舉取士

314　三、科舉在遼朝的地位和影響

316　**第二節・金代的教育與科舉**

316　一、學校制度

321　二、學校的管理和教育內容

323　三、科舉考試

324　**第三節・西夏的教育**

326　**第四節・元代的教育與科舉制度**

326　一、元代的學校制度

331　二、元代學校教育的內容

332　三、元代的科舉制度

第十章　史官與史學

340　第一節・遼代的修史之風

340　一、遼代的修史制度和官修史籍的門類

342　二、官修史書的主要成就

344　第二節・金代的史籍編撰及私人著述

344　一、金代的史官制度和纂修國史的主要成果

346　二、金代對遼代歷史的編修

347　三、金代的私人史學論著

350　第三節・西夏史學簡說

352　第四節・元代史學的發展

353　一、正統之爭與遼、金、宋三史的修訂

354　二、遼、宋、金三史的內容和評價

357　三、元代官修史書和文獻

362　四、有關元朝歷史的私人著述和文獻資料

365　五、元代的方志學

366　六、馬端臨的《文獻通考》

368　七、胡三省注《資治通鑑》

第十一章　影響深遠的少數民族文學

372　第一節・質樸無華的遼代文學

372　一、宮廷詩詞

382　二、民間文學

387　第二節・清新雋永的金代文學

387　一、戲曲

389　二、詩詞

397　三、文學評論

400　**第三節・西夏的詩歌**

405　**第四節・大放異彩的元代文學**

405　一、元曲

414　二、南戲

416　三、小說與詩歌

第十二章　搖曳多姿的藝術

422　**第一節・遼代的繪畫、雕塑、樂舞與體育運動**

422　一、卷軸畫與壁畫

430　二、雕塑

433　三、樂舞與體育運動

435　**第二節・金代的繪畫、雕塑與樂舞**

435　一、繪畫與壁畫

441　二、雕塑藝術

444　三、音樂與舞蹈

448　**第三節・西夏的繪畫、雕塑及音樂**

448　一、繪畫

452　二、雕塑

455　三、音樂和舞蹈

456　**第四節・元代的繪畫與書法**

456　一、絹軸繪畫

463　二、壁畫

467　三、書法

第十三章　成就斐然的科學技術

472　**第一節・遼代的天文曆法、醫學及建築技術**

476　**第二節・金代的科學技術**

476　一、天文曆法

478　二、醫學

480　三、建築技術

484　四、陶瓷工藝

486　**第三節・西夏的科學技術**

487　一、天文曆法

488　二、醫藥

490　三、冶煉及鑄造

491　四、陶瓷燒造

494　**第四節・元代的科技成就**

494　一、農學

497　二、醫學

498　三、天文曆法

500　四、河源考察與水利工程

503　五、數學成就

第十四章　各具特色的社會風俗

506　**第一節・契丹人的社會風俗**

506　一、服飾

512　二、飲食

514　三、婚姻

515　　四、喪葬

522　第二節・女真人的社會風俗

522　　一、服飾

526　　二、飲食

527　　三、婚姻

528　　四、喪葬

530　第三節・西夏人的社會風俗

530　　一、服飾

532　　二、飲食

533　　三、婚姻

534　　四、喪葬

538　第四節・蒙古人的社會風俗

538　　一、服飾

542　　二、飲食

543　　三、婚姻

544　　四、喪葬

參考書目

再版後記

緒言　INTRODUCTION

本卷包括遼、西夏、金、元四個朝代。

遼朝是契丹族建立的國家，「契丹」之名最早見於《魏書》。契丹人最早活動於潢河（西拉木倫河）、土河（老哈河）流域，是漁獵民族，後來也從事畜牧。唐哀帝天四年（907年）耶律阿保機即位稱帝，國號契丹，九一六年始建年號。大同元年（947年）改國號為遼，聖宗耶律隆緒統和元年（983年）復稱契丹，道宗耶律洪基咸雍二年（1066年）第二次改號為遼。從太祖耶律阿保機建國至一一二五年亡於金，遼朝歷時一一八年，共有太祖、太宗、世宗、穆宗、景宗、聖宗、興宗、道宗、天祚九位皇帝。太祖、太宗時期是遼朝初期的前段，世宗、穆宗、景宗是初期的後段；聖宗、興宗是遼朝的中期；道宗、天祚帝時期則是遼朝的後期。如按社會性質劃分，初期前段是奴隸社會，後段是由奴隸制向封建制的過渡時期，到了中期，這一過渡完成，後期已經是完全的封建社會了。但在封建社會中，仍然有奴隸制成分。

金朝是以女真貴族為核心，聯合漢人、渤海、契丹共同進行統治的國家。女真作為族稱，出現在遼、五代時期，歷史上的肅慎、挹婁、勿吉、靺，都是指的女真人，他們長期生活在白山（長白山）、黑水（黑龍江）一帶，從事漁獵和農業。西元一一一五年正月，阿骨打稱帝，國號金，建元收國，他就是歷史上的金太祖。天會三年（1125年）金滅遼；天會五年（1127年）覆亡北宋；貞二年（1214年），金宣宗完顏珣在蒙古軍的壓力下，將都城由中都（北京）遷往汴京（河南開封）；天興元年（1232年）金哀宗完顏守緒由汴京逃往蔡州（河南汝南），天興三年（1234年）宋、蒙連袂攻金，金亡。金朝共曆太祖、太宗、熙宗、海陵王、世宗、章宗、衛紹王、宣宗、哀宗九帝，歷時一百一十九年。女真

族在阿骨打建立金王朝前還是原始社會，金王朝的建立，標誌著女真人已進入奴隸社會。由於女真奴隸主貴族不斷發動掠奪戰爭，對北方地區的經濟破壞非常慘重。從熙宗時起，女真族的奴隸制已經開始轉變為封建制了，到章宗時才最後完成由奴隸制向封建制的轉變。金朝的經濟、文化是繼遼、宋之後發展起來的，從總的方面看，稍遜於南宋，但超過了遼朝，對元朝有一定影響。

西夏是党項人建立的國家，党項是古代羌族部落的一支，也稱党項羌。五代、北宋初年，都臣屬於中原王朝，宋太宗賜党項羌首領李繼捧名為趙保忠，繼捧族弟李繼遷抗宋自立。宋仁宗寶元元年（1038 年），繼遷之孫元昊自稱皇帝，國號大夏，又稱白上國，宋人稱為西夏，都興慶府（後改為中興府，今寧夏銀川）。其疆域東據黃河，西至玉門（甘肅敦煌縣西），南至蕭關（寧夏同心縣南），北抵大漠（蒙古瀚海）。西夏從元昊建國至南宋理宗寶慶三年（1227 年）被蒙古滅亡，歷時近兩個世紀，共有景宗、毅宗、惠宗、崇宗、仁宗、桓宗、襄宗、神宗、獻宗、末帝十個皇帝。西夏社會從家長奴隸制過渡到封建領主制，只經歷了半個世紀的時間。李繼遷統治時，是西夏封建制的萌芽時期。繼遷之子德明克紹箕裘，承襲父業，與宋朝和平共處，積極發展農業、商業，又從宋朝獲得大量歲賜，他在興建宮殿、宗廟、官署上都竭力模仿漢制，這些措施，大大促進了西夏社會經濟的封建化進程。西元一〇三八年李元昊公開宣布建立大夏王國，則是西夏封建制正式形成的標誌。

元朝是蒙古人建立的國家。蒙古族名始於唐代，遼、宋、金時又有萌古、朦骨、盲骨子、萌古斯、蒙古裡等不同譯名。一二〇六年，成吉思汗在漠北建國，號為大蒙古國。他就是歷史上的元太祖。其子太宗窩闊臺興建哈喇和林城（蒙古人民共和國鄂爾渾河上游東岸哈爾和林）為國都。大蒙古國的統治者通過不斷的征服戰爭，統治了亞洲、歐洲的廣袤地區。成吉思汗之子術赤、察合臺、窩闊臺在按臺山（即阿爾泰山）以西的封地和旭烈兀（成吉思汗孫、拖雷子）西征後據有的波斯之地都成為大汗的藩屬。一二六〇年，忽必烈（拖雷之子）即位於上都（內蒙古正藍旗閃電河北岸），採納儒士的建議，遵用漢法，革故鼎新，以燕京（北京）為中都，後為都城。一二七一年，改國號為大元，次年升中都為大都。蒙古人一二二七年滅西夏，一二三四年與南宋連袂滅金，一二七六年覆亡南宋，

自此全國統一，江山一統。一三六八年，朱元璋率領的農民起義軍攻入大都，元順帝逃往應昌（內蒙古克什克騰旗西、達來諾爾附近），其後裔據有漠北，襲用元國號，史稱北元。元朝如從成吉思汗建國算起，至大都失守，共一百六十二年，有太祖、太宗、定宗、憲宗、世祖、成宗、武宗、仁宗、英宗、泰定帝、天順帝、文宗、明宗、寧宗、順帝十五位皇帝。蒙古統治者進入中原之初，因為保留著濃厚的草原奴隸制因素，因而蒙古軍所到之處，燒殺搶掠，造成中國北部社會經濟的嚴重倒退，這種局面不利於蒙古人的統治，因為農業地區所提供的財富遠遠超過了畜牧業，破壞了農業生產，蒙古人的統治也就難以繼續下去。有鑑於此，忽必烈即位後，便注意籠絡漢族地主知識分子，採用漢法，以適應中原地區封建經濟的發展，這樣，忽必烈便成了蒙漢各族地主階級的代理人，這也意味著蒙古人徹底走上了封建化的道路。

遼、西夏、金、元四個朝代共統治了四個半世紀，除了元朝統一了全國外，其他三個朝代都是地區性的政權。這一時期的文化大體上有三條脈絡：（1）儒學與多種宗教並存；（2）草原文化與農業文化互相雜糅；（3）地域文化的差異。

遼、西夏、金、元王朝的統治者都是少數民族，他們長期生活在東北、西北地方，由於生產方式、生活習慣的不同，他們的文化傳統與中原漢地的文化存在著很大的差異。中原漢族地區一向崇尚儒學，儒學一直處於顯赫地位，而契丹、女真、党項、蒙古人起初並不看重儒學，他們是在與漢人長期的接觸與薰陶中，才慢慢地接受了儒學的，一直到元代，程朱理學才在全國學術思想領域內確立了統治地位。這些少數民族政權的統治者，在接受儒學的同時，對其他宗教也給予了足夠的重視，儒學一枝獨秀的局面並沒有出現。遼朝統治者崇尚佛教，元朝人曾有「遼以釋廢」的感歎；西夏人的宗教信仰以佛教為主；蒙古人在其廣大的征服區內，對宗教採取兼收並蓄的政策，只要對蒙古人的統治有利，信仰何種宗教都受到保護。成吉思汗的後裔中有信仰基督教的，有皈依佛教的，有崇拜偶像的，有篤信伊斯蘭教的，也有不信任何宗教的。由於元代實行帝師制度，佛教的地位高於其他宗教，而在佛教的各派別中，喇嘛教又高於其他宗派。

契丹、女真、党項、蒙古人生活在北方邊陲，形成了草原文化。除了西夏比

較孱弱，無力問鼎中原外，其餘三個政權都想取中原王朝而代之，結果是蒙古人取得了成功，遼、金只佔據了原來屬於中原王朝的部分地區。遼、金、蒙古統治者發現，用草原文化來治理有著上千年儒家傳統文化積澱的漢族地區，根本不可能獲得成功，讓草原文化與農業文化和光同塵，互相雜糅，這才是有效治理中原地區的不二法門。兩種不同文化的糅雜對後來的文化產生了深遠的影響。

由於地區的不同，在文化上也存在著差異。遼朝契丹人居住區與漢人聚居區，金朝南北方之間就有差異，特別是元朝版圖遼闊，文化上的差異就更大。這種差異既有民族和居住地區的因素，也有受漢文化影響深淺的因素。有些民族本身文化素質較高、居住地區交通比較便利，與漢人接觸較多，其文化就比較先進，相反，那些文化素質較低，居住地區偏僻，與漢人接觸很少的民族，文化就相對落後了。這種差異表現在很多方面。比如元代留居東北地區的女真人社會發展就不平衡。居住在遼陽地區的女真人，因長期與漢人雜居，經濟、文化都受漢族的影響，因而發展較快；居住在原上京路、胡里改路的女真人，受漢文化的影響和薰陶較少，保留自己的特色也就較多；而那些居住在邊遠地區的女真部落，因為山隘林深，交通不便，與外界交往甚少，無從接觸漢文化，到元代仍處在氏族社會發展階段。又比如元代已是高度發達的封建社會，而雲南的裸裸（彝族的先民）還處於奴隸制社會發展階段。

遼、西夏、金、元時期的文化，可用一句話來概括，那就是：塞外遊牧民族的草原文化與中原農業文化相匯合，相互補充、相互吸收而形成的以漢文化為核心的多樣性文化。

本卷由任崇岳主編，負責設計提綱、挑選圖片並撰寫緒言、第一至第八章、第十三章第四節；賈洲傑撰寫第十二、第十四兩章及第十三章第二、第三兩節；洪書雲撰寫第十一章；陳朝雲撰寫第九、第十兩章及第十三章第一節。全書最後由任崇岳統稿潤色。

第一章

多元的社會與
多姿多彩的文化

各少數民族政權政治、經濟對文化的影響

遼、西夏、金、元時期，雖然都是少數民族建立的政權，但因民族不同、統治的地區不同，政治、經濟措施也不盡相同，這些措施對文化產生的影響當然也有區別。

一、遼代

遼朝是在遊牧部落聯盟的基礎上建立的國家，建國伊始，在政治、經濟、法規諸方面還帶有部落聯盟時期的痕跡。耶律阿保機、耶律德光父子不斷擴疆拓土，終於將農耕的渤海人和部分漢人置於自己的統治之下。這樣，遼朝便不可避免地受到來自封建經濟、政治制度和農業文化的衝擊和影響，遼朝統治者在制定政策時不能不考慮到這些因素。

遼朝農業的發展是在滅亡渤海國及燕雲十六州之地併入後開始的。在這之前，阿保機曾以所俘漢人在炭山東南灤河上（河北沽源縣境）設置漢城，種植五穀，兼收鹽鐵之利。對漢人的妥善安置，為廣袤草原地區的農業生產輸入了有經驗的勞動力，他們帶來了先進生產工具和優良農作物品種。天顯元年（926 年）

阿保機滅渤海國，使契丹奴隸主貴族統治的國家擴大到了農業地區。會同元年（938 年），燕雲十六州之地進入遼朝版圖。那裡人煙輻輳，物產豐饒，社會經濟形態已是高度發達的封建社會，這對契丹奴隸主貴族國家的經濟、文化發展，帶來了不可估量的影響。如雲中郡的白道川「地至良沃，沙土而黑，省功多獲」[1]，南京（北京城西南）有人口三十萬，「大內壯麗，城北有市，陸海百貨，聚於其中；僧居佛寺，冠於北方。錦繡組綺，精絕天下。膏腴蔬、果實、稻粱之類，靡不畢出，而桑、柘、麻、麥、羊、豕、雉、兔，不問可知。水甘土厚，人多技藝，秀者學讀書、次則習騎射，耐勞苦。」[2]遼太宗耶律德光為這一片發達的農業地區併入契丹而欣喜若狂。特地改年號為會同，表示要努力促進幽薊地區農業文化與塞外的遊牧文化匯合起來，建立起一個大一統的王朝。幽薊地區的賦稅是遼朝的重要收入，對政治、經濟、文化都產生了深刻的影響。遼朝統治者對農業十分重視，採取了一系列支持、保護的措施，使得農業、牧業形成了一個和諧的統一體，兩者互補互利，相得益彰。契丹族以牧業起家，對畜牧業的重視自不待說。畜牧業既為契丹人提供了乳酪等生活必需品，也提供了維持軍事力量所需要的馬匹，而大量的、形式多樣的農產品，則彌補了牧業產品比較單調的缺憾。農、牧業的結合，又促進了手工業、商業的發展和繁榮，增強了遼朝的國力。

契丹統治者向風慕化，對學習中原地區的漢族先進文明持積極態度。遼朝的創立者耶律阿保機通曉漢語，熟悉漢人情況，在建立契丹王朝的過程中，得到了一批漢族士人的支持，任用一批幽薊地區的上層人物參與治理國家，借鑑中原王朝的統治經驗，吸收漢地的先進文化，這對於一個遊牧部族聯盟首領來說，是十分難能可貴的。遼太宗耶律德光為實現中央集權，仿效中原王朝建立起了一套禮樂制度。這雖屬形式主義的東西，但可以體現帝王的尊嚴，因而具有實際意義。後晉的大臣馮道曾給太宗、述律太后送來代表天子身分的「法駕」，會同三年（940 年），耶律德光至燕京時，就備法駕入城，在這套儀衛引導下進入燕京大內，在元和殿上行「入閣禮」，他已經以封建帝王自居了。會同九年（946 年），

1　厲鶚：《遼史拾遺》卷十五。
2　《契丹國志·四京本末》。

遼太宗滅後晉，將後晉的「諸司僚吏、嬪御、宦寺、方技、百工、圖籍、曆象、石經、銅人、明堂刻漏、太常樂譜、諸宮縣、鹵簿、法物及鎧仗，悉送上京（內蒙古巴林左旗南）」[3]。大量漢文書籍的輸入、翻譯，不但把中原地區的科學技術傳入了草原地區，而且也傳入了中原地區封建地主階級的思想和統治經驗，促進了契丹地區草原文化的發展。

「澶淵之盟」後，宋遼雙方桴鼓不鳴，使軺相接，兩國關係風霽月朗，進入了一個新時期，遼朝在立法、施政、制禮等方面更加刻意仿效宋朝，遼聖宗因喜讀《貞觀政要》，仰慕唐太宗李世民和唐玄宗李隆基的為人，改名為隆緒，以示與隆基比肩。

榷場貿易是遼、宋之間經濟、文化交流的一個重要管道。在此之前，遼同五代的梁、唐、晉、漢以及十國中的吳越、南唐都有貿易往來，遼朝曾以趙延壽部下喬榮為回圖使，往來販易於遼、晉之間，獲利倍蓰。但都不及遼、宋貿易的規模。宋朝設官「平互市物價、稍優其值予之」[4]。遼方用鹽、布、羊、馬、駝、北珠、玉器等換取宋方的茶、香藥、繒帛、漆器、《九經》等。雙方都從榷場貿易中獲得了利益。雙方既是唇齒相依的鄰邦，又是敵意尚未完全消弭的兄弟，彼此都規定有不准向對方輸出的物品，但私販填補了這一空白，宋朝的印本書籍與文人詩賦得以源源不斷流入遼朝。

遼中京城牆遺址

遼朝的政治制度也具有自己的特色。由於遼朝境內契丹人、漢人風俗習慣、生產、生活方式存在很大差異，不便於治理，因而遼朝統治者採取了「因俗而

3　《遼史·太宗本紀下》。
4　《宋史·食貨志下》。

治」的政策，即「以國制治契丹，以漢制待漢人」[5]，在統治機構的設置上就是官分南北，從中央到地方都設有兩套平行的行政機構，即北面官與南面官。「北面治宮帳、部族、屬國之政」[6]，辦事機構設於皇帝御帳之北，各部長官由契丹貴族擔任；「南面治漢人州縣、租賦、軍馬之事」[7]，辦事機構在皇帝御帳之南，長官由契丹貴族、漢人、渤海人中的上層擔任，管理漢人、契丹人事務。北面官的最高權力機構是北樞密院，也叫契丹樞密院，長官為北院樞密使、知北院樞密使事等。南面官的最高權力機構是南樞密院，也叫漢人樞密院，長官稱南院樞密使、同知南院樞密使事等。除了北南樞密院這樣實質上的宰輔機構外，遼朝還設有名義上的宰相，南北分設，即北面宰相、南面宰相。遼代的北面宰相不過是皇帝之下的部族官，南面宰相也只有在兼樞密使的情況下才有實權。北樞密院位在北、南二府以上，皇權通過它貫徹到二府直至各部族。與官制分為北面、南面相適應，遼朝的法律也有蕃律與漢律之分。蕃律適用於契丹人、奚人等，漢律則適用於漢人與渤海人。地方統治機構也體現出「因俗而治」的特色，契丹等遊牧部落以部落治理，在漢人和渤海人居住地區則設州縣治理。除此之外，還設有投下州。投下也作「頭下」，是遼朝王公大臣、戚畹貴族以征伐所得俘虜、奴隸建立的私城。

遼朝建有五京，即上京（內蒙古巴林左旗駐地林東鎮東南波羅城）、中京（內蒙古寧城西大明城）、東京（遼寧遼陽）、南京（北京城西南）、西京（山西大同），初期以上京為首都，後遷中京。但是遊牧的契丹人所建的國家，具有行國的基本特徵，他的政治中心不在五京，而在四時捺缽之中。捺缽又稱「納拔」、「納缽」、「刺缽」、「納寶」，即漢語的行宮、行在之意。遼朝皇帝一年四季不停地往返於四時捺缽之間，它不是皇帝一般的居留地，而是處理朝政的場所。四時捺缽初期地點不同，到後期地點逐漸固定。春捺缽主要活動是習武和祭祀，秋捺缽是狩獵，夏捺缽和冬捺缽處理政務，稱之為「春水」、「秋山」、「坐冬」、「納涼」。春捺缽的地點在長春州的魚兒濼（吉林大安縣東南池虎城），夏

5　《遼史・百官志》。
6　同上。
7　同上。

捺缽在永安山、拽剌山一帶，秋捺缽在慶州（內蒙古巴林右旗西北白塔子），冬捺缽在廣平澱，即今西拉木倫河與老哈河合流處的一片平原上。

由於遼朝統治區域既有遊牧地區，也有農業地區，因此遼朝的文化也體現出了遊牧文化與高度發展的漢文化互相影響、互相吸收、共同發展的特點，這種以漢文化為核心又帶有草原文化氣息的綜合文化，就成為遼代文化的一個特色。

二、金代

金朝政權初建時是以女真貴族為核心，並聯合漢人、契丹、渤海的上層人物共同統治的奴隸制政權。太祖、太宗時期，以銳不可當之勢滅亡遼和北宋，擴大了統治範圍，黃河以北的大片土地進入金朝版圖，大量漢人、契丹、渤海官僚被吸收入金朝統治者的行列中。熙宗時全面推行漢官制，限制女真貴族權勢。至海陵王時，進一步加強中央集權，金朝的統治體系全面確立，封建化進程加快，世宗時已是金朝封建社會的全盛時期了。

與這一社會變革相適應，金朝的官制也由勃極烈制向中央集權制轉化。勃極烈也叫孛堇，女真語中的官人、官長之稱。孛堇為部落首領，統領幾個部落的部落聯盟首領稱都孛堇。以完顏氏為核心的部落大聯盟建立後，聯盟首領叫都勃極烈。阿骨打就是在任勃極烈時登上九五之尊的。阿骨打以弟吳乞買為諳班勃極烈，也稱大勃極烈，實即皇儲，吳乞買和熙宗完顏亶都以這一官職即位為帝。勃極烈制帶有貴族議事會性質，決定國內外一切大事，甚至可處分皇帝。隨著疆土的拓展與遼宋降官的不斷增加，勃極烈制已不適應形勢發展的需要，取得燕京、平州後，為安撫漢人而設置了漢官。滅遼之後，中央始設漢官，大抵沿襲遼朝南面官之制，決定軍國大事的仍是那些勃極烈，漢官不過是徒有虛名而已。熙宗即位後，為強化皇權，便主動借鑑遼宋官制，設三師、三公，以三省（中書、門下、尚書）為最高決策機關。天眷年間廢除了勃極烈制，一律按漢官制除授，除西北邊境依遼舊制保留有北面官外，中央實行三省六部制。海陵王即位後，為進一步加強皇權，削弱女真貴族權力，罷領三省事，設置尚書令，位居丞相之上。

正隆元年（1156 年）頒行正隆官制，廢罷中書、門下省，只設尚書省，省下面的官府有院、臺、府、司、寺、監、局、署、所，尚書省主持全國政務，設尚書令、左右丞相、左右丞、參知政事，以元帥府為樞密院掌軍事，受尚書省節制。尚書令為全國最高行政長官，直接對皇帝負責，三師、三公不再參與政務。世宗時對正隆官制稍加調整，以後遂成定制。

地方統治機構也有相應的調整。金朝初年行軍打仗時，孛堇按率軍的多少分別稱猛安、謀克，猛安是千戶、千夫長，謀克是百戶、百夫長。後來猛安謀克制成為兼管行政的地方政權機構，猛安、謀克也就成為兼管地方行政的官員。隨著軍事上的節節勝利，漢人、渤海、契丹人降附者甚多，都被編入猛安、謀克，一些漢官也被授予猛安、謀克、孛堇一類的稱號。因

宇文懋昭著《大金國志》（宋）

猛安、謀克要行軍打仗，破壞了老百姓正常的生產、生活秩序，老百姓紛紛逃入深山，結寨自保，而那些投降的遼朝漢官，被取消了原來的官職和品級，猛安、謀克充其量也不過是鄉長、里正一級，這是他們無論如何也不願接受的。基於以上兩方面的原因，金朝統治者被迫停止在新占領區推行猛安謀克制，恢復原來的漢官制度。滅亡北宋後，金朝的轄境擴大到了淮河以北地區，地方機構保留了漢地舊制。官制的變革有利於女真人吸收先進的漢族文化。

女真人的生產關係隨著社會的發展，也在不斷變化。建國初期，女真社會盛行奴隸制，奴隸被廣泛地應用於農牧業方面。滅遼後，金朝統治者面對的是人煙稠密，社會經濟發展程度很高的燕雲地區，為了重建這一地區的統治秩序，他們曾打算把落後的奴隸制生產方式推廣到長城以南的漢族地區，但是遇到了很大阻力，不得不推行漢制。女真人進入中原初期，掠人為奴的現象還十分普遍，有的甚至驅往西夏、高麗等地出售，或用奴隸換取馬匹。這種殘酷奴役、虐待奴隸的現象曾激起中原百姓的強烈反抗。到了熙宗和海陵王統治時期，隨著封建化程度的加深，統治者不再強行改變中原地區的封建生產關係，特別是他們全面地接觸

和了解漢地經濟、文化之後，便逐漸吸收了漢族地主階級的統治方式，大規模掠民為奴的現象不再發生了。隨著時間的推移，奴隸的地位有了改善，大量被俘的奴隸恢復了自由人身分。為適應這種變化，金朝統治者在政策、法令上作了一些調整，奴隸解放的步伐加快了，進入中原地區的女真人終於跨入了封建制發展階段。生產關係的變化也為金朝統治者吸收中原地區的先進文化提供了契機。

三、西夏

西夏統治者從唐末至宋朝初年，都是以中原王朝節度使的身分統治夏州（陝西靖邊縣境）的。節度使下面分設州衙和蕃落兩套行政機構，州衙統治州縣及其近郊，蕃落使統治蕃部。元昊建國後，仿照宋朝建立了一整套官制。這些官制幾乎全是照搬宋朝，連名稱都沒有改變。開封府本是北宋首都區的地方政府機構，竟然也成了西夏官職，掌管西夏首都興慶府的行政事務。這些機構中的主要長官是党項人，其餘任職的有党項人、漢人。

西夏文腰牌

西夏的地方政府分為州、縣兩級。元昊建國後，為擴大政權聲勢，安插親信，把一些堡砦、城鎮都改成為州，西夏國土不大，但州的數目不少。此外，西夏還設有郡、府。郡多設於邊防重地，兼治軍民。如肅州（甘肅酒泉）多蕃族居民，設蕃和郡；甘州（甘肅張掖）多回鶻人，設鎮夷郡。甘州還設有宣化府，處理有關回鶻、吐蕃的民族事務，是一種民族宣撫機關，由此可見西夏是很重視民族問題的。

西夏的經濟主要是農業、畜牧業，手工業所占比重很小。從事農耕的多是漢人，他們掌握有先進的生產技術，對西夏的經濟發展有舉足輕重的作用。西夏統治者十分重視興修水利，元昊時開鑿了「昊王渠」，又疏浚了前代留下的秦家、

漢延、唐徠諸渠，這些水利設施對西夏的經濟繁榮起了很大作用。畜牧業在西夏經濟中也占有重要地位。西夏地曠人稀，橫山山界以北與河西走廊地帶水草豐茂，宜於畜牧。牧民多是党項、吐蕃、回鶻人，馴養牲畜以羊、馬、牛、駱駝為主，畜產品除自給外，還作為商品與漢族進行交換。農牧業的發展又促進了手工業的繁榮。社會經濟的飛速發展，加速了西夏封建化的進程。

西夏與宋、遼、金都進行過戰爭，但大多都在前期，在後期一百年的時間裡，統治者大力發展文化教育，是「養賢重學，兵政日弛」的新時期。如果把西夏的政治、文化與宋朝作一比較，便可發現有諸多相似之處，如封建制度、崇尚儒學等方面是一致的，只是民族不同，地理環境不同，才各具特色罷了。北宋人富弼說，西夏得中國土地，役中國人力，稱中國位號，仿中國官屬，任中國賢才，讀中國書籍，用中國車屬，行中國法令，因而發展迅速。西夏王國為加強西北各民族與中原人民之間的經濟文化交流作出了重要貢獻。

四、元代

元代是我國文化發達繁榮的重要時期。元代文化之所以繁榮，有兩個因素：經濟的全面繁榮，是元代文化得以發展的經濟基礎；環境寬鬆，沒有文字獄，則是元代文化發展的政治條件。

不少學者認為，元代文化是在農業凋敝，城市商業、手工業畸形繁榮的基礎上發展起來的，這種說法顯然不正確。蒙古人在用武力統一中國的過程中，曾經屠殺居民，毀壞農田，給整個社會的經濟文化帶來了嚴重的破壞，但在元朝建立之後，這種現象便得到了糾正。忽必烈即位之初便首詔天下，國以民為本，民以衣食為本，衣食以農桑為本。他下令設立十路宣撫司，令各司選擇通曉農事者充任勸農官。在中央先設勸農司，後改為司農司，從此成為元朝的常設機構，專掌農桑水利，察舉勤惰。又在農村設立村社制度，擇年高熟悉農耕之人為社長，以教督農民為事。凡種田者都要在田頭植立書寫本人姓名的牌橛，耕作不力而又不聽勸誡者，給以懲處。為督促各級官吏重視農業生產，規定「戶口增，田野闢」

作為考核吏治的主要標準，天下郡守縣令「皆以勸農繫銜，郡縣大門兩壁，皆畫耕織圖」[8]。很快形成了政府重於農，百姓勤於業的生動局面。

與此同時，原先那種屠城毀田的落後行為已基本停止，忽必烈多次頒布「禁蒙古軍馬擾民」的詔令。至元十一年（1274 年）蒙古興師攻南宋時，忽必烈就告誡將士不得妄行殺掠，因此在元兵進入南宋首都臨安時，「九衢之市肆不移，一代之繁華如故」[9]。在軍事征服之後，元朝統治者立即恢復正常的生產秩序，在平定江南地區的過程中，「農者就耒，商者就塗（途），士庶緇黃，各安己業」[10]，生產力始終沒有受到大的破壞。

為了養兵息民，召集流亡，蒙元統治者還廣泛實行軍民屯田，北至嶺北，南至海南，到至大年間（1308-1311 年）全國屯田已有一百二十餘處，「由是而天下無不可屯之兵，無不可耕之地矣。」[11]元朝政府還屢次下詔輕賦稅，息徭役，開倉賑濟，鼓勵人民安於生產。元朝政府也很重視興修水利，先後修治了黃河，開山東會通河，鑿北京通惠河，溝通了南北大運河，漕運灌溉，皆受其惠。以上這些政策實施的結果，使元朝自世祖混一之後，天下治平者六七十年。「民物日以繁息，倉廩之積盈衍於外，海內翕然，號為極治。」[12]至元三十年（1293 年）全國戶數為一千四百多萬，每戶以五口計算，人口已達七千多萬，超過了金和南宋末年的總和。在農業發達的基礎上，商業、手工業也有了長足的發展。如當時最大的城市大都，「百物輸入之眾，有如川流不息，僅此一項，每日入城者計有千車」[13]。農業地區源源不斷地供應原料，繡局、紋錦局等手工業部門才能維持生產。大都「百司庶府之繁，衛士編民之眾，無不仰給於江南」[14]。可見元代的城市繁榮是建立在農業繁榮的基礎上的。

8　《續文獻通考・田賦一》引陸深：《玉堂漫筆》。
9　《元史・伯顏傳》。
10　《元史・世祖本紀五》。
11　《元史・兵志三・屯田》。
12　《元朝名臣事略・丞相東平忠憲王勳德碑》。
13　馮承鈞譯：《馬可・波羅行紀》中冊，頁 397，上海，商務印書館，1947。
14　《元史・食貨志一》。

環境寬鬆是元代文化比較繁榮的另一個原因。在元代初年，儒士非但不受壓抑，而且待遇相當優渥，蒙古統治者曾多次頒布蠲免儒人徭役的法令。元世祖忽必烈多次搜求儒士，徵集隱遺，網羅了一大批漢人知識分子，都充入了官吏的行列，元代「初有金、宋，天下之人惟才是用之，無所專主，然用儒者為多也。」[15]

八思巴文銅印兩幅

元朝統治者不講究中原地區傳統的封建倫理道德，是元代文化發達繁榮的有利條件。漢族經歷了幾千年的封建社會，統治者習慣於探幽發微，摘取片紙隻字便深文周納，陷人以罪，蒙古統治者卻不管這些。「至於元朝，起自漠北，風俗渾厚質樸，並無所諱，君臣往往同名。後來雖有諱法之行，不過臨文略缺點畫而已，然亦不甚以為意也，初不害其為尊，以至士大夫間，此禮亦不甚講。」[16]既然沒有忌諱，只要不拿起武器去推翻他們的統治，統治者對文化的發展就不過多干預。加上蒙古人多不識漢文，如至元年間「省臣無一人通文墨者」[17]，「北人不識字，使之為長官或缺正官，要題判署事及寫日子，七字鈎不從右七而從左轉，見者為笑。」[18]連七字的筆順都不知道，自然不會去製造文字獄。正是這得天獨厚的環境，才給了元代文化以蓬勃發展的機會。

---

15 余闕：《青陽先生文集·楊君顯民詩集序》。
16 葉子奇：《草木子·雜制篇》。
17 《元史·崔斌傳》。
18 《草木子·雜俎篇》。

政權對峙對文化
的制約

遼、西夏、金、元四個王朝都是少數民族建立的，除了蒙古人建立的元朝統一了全國外，其餘三個王朝只轄有部分地區。他們在積極汲取中原先進文明的同時，也帶來了負面影響。這主要表現在兩個方面：

第一，從西元九〇七年耶律阿保機即位成為契丹可汗到西元一三六八年元朝覆亡，經歷了四個半世紀的時間。這一時期戰禍頻仍，兵燹不斷，社會動盪不安，戰爭給百姓帶來了災難，也使中原地區與北方少數民族間的文化交流受到了影響。在戰爭過程中，搶掠燒殺給生產力造成了極大破壞。

金國與宋朝的戰爭最為頻繁，從金太祖至金哀宗共歷九朝，幾乎都與宋朝作過戰，給中原地區的經濟、文化所帶來的破壞是很嚴重的。兵鋒所至之處，盧舍化作丘墟，良田鞠為茂草，百姓輾轉流離於溝壑草萊之間，生命尚且沒有保障，經濟、文化的發展就更無從說起了。

西夏與宋朝的戰爭多在邊陲之間進行，西夏人雖然「擾邊塞，殺掠人畜以萬計」[19]，但離中原腹地尚遠，對經濟、文化的衝擊還不十分嚴重。蒙古兵在統一

---

19 《宋史紀事本末·西夏用兵》。

全國的過程中，破壞之嚴重，屠戮之兇殘，遠在遼、金之上。「初，蒙古之制，凡攻城不降，矢石一發，則屠之。」[20]蒙古人初期用兵時，凡據城不降者，城陷之日，除工匠外，全部殺死，不留子遺。從元太宗六年（1234 年）滅金到至元十六年（1279 年）滅宋的四十餘年中，這種情況有所改變，但屠城現象仍時有發生。這種屠殺遲滯、延緩了經濟、文化發展的進程。

第二，抱殘守缺，堅持落後的文化傳統。這種現象在遼、西夏、金、元時期雖然不是主流，但其消極影響也不可忽視。最典型的例子是金世宗。女真人來到中原後，久而久之，其民族特性日益喪失，在語言、服飾、習俗諸方面效法漢人，應該說這種漢化趨勢是一種進步現象，有利於女真人與漢人的共同發展繁榮。但是金朝最高統治者出於維護其統治的需要，採用行政命令手段強制女真人保留舊俗，號稱「小堯舜」的金世宗，就是堅決反對女真人漢化，並且花大力氣要扭轉這種趨勢的人物。當然，金世宗並非一味地反對漢化，他主張在漢化的同時，也要在某些方面維護女真人的傳統。金世宗之所以如此，自有其客觀原因。熙宗時要同女真人的保守勢力作鬥爭，只有努力推進漢化一途。完顏亮執政時，雄心勃勃地想消滅南宋，統一全國，因此也要大刀闊斧地推進女真人的漢化。世宗即位後局勢大變，完顏亮南侵的失敗，迫使金朝放棄覆亡南宋，統一全國的企圖，維持南北對峙的現狀。金朝要與南宋並立，就不能不多保持一些女真人的民族特性。這樣一來，金朝統治者就陷入了自相矛盾的困境：一方面，金朝統治者要鞏固自己的統治，就必須放棄女真舊俗，仿遼宋制度建立典章制度，統治者就必須帶頭漢化。但是漢化程度太深，又有可能使自己的民族特色喪失殆盡。金世宗反對過分漢化，就出於保存女真人民族特色的考慮。

金世宗即位後，在冊立皇太子時，是參照《宋會要》、《通典》等書的記載辦理的。因為女真人原無立太子之制，既無本國成例可援，只能比照漢人的方式進行。儘管如此，世宗表示那是不得已而為之，並非出自本心。針對海陵王遷都中都後女真人漸忘舊俗的風尚，他不無憂慮地說：「今日燕飲音樂，皆習漢風，

---

20 《宋史紀事本末·蒙古取汴》。

蓋以備禮也，非朕心所好。」[21]他在中都的睿思殿命歌者唱「女直詞」時，對太子和諸王說：「汝輩自幼惟習漢人風俗，不知女直純實之風，至於文字語言，或不通曉，是忘本也。汝輩當體朕意，至於子孫，亦當遵朕教誡也。」[22]為制止漢化趨勢，金世宗下令禁止女真人不得譯為漢姓，在服飾上也不得仿效漢人，倘有違反，即嚴懲不貸。甚至對身邊的衛士也防止他們漢化，「命應衛士有不閑女直語者，並勒習學，仍自後不得漢語」[23]。金世宗的民族偏見也很深，一次他和尚書右丞唐括安禮討論是否把南路女真戶成丁簽入軍籍問題，唐括安禮認為，那些女真人與漢族農戶已是一家，彼耕此種，皆是國人，簽入軍中，恐妨農作。世宗指責他專效漢人，習漢字，讀《詩》、《書》，並說：「所謂一家者皆一類也，女直、漢人，其實則二。朕即位東京，契丹、漢人皆不往，惟女真人偕來，此可謂一類乎？」[24]這種狹隘的民族偏見顯然是不足取的，以犧牲社會經濟、文化的進步為代價以維繫女真人的落後面貌，是與社會的前進背道而馳的。然而，女真人向風慕化的潮流是不可阻擋的。

西夏在吸收接受先進漢文化的過程中也有過曲折，如元昊就曾勸阻其父不要臣事宋朝。他父親德明說：「吾族三十年衣錦綺，此宋恩也，不可負。」元昊說：「衣皮毛，事畜牧，蕃性所使。英雄之主，當王霸耳，何錦綺為？」[25]表面上看來，德明、元昊父子之爭只是穿服著裝而已，但實際反映了要不要向先進的中原文化學習的問題。德明主張向宋朝看齊，元昊則認為，放牧牲畜是党項人的本色，稱王稱霸取決於畜牧業的發展，大可不必去皮衣而穿錦綺。到元昊即位後，這一態度已有所改變，這說明學習先進文化是不以人的意志為轉移的潮流。

蒙古族統治者對待漢族先進文化的態度因人而異。太祖成吉思汗一生幾乎全是在馬背上度過的，攻城掠池無疑是行家裡手，而對於接受中原地區的先進文化卻漫不經心，蒙古軍每到一地，便是燒殺掠奪。生長於漠北草原的蒙古人在占領

21 《金史·世宗本紀中》。
22 同上。
23 同上。
24 《金史·唐括安禮傳》。
25 《宋史·夏國傳上》。

了偌大的中原地區時，因不熟悉漢地農業的生產方式，顯得不知所措，想把漠北的遊牧生產方式照搬到中原漢地來，有人竟然提出：「雖得漢人亦無所用，不若盡去之，使草木暢茂，以為牧地。」[26]漠北的草原文化與中原地區的漢族文化各有千秋，現在的問題是，蒙古統治者既然占領了中原地區，當然就應該適應這裡的生產方式，絕不能用治理漠北草原的辦法治理中原農業地區，把農業地區變為草原的辦法反映出了蒙古統治集團的困惑。同遼、金、西夏那些精通漢文的帝王不同，無論是太祖成吉思汗，還是太宗窩闊臺、定宗貴由、憲宗蒙哥，均不識漢文，這一缺陷無疑限制了他們學習先進漢族文化的機會。將中原耕地闢為牧場，顯然是一種倒退行為，當然要激起中原百姓的強烈反抗。

元世祖、成宗時期向先進的漢文化學習，制定出了符合國情的政策，是他們取得輝煌業績的必要前提。到了元代末年，大元帝國已在走下坡路，昔日的輝煌不復存在了。蒙古統治者中有人反對學習先進的漢族文化，最典型的是順帝時的宰相伯顏。伯顏因馬童參加科舉考試，便廢了科舉，後在輿論壓力下恢復；順帝太子對儒書不感興趣，這些都表明了元朝統治者對漢文化的排斥態度。

最能說明蒙古族統治者歧視中原地區先進文化的是四等人制的劃分。四等人制是元朝法定的民族等級制度，即按照民族的不同和被征服的先後，把人分為蒙古、色目、漢人、南人四等。這種做法是承金朝規定的先女真、次渤海、次契丹、次漢人的四等順序而來。這一區分大體上是在元成宗大德年間。四等人制中的第一等蒙古人是元朝「國族」，被稱之為「自家骨肉」；第二等色目人是元朝對西北各族、西域以至歐洲來華各族人的概稱，如唐兀、乃蠻、汪古、回回、畏

壁畫《點茶圖》
河北宣化遼張世卿墓壁畫

26　《元文類·耶律楚材神道碑》。

兀兒、康里、欽察、阿速、哈喇魯、吐蕃等；第三等漢人（也稱漢兒）是指淮河以北原金朝境內的漢族和契丹、女真等族以及較早皈依蒙古的雲南、四川兩省人，還有高麗人；第四等南人（也稱囊加歹、新附人）是指最後被元朝征服的原南宋境內各族。漢人、南人雖分屬兩個等級，但大部分都是漢族人。

四等人的地位和待遇相差懸殊。首先在官吏的任用上，從中央到地方的各級官署長官均由蒙古人擔任，漢人、南人只能充當副職。中書省、樞密院、御史臺是中央政府的主要軍政機構，中書省的丞相及次於丞相的平章政事均由蒙古、色目人擔任；掌握全國兵權的樞密院長官，在元代除少數色目人外，均為蒙古人；掌糾察百官善惡的御史臺長官——御史大夫，「非國姓不以授」。掌行省以下各級地方政府實權的達魯花赤一職，如無合適的蒙古人選，則選色目人充當，漢人無緣擔任。在科舉取士上也偏袒蒙古人而歧視漢人。其次是法律不平等。如蒙古人毆打漢人，漢人不得還手，只能向所在地區官府申訴，如有違犯，嚴行治罪。蒙古人如因爭端或酒醉毆打漢人致死的，不需償命，只罰出征及徵收燒埋銀；但漢人毆打死蒙古人，不管出於什麼原因，一律處以死刑。四等人犯同樣的罪，但因等級不同，處理也就截然不同。元朝還規定，蒙古官員犯罪，須由蒙古人官員懲治，結果往往是重罪輕判或不了了之。再次是對漢人、南人進行嚴密控制。元朝統治者派蒙古軍、探馬赤軍鎮戍河洛、山東，控扼腹心重地，以監視漢人；派中原漢軍分戍諸城及衝要之處，以防範南人。漢人、南人不得持弓箭及其他兵器，違者治罪。江南兵器分作三等，上等者入庫，中等者賜蒙古人，下等者銷毀。順帝時，丞相伯顏為防止南人揭竿起義，對鐵器控制格外嚴密，甚至不准江南百姓使用鐵禾叉等生產工具，百姓不得不使用木製農具。為防止聚眾滋事，連迎神賽社、演唱戲文等活動也加以限制和取締，但蒙古人、色目人不在禁限之列。在元朝推行四等人制過程中，漢人、南人雖被列為第三、第四等，但漢人、南人中的官僚、地主階級則與蒙古統治者沆瀣一氣，共同剝削壓迫漢族人民，使得社會矛盾更加尖銳複雜。元朝推行的民族歧視政策，是不利於他們吸收中原地區先進文化的。

第三節 ·
中原先進文化促進了
民族融合的進程

　　遼、西夏、金、元時期，是中國歷史上繼魏晉南北朝之後的又一次民族大融合。歷史上的民族融合通常有兩種方式，「一種是採取政治強制手段使一個民族合於另一個民族，一種是通過經濟文化的作用使一個民族經過自然漸進的過程合於另一民族。」[27]人們習慣於把前一種情況稱為同化，後一種情況稱作融合。從遼、西夏、金、元時期的情況看，主要是各少數民族在漢文化的影響下融合在一起的，當然，一部分漢族人流入少數民族地區，在經過一段時間後，融入少數民族的也不少見。為論述的方便，我們仍按朝代來說。

一、遼代

　　遼朝的統治民族是契丹人，如今這個民族已融入漢族與其他民族之中，不復存在了。契丹人與其他民族的融合，大致上有三種途徑：一是其他民族的人流入契丹地區，經過了漫長的歲月後，其民族特性已蕩然無存，無論是宗教信仰，抑

---

27 翁獨健：《中國民族關係史綱要·緒論》，頁 13，北京，中國社會科學出版社，1990。

或是生活習俗，都融入契丹人中了。如耶律阿保機建國後，不斷對外用兵，開拓疆土，擄掠了鄰近地區的各族百姓，其中以漢人占多數。這些漢人有的被分配到契丹貴族家中充當家內奴僕，有的則被編入帝后的宮衛中去。他們長期生活在契丹人當中，由於他們是少數，無論是語言、生活方式都必須與契丹人保持一致，漢語及原來的生活習慣已經用不上了。久而久之，他們便接受了契丹人的語言和生活方式，從而變成了契丹人。如漢人韓知古自從成為宮分人以來，韓氏幾代都是遼朝帝后私奴。知古之子匡嗣因是懸壺好手漸受重用。匡嗣之子德讓受到景宗皇后齊天后的信任，景宗死後，兒子聖宗幼小，她以太后之尊，竟然下嫁德讓為妻，「承天太后既然以韓德讓為夫，因此，韓德讓事實上就處於『太上皇』地位上了。」[28]因此，韓德讓賜姓耶律，先賜名德昌，後賜名隆運，任大丞相，事無不統。接著，齊天太后又下詔韓德讓「出宮籍，屬於橫帳」[29]。所謂「橫帳」，也就是耶律阿保機系的子孫，是遼朝四帳皇族中既尊且貴的那部分人。繼韓德讓被廢除奴隸身分——宮籍後，又有姚景行擺脫宮籍。景行祖先姚漢英原是後周將領，應歷初使遼被扣留為宮分人。景行在道宗時官至參知政事。韓德讓死後，其弟韓德沖之子韓制心便成為這一家族中的代表人物，《韓橁墓誌》說他是「四十萬兵馬都總管兼侍中南大王贈政事令陳王諱遂貞賜名直心……再從兄也，譜系於國姓」。表明韓直心（亦作制心）是墓主韓橁的再從兄，「譜系於國姓」則是少有的殊榮，因為並非所有韓姓族人都可以改姓為耶律的，例如制心之父德沖仍為韓氏。改姓耶律意味著韓德讓與其侄制心兩家已成了契丹人中的一員，《遼史·耶律制心傳》說他「以皇后外弟，恩遇日隆」，也已把他看作契丹人了。以上所舉是漢人官員契丹化的例子，平民百姓中這類事例當會更多。北宋末年徽宗時，大臣宋昭在談及遼方的情況時說：「或者又謂山后（五代、北宋時習慣上統稱今河北太行山、都軍山、燕山迤北地區為山后）之民皆有思漢之心，或欲歸順，此尤荒誕之易見者。不惟北虜為備日久，山后之民往往徙居漠北，又自唐末至於今，數百年間子孫無慮已易數世，今則盡為蕃種，豈復九州中國舊民哉！」[30]從

28　李錫厚：《中國封建王朝興亡史·遼金卷》，頁94，南寧，廣西人民出版社，1996。

29　《遼史·聖宗本紀五》。

30　徐夢莘：《三朝北盟會編·政宣上帙八》。

耶律阿保機稱帝至北宋徽宗時，不過兩個世紀之久，山后的漢民便「盡為蕃種」了，說明他們已融合入契丹人中了。這一記載未免言過其實，但是有相當數量的漢人融合入契丹人之中，則是可以肯定的。由於漢人的大量流入，無論在政治、經濟、軍事、文化諸方面都給契丹社會注入了活力，契丹的社會制度便逐漸封建化了。

第二種情況是有些契丹人因某種原因流入其他民族地區，在經過相當長時間後，融合入了其他民族。如遼朝滅亡後，一部分契丹人在耶律大石帶領下西走中亞，建立了西遼（又稱哈喇契丹），其疆域東至鄂爾渾、土拉河，西達鹹海，統治了包括漠北諸部族、乃蠻、康里、葛邏祿、回鶻、党項、契丹、漢和其他突厥語諸部族的遊牧和農業人口，後來為蒙古人所滅，這些契丹人便融入中亞各民族中了。還有些契丹人在遼朝覆亡後不肯作亡國之奴，率眾遠徙，逃出了金人控制範圍之外，如石抹庫祿滿之祖原姓蕭氏，「四世祖庫烈兒、閔宗國淪亡，誓不食金粟，率部落遠徙窮朔，以復仇為志。」[31]他們遷移到了根河北岸山地，過著逐水草射獵牧畜的生活，也有些粗放的農耕生產。因為這些契丹人生活在其他民族的包圍之中，時間既久，便融入當地民族之中了。有人認為現在的達斡爾人即那一部分契丹人的子遺。

金滅遼後，對原居住於燕雲地區與塞外草原上的契丹人，一方面仍沿襲契丹時的統治辦法，任命節度使、詳穩、群牧等官職；另一方面又推行猛安謀克制。契丹人不甘心受金朝的統治，屢屢起兵反抗，也屢屢遭到鎮壓。契丹人在兵敗之後，或遁入沙漠，或西投夏國，這些人多不是大規模有組織的遷徙，而是盲目地流竄，只要有個安身立命之處，他們便三五成群地遷入。顯而易見，後來便和當地民族融合了。還有一種情況是，金朝統治者恐契丹遺民聚眾滋事或揭竿起義，強迫他們遷出故土，與女真人雜居，以便控扼。如大定十七年（1177 年）世宗「以西南、西北招討司契丹餘黨心素狠戾，復恐生事，它時或有邊隙，不為我用，令遷之於烏古里石壘部及上京之地」[32]。這是因為大定初年曾發生過契丹人

---

31 許謙：《白雲集·總管黑軍石抹公行狀》。
32 《金史·兵志》。

窩斡起義的事件，事平之後，世宗「乃散契丹隸諸猛安謀克」[33]，到了十七年，又徙契丹人於烏古里石壘部。這些契丹人後來便融入女真人中了。

元朝統一全國後，契丹人有留居於東北故地的，也有分散居住在中原漢地的，因居住區域不同，受環境、生活習俗的影響，後來的發展道路也不相同。分散在中原地區，處於漢、女真人包圍中的契丹人，逐漸被漢人所吸收，不再見於史冊；另一部分諸如遼東鄉兵中的契丹人後來又恢復了聚族而居的傳統，他們或遊牧，或從事農業生產。隨著時間的推移，他們受漢文化的影響愈來愈大，便陸續遷入內地了。鑑於他們的耕作技術還不嫻熟，元朝統治者「詔給契丹人內附者及開元、南京、水達達等三萬人牛畜田器」[34]。這些人到元末明初之際已不見於史乘，可知已融入漢人中了。事實上，到了元代中葉，契丹人大部分已融入漢人之中，元朝政府也視契丹為漢人，陶宗儀的《南村輟耕錄》記載，元代的契丹人已被列入漢人八種之中。[35]

契丹人與漢人的通婚是促進民族融合的一個重要因素，這種事例很多。如會同三年（940 年），「詔契丹人授漢官者從漢儀，聽與漢人婚姻。」[36]這表明契丹人與漢人通婚，已得到遼朝最高統治者的認可。出土的遼代墓誌，提供了很多這樣的例子。如韓相墓誌稱，其母與繼室均姓蕭[37]；馬直溫妻張氏墓誌稱，她的兩個女兒先後嫁耶律筠[38]，等等。宋人呂本中的《軒渠錄》記載了一個故事：紹興年間，女真人攻打南宋，一宋將劫金人寨，得到一隻箱子，打開看時，見到女真士兵的妻子寄給丈夫的一封信，上面只有一首詩：「垂楊傳語山丹，你到江南艱難。你那裡討個南婆，我這裡嫁個契丹。」[39]當時遼朝早已亡國，詩中把南婆與契丹聯在一起，可見契丹指的是漢人。

---

33 同上。
34 《元史·世祖本紀十三》。
35 《南村輟耕錄·氏族》。
36 《遼史·太宗本紀下》。
37 唐云明：《河北遷安上蘆村遼韓相墓》，《考古》，1973 年第 5 期。
38 張先得：《北京市大興縣遼代馬直溫夫妻合葬墓》，《文物》，1980 年第 12 期。
39 《說郛》卷三十四，宛委山堂木刻本。

第三種情況是，契丹人雖然沒有遷往他處，但是因居住地區與漢族人鄰近，因而受到先進文化的薰陶，使用漢人的語言文字，模仿漢人的生活習俗，久而久之，便產生了民族融合。最明顯的是，那些半農半牧區，與漢族錯雜而居的契丹人，得風氣之先，率先使用了漢族人的語言文字，接受了漢族的風俗習慣，尤其那些契丹貴族漢化得更徹底。

除了以上所說的三種情況外，遼朝還征服了諸如奚、渤海、回鶻、室韋、阻卜、烏古、敵烈等部。他們有的被吸收進契丹的部落體制中，有的被分配到皇室的斡魯朵中，有的則委派效忠於遼朝的酋長管轄，有的則由州、縣治理。這些被征服的民族，雖然要接受遼朝統治者的奴役與壓迫，但從另一角度說，也把這些民族捲入了前進的潮流，迫使他們接受新事物，從而促進了民族融合。如聖宗開泰年間耶律古昱「鎮撫西北部，教以種樹、畜牧，不數年，民多富實」[40]。又如開泰年間，遼朝曾把《易》、《詩》、《書》、《春秋》、《禮記》賜給東北的鐵驪人，幫助他們提高文化。在東北各民族雜居地區，漢語是族際間思想文化交流的通用語言，宋人許亢宗的《奉使行程錄》記載：「自黃龍府六十里至托撒孛菫寨，府為契丹東寨。當契丹強盛時，擄獲異國人，則遷徙散處於此。南有渤海，北有鐵離、吐渾，東南有高麗、靺，東有女真、室韋，北有烏舍，西北有契丹、回紇、党項，西南有奚，故此地雜諸國俗。凡聚會處，諸國人言語不通，則各為漢語以證，方能辨之。」[41]當然，落後的民族也有先進的成分，如黑車子室韋被契丹人同化了，但他們高超的造車技術卻在契丹人中保存了下來。「在遼朝成立之前，被契丹吸收和同化的，至少有若干回鶻人，可能還有若干奚人；在遼朝成立之後，則有奚、室韋、女真、突厥、回鶻、烏古、敵烈等族的一些部落，先後在不同程度上與契丹同化了。此外，在文化比較發達的渤海人和漢人中，也有少數移民、俘虜和士兵漸漸同化到契丹裡面去了。」[42]這裡所說的同化，更正確地說是民族融合，因為這其中沒有任何強迫的因素在內，完全是各民族自覺自願的行動。民族史學家賈敬顏教授對遼代的民族融合，有一段很精彩的議論：「稱漢人

---

40 《遼史‧耶律古昱傳》。
41 《大金國志‧許奉使行程錄》。
42 張正明：《契丹史略》，頁 196，北京，中華書局，1979。

為『契丹』起於遼、金戰爭之際，其所以有此名號，首先是漢人的大量進入契丹地區，實行契丹化，其次是契丹人的大量南來漢人地區，實行漢化，久而久之，兩者合而為一，漢人即『契丹』，『契丹』是漢人。或者，有一部分契丹人直接向漢人轉化；而另一部分契丹人先向女真人轉化，之後再向漢人轉化。不管怎樣，元朝廣義的『漢人』之內包括了契丹人，乃是千真萬確的。大概也正是從這個時候起，契丹作為一個獨立的民族『實體』，從前進的行程中失掉了，但它的『分子』——遺胤散布在廣大的漢人之中，以致成了漢人的代詞。」[43]

二、金代

女真人是金朝的主體民族，在金朝建國前和建國過程中即已吸收了大量的非女真人，使之變為女真人，如遼代的兀惹、鐵驪、達盧古、胡里改等族，後來都融入了女真。特別是女真人在攻遼的過程中，不斷俘掠人口，遷往女真內地，「太祖每收城邑，往往徙其民以實京師。」[44]如天輔年間金人攻破燕京後，「遷燕京豪族工匠，由松亭關（河北遷西縣北喜峰口）徙之內地」[45]。這些被迫遷入女真族內地的漢人，後來都融合進了女真人之中。除了擄掠外，還有不堪遼朝壓迫而自願畔依的契丹人。太祖阿骨打統治時期，「遼通（吉林四平市西一面城）、祺（遼寧康平縣東南）、雙（遼寧鐵嶺市東南）、遼（遼寧新民縣東北）等州八百餘戶來歸，命分置諸部，擇膏腴之地處之。」[46]這些處於女真人包圍中的契丹人，後來就被女真人同化了。對遼朝的戰爭取得決定的勝利後，移民的人數越來越多，規模也越來越大，有時把整個州的百姓都一遷而空。遼朝天祚帝出逃後，為切斷他與契丹人的聯繫，金人竟然將鄰近天祚帝的山西諸州契丹人遷入金人腹地。滅遼後，東北地區還留有由契丹人組成的猛安、謀克，海陵王完顏亮不加存恤，強遷契丹人丁壯入軍攻宋，又下令「殺亡遼耶律氏、宋趙氏子男凡

---

43 賈敬顏：《「契丹」——漢人之別名》，《中央民族學院學報》，1987 年第 5 期。
44 《金史‧張覺傳》。
45 《金史‧太祖本紀》。
46 同上。

百三十餘人」[47]，終於激起了以移刺窩斡為首的契丹人起義，起義被鎮壓後，金世宗在大定年間「詔罷契丹猛安、謀克，其戶分隸女真猛安、謀克」[48]。他的政策是，讓契丹人「與女真人雜居，男婚女聘，漸化成俗，長久之策也」[49]。所謂「男婚女聘，漸化成俗」云云，就是提倡契丹人與女真人通婚，久而久之，契丹人的民族特色便泯滅無餘，與女真人毫無二致了。

除了契丹人外，奚人也是金朝統治者移民的對象，奚人的王族世代與遼為婚，對金朝的反抗也很激烈。天輔年間，金軍在平定了奚人的反抗後，將一部分奚人遷於內地；另一部分「初徙於山西，後分遷河東」[50]。所謂河東，唐代以後泛指山西全境。由此可知，金朝對奚人的政策是分化瓦解，遷入女真人內地者若干年之後，便融合於女真人中，那些零星散居於山西全境者，很快便淹沒在漢人的汪洋大海中，被漢人所同化了。

柳毅傳書銅鏡（金）

渤海人皈依金人較早，在政治上較受優待，但仍免不了被遷徙的厄運。如皇統九年（1149 年），「宰臣議徙遼陽、渤海之民於燕南，從之。」[51]像這樣的小民族，也被遷入了中原地區。居住在陝西的回鶻，則被遷往燕山、遼東。

在遷徙契丹、渤海、漢人的同時，還把大批女真人遷入原屬遼、宋管轄的地區，以征服者的身分去監視被征服者。滅宋以後，「慮中國（指中原漢人）懷二三之意，始置屯田軍」[52]，以監視那些剽悍難治的中原士民。於是一部分女真人從本部「徙居中州，與百姓雜處，計戶授田，使自耕種」，這些女真人「自燕

---

47 《金史·海陵王本紀》。
48 《金史·世宗本紀》。
49 《金史·唐括安禮傳》。
50 《金史·兵志》。
51 《金史·熙宗本紀》。
52 《大金國志·屯田》。

南至淮隴之北皆有之，築壘於村落間」[53]。有金一代，女真人曾三次大規模地遷入漢族地區。第一次是天會十一年（1133 年）秋天，因已占領宋朝大片土地，「恐人見其虛實，遂盡起本國之土人，棋布星列，散居四方，今下之日，比屋連村，屯結而起」[54]。第二次是皇統元年（1141 年），南宋將淮水以北的土地割給金國後，金熙宗又遷徙一批猛安、謀克至中土屯田。大名府（河北大名）、山東、河北、關西諸路皆有女真人屯田處所，他們「所居止處皆不在州縣，築寨村落間」[55]。第三次是金宣宗的南遷。由於蒙古人頻頻進攻，貞二年（1214 年）金宣宗由中都播遷汴京，「河北軍戶遷徙河南者幾百萬口」[56]，僅軍戶便有幾百萬口，加上官員與女真富戶，南遷者是一支相當龐大的隊伍。金世宗不想讓猛安、謀克與漢人相處，與完顏思敬等擘畫，「其後遂以猛安自為保聚，其田土與民田犬牙相入者，互易之。」[57]自金太宗天會年間到金朝末年，女真人戶遷中原內地者絡繹不絕，有的學者估計：「內遷的女真人，至少要占女真人口總數的一半。」[58]金世宗雖想把女真人禁錮在一定的區域之內，免得被漢人所同化，但一紙禁令畢竟阻擋不住民族自然同化的歷史潮流，迨至章宗年間，尚書省便向天子建議：「齊民往往與屯田戶不睦，若令遞相婚姻，實國家長久安寧之計。」[59]這一建議為章宗採納。這些遷入中原內地的女真人，與漢族錯雜而居，在漢族先進經濟文化的影響下，又加上與漢人遞相婚姻，因而加快了自然同化過程。金朝滅亡後，這些人中的大部分加入了漢族行列。由於金代統治者的不斷移民，使得原來只居住在白山黑水之間的女真人，足跡遍及於長江之北，而關內的漢人則大批遷移到了東北，被遷的還有契丹人和奚人，於是在整個北中國形成了民族雜居的狀況，大大有利於各民族的融合。

金朝在滅亡之後，一批女真人因各種原因散居在全國各地，至今不少地區還

53 趙翼：《廿二史札記·明安穆昆散處中原》，頁 393，北京，中國書店，1987。

54 《大金國志·太宗文烈皇帝》。

55 《大金國志·屯田》。

56 《金史·高汝礪傳》。

57 《金史·完顏思敬傳》。

58 羅賢佑：《元代民族史》，頁 287，成都，四川民族出版社，1996。

59 《金史·章宗本紀一》。

有女真遺民的後裔。如福建、臺灣就有自稱是完顏粘罕（即宗翰）的後裔，如今已改姓粘，民族成分也已改為滿族。臺灣有粘姓女真遺民萬人左右，分布在臺北、臺南、臺中、高雄、屏東、花蓮、嘉義、基隆等地；福建的粘氏後裔約三千人左右，分布在福州、廈門、晉江、泉州、三明、南安等地。山西省的女真遺民集中在安邑縣房子村和三家莊村，均為仝姓。仝姓《重修譜序》云：「仝氏之先，出自大金夾谷氏，嗣遭元滅，遂易今姓。元初有諱慶成者，為本邑令，因家焉。村名房子，里號雙安；戶口殷繁，人丁繁衍。」據陶宗儀《南村輟耕錄》所載，金人姓氏中「夾谷曰仝」。可知山西仝姓皆女真人遺胤。除了姓氏以外，這支女真遺民已無任何民族特色，現在是漢族的一部分。安徽的女真遺民約有二千人，集中在肥東縣的十二個鄉中，一律姓完顏。這一支是金朝的皇室貴冑，金亡後改姓完，與漢族雜居，今已恢復為滿族。河南的唐河、鹿邑兩縣均有女真遺民，唐河的仝姓自山西遷來，鹿邑的完顏姓則自安徽遷來。

元代時期，統治者已明確地將女真人與漢人視為一體，同等對待，這在客觀上拆除了女真人與漢人的民族壁壘，促使女真人更加漢化，以致最後完全融合到漢民族之中。首先是將女真姓氏改為漢姓，在元代幾乎是一種風氣，這種改姓不帶任何強迫成分，完全是出於自願。在幾代人之後，這些女真人與漢人已毫無差別，若無人敘述其先世，他們便不知自己為女真人了，陶宗儀在《南村輟耕錄》裡記述改姓氏的女真人有二十一姓之多。其次是通婚。通婚是民族融合的重要途徑。金代各民族間的通婚，是先從金朝女真貴族為滿足淫欲而擄掠別族女子開始的。遼朝滅亡後，金軍將領紛紛搶掠遼朝後妃宗女為妻妾，如宗翰就搶走了天祚帝元妃，宗望也搶走了天祚帝的女兒余輦公主。滅亡北宋時，金朝統治者又如法炮製。僅宋徽宗被俘北上的一四四名後妃中，被金軍將領強行納為妃妾者就達八十一人，甚至宋高宗生母韋賢妃也被迫再嫁女真人為妻。僅兀術一人就納徽宗後妃八人。徽宗之女被俘北上者十八人，其中榮德帝姬、寧福帝姬、令福帝姬、華福帝姬、慶福帝姬等五人被金熙宗封為夫人[60]。這些當然都是強迫婚姻，就她們個人的遭遇來說是不幸的。其他如章宗愛妃李師兒就是漢人。以上所說都是金

---

60 任崇岳：《宋徽宗宋欽宗傳》，頁 230-239，長春，吉林文史出版社，1996。

代上層貴族與漢人通婚的例子，一般官員與平民通婚者也不在少數，以致出現了女真人「後來生於中原者，父雖虜種，母實華人」[61]的現象。在元代的筆記小說中，女真人與漢人通婚的記載不勝枚舉。《元典章》中就記載有女真望族劉德寧的原配、繼室曹氏、李氏、薑氏等均為漢人。漢人娶女真女子為妻者也不少，如元初大臣史天倪的三個妻妾完顏氏、散竹氏、蒲散氏均是女真人。《金史·兵志》說，女真統治者「得志中國，自顧其宗族國人尚少，乃割土地，崇位號以假漢人，使為之效力而守之。猛安謀克雜廁漢地，聽與契丹、漢人昏因（婚姻）以相固結」。金朝統治者入主中原之初，因女真人口太少，不能有效地控制局面，便採取了兩條措施，一是籠絡漢人為其效力，二是讓女真人與漢人通婚，作為鞏固自己統治的手段。通過互相雜居通婚，內遷的女真人在血統上便與漢人融為一體了。

當蒙古統治者進入中原的時候，在這裡居住的女真人、契丹人、奚人在經濟、文化、風俗習慣上的民族特徵已喪失殆盡，與漢人沒有多少差別，數以百萬計的女真人已把中原當作自己的故鄉了。元末有個叫溫蒂罕的人生活在汴梁，後來留居西域。朝代鼎革後，他在西域見到了明朝使者，鄉土之思油然而生，說自己所居之地，「語言不通，食飲異好，側耳而聽，但聞侏離羌音，啁哳胡歌而已」[62]。可見這位僑居異域的女真人，在心理狀態上也與漢人相同了。有鑑於此，元朝統治者不再區分漢、奚、契丹、女真等民族，一律籠統地稱之為漢人，這標誌著女真人與漢人的民族融合已經完成了。

三、西夏

西夏統治者知道，他們固有的文化遠比漢族落後，因而對漢族封建文化的汲取也特別積極。他們模仿中原地區的文物制度，用西夏文翻譯漢文典籍，這些措

---

61 《歷代名臣奏議·論和戰》。
62 宋濂：《宋學士文集·寄和右丞溫迪罕詩卷序》。

施為党項族與漢民族的融合打下了基礎。西夏的疆土東與北宋毗鄰，北與遼朝相接，這幾個國家的居民犬牙交錯地居住在一起，彼此間相互交往，党項人不可能不受漢文化的影響。尤其是遷入內地的唐兀人，長期與漢族人錯雜而居，於是在經濟、文化乃至風俗習慣方面便有了千絲萬縷的聯繫，久而久之，唐兀人在文化及心理素質上都逐漸與漢族相近了。

內遷的唐兀人與漢人遞相婚姻，加速了民族融合的進程。如元代駐守盧州（安徽合肥）的西夏人將領也先不花娶當地女子夏氏為妻，其祖先當過西夏管僧官的師克恭娶漢族女子王氏、蕭氏等。就是在姓氏上，許多內遷的西夏人也逐漸採用了漢姓，原來的姓氏反而摒棄不用了。河南省濮陽市東約五十華里的柳屯鄉楊十八郎村西金堤河道東側，有一座立於元代至正年間的《大元贈敦武校尉軍民萬戶府百夫長唐兀公碑》，《碑銘》稱，楊氏家族在定居河南之初，還帶有草原牧民所特有的尚武任俠的粗獷性格，但隨著時間的推移，這一特點便被漢族的生活習俗所同化而終至於泯滅無餘了。楊氏家族的漢化首先表現在姓名上。從其始祖唐兀臺到三世達海，專用蒙古人賜予的姓氏唐兀；四世崇喜，唐兀與楊氏並用；五世以後獨用漢姓。楊崇喜取字為象賢，其昆仲十三人也分別取字為思賢、師賢、齊賢等，原來曾經用過的伯顏、脫脫、鎮花臺、閭兒等少數民族名字，都摒棄不用了。其次是婚姻喪葬的漢化。據《唐兀公碑銘》與《楊氏家譜》所載，一世唐兀臺之妻九姐，不詳何族；二世閭馬之妻為哈喇魯氏；三世弟兄五人，一人娶妻乃蠻氏，餘皆漢姓；四世昆仲十四人，其中九人娶漢人女子為妻；迨到六世，均娶漢姓女子為妻。由此可見，楊氏家族在遷來河南後，血統上已是多民族的融合了。喪葬也是如此。楊氏家族原是逐水草而居的遊牧民族，自然不會有墳塋地和子女守喪之禮。楊氏家族遷來濮陽後，由於政治地位優越，經過幾十年的慘澹經營，竟成為一個「子姓僮奴，食者萬指」[63]的名門望族了。隨著經濟地位的提高，這支西夏遺民開始興辦儒學，置買墳塋，安葬父母骸骨，這與漢人縉紳已毫無二致了。儘管元朝統治者三令五申，禁止蒙古人和色目人行守喪禮，凡為宦者父母歿後不許丁憂，但一紙禁令畢竟阻擋不住民族同化的自然趨勢。第三是

---

63 《述善集‧崇義書院記》。

崇尚儒學。從其二世祖闍馬開始，子孫三代相繼籌建義學，元順帝至正十三年（1353 年）義學落成，並置學田近五百畝，學生逾五十人，莘莘士子到此求學者絡繹不絕，至正十八年（1358 年）被元廷賜名為「崇義書院」。由於在這裡受業的學生讀的都是儒家經典，到明朝初年，楊氏家族中已經沒人認識西夏文，對於西夏國的歷史，也已不甚了了。如今河南濮陽的西夏遺民已融入漢族之中，如果不是發現了家譜和碑碣，誰也無法識別這支三千餘人的楊姓居民是西夏人後裔了。

除了河南的西夏遺民外，四川木雅地區、安徽等地均發現有西夏遺民。西夏人雖然作為單一的民族已經消亡了，但是他們為中華民族的繁榮富強所作出的貢獻，是永遠不會湮沒的。

四、元代

元朝統治者雖然奉行民族歧視政策，將人分為四等，但是元朝把四分五裂的國家統一在一個政權之下，卻給各民族間的經濟文化交流提供了方便。由於政令統一，遼、宋、金、西夏時期的畛域已不復存在，尤其是四通八達、遍及全國的驛站，把山水迢遞、素無往來的各民族百姓聯繫到了一起，「適千里者，如在戶庭；之萬里者，如出鄰家」[64]。元人的話未免有些誇張，但是此疆彼域的藩籬確實是被打破了，這種情況為各民族間的融合創造了條件。

在元帝國的版圖內，不斷有民族遷移，終元之世，也未停止。其中既有各民族遷至內地，也有漢人遷往邊陲地區，各民族錯雜而居的情況極為普遍。之所以會出現這種情況，原因甚多：

1. 戍守與居官　元朝鎮戍內地的探馬赤軍、蒙古軍，所到之處，都以軍營為

---

64 王禮：《麟原文集·義冢記》。

家，所謂「上馬則備戰鬥，下馬則屯聚牧養」[65]。他們屯聚牧養之地有甘肅河西、寧夏、河南、山東、河北一帶，以及雲南等地。如哈喇魯人伯顏宗道曾參加滅宋戰爭，「宋平，天下始偃兵，弗服乃土，著隸山東、河北蒙古軍籍，分賜莪地為編民，遂定居濮陽縣之月城村。時北方人初至，猶射獵為俗，後漸知耕墾，播殖如華人」[66]。還有不少蒙古、色目人官吏在內地居官，因喜歡那裡林壑優美，致仕後便在那裡定居，久而久之，便成了當地土著。

成吉思汗像

如《至順鎮江志》即著錄了五個定居在鎮江的回回人官員，「這幾個人既以鎮江為家，他們的子孫當然也會留居於此，久而久之，也就由『僑寓』變成『土著』了」[67]。再如：「答祿與權，字道夫，蒙古人，仕元為河南北道廉訪使僉事，入明，寓河南永寧（河南洛寧）。」[68]文學家、蒙古人馬祖常的曾祖月合乃跟隨元世祖忽必烈征宋，留居汴京，掌管糧餉，到其父時，「家於光州（河南潢川）」[69]。畏兀兒人剌真海牙，「在元初為永寧、靈寶、陝縣、澠池、宜陽五縣達魯花赤，慈祥愷悌，民咸慕之，遂世居永寧」[70]。

2. 元朝政府有計劃的移民　如：一些西夏人在安徽的合肥、河南的濮陽定居；畏兀兒人移往河南的南陽、澠池以及雲南；哈喇魯人遷往湖北的襄陽、河南的南陽；乞兒吉斯人則徙入山東。蒙古人因是統治民族，居住範圍更廣，他們的情況也不盡相同，有些南征的蒙古軍定居於雲南通海，還有一些蒙古人則因犯罪而被安置在浙、閩沿海。如今河北的宣化、山西的大同則是回回、阿兒渾、阿蘭、康里、欽察和斡羅思人聚居之地。江南各地，回回人為數甚多，如「杭州薦

65　《元史‧兵志一》。

66　《述善集‧伯顏宗道傳》，手抄本，見河南濮陽楊氏所藏家譜。

67　楊志玖：《從〈至順鎮江志〉看元代鎮江路的回回人》，《元史三論》，頁 210，北京，人民出版社，1985。

68　《乾隆河南府志‧人物》。

69　《元史‧馬祖常傳》。

70　《河南澠池劉氏墓志銘》，該碑立於澠池縣城東一里河村北嶺上。

橋側首，有高樓八間，俗謂八間樓，皆富實回回所居」[71]。大都、揚州、鎮江、杭州、福州、泉州等商賈雲集之地，民族成分就更為複雜。

3. 俘掠的奴隸　這些奴隸主要是指漢人。蒙古人有一條不成文的規定，凡攻下城池後，拒命者即屠城，但有一技之長者可免一死，遷往漠北從事手工業勞動，如道士丘處機在赴西域途中路過漠北時，曾親眼看見「燕京童男女及工匠萬人居作」[72]。元代的奴隸有多少，一時還無法確考，但數量相當龐大則是可以肯定的。宋子貞說元朝初年將校驅口幾居天下之半，看來並非虛誑之語。如：「阿術略地至襄陽，俘生口五萬、馬牛五千」[73]；劉整協助都元帥阿術攻宋，「抄略沿江諸郡，皆嬰城避其銳、俘人民八萬」[74]；塔出「帥師攻安豐、盧、壽（安徽壽縣），俘生口萬餘來獻」[75]。一次戰役便可俘獲數萬人，再加上其他管道而成為奴隸者，其數量是相當可觀的。這些不幸淪為奴隸的人，未必全部被遣送到漠北，但是其中的一部分卻到了漠北。後來這些漢人便融入蒙古人中了。

4. 因罪放逐　按照元代刑律規定：「有罪者，北人則徙廣海，南人則徙遼東。」[76]也就是說，南方人犯罪者流徙北方，北方人犯罪者流徙南方，而南方多漢人，「北人」則指的是蒙古、色目以及東北境內的高麗、女真人等。世祖忽必烈時，一大批參與乃顏之亂的蒙古人被徙往南方，尚書省上奏說：「乃顏以反誅，其人戶月給米萬七千五百二十三石，父母妻子俱在北方，恐生他志，請徙置江南，充沙不丁所請海船水軍。」[77]得到了世祖的批准。於是，這些乃顏家族及其民戶「分置河南、江浙、湖廣、江西諸省，命樞密院遣使括其數，得二千六百人」[78]。另外，個別因犯罪而舉家流徙的官員為數更多。如元文宗時蒙古官員徹里帖木兒、速速、班丹犯罪，結果「徹里帖木兒流廣東，班丹廣西，速速徙海

71　《南村輟耕錄·嘲回回》。
72　《長春真人西遊記》卷上。
73　《元史·世祖本紀三》。
74　《元史·劉整傳》。
75　《元史·塔出傳》。
76　《元史·王結傳》。
77　《元史·世祖本紀十二》。
78　《元史·文宗本紀四》。

南，皆置荒僻州郡」[79]。這些南遷的蒙古人因山川遼遠，無法再回到漠北，久而久之，便融入漢人中去了。

5. 元朝滅亡之後，蒙古人的戚畹貴族、達官顯宦怕受到明朝的迫害而流落他鄉河南省的蒙古人大多是元朝王室的後裔。如孟津縣麻屯鄉李姓蒙古人的家譜上說：「姓箚剌爾氏，不諱其祖為韃人。」韃人也就是蒙古人。據李姓家譜載：「李出有元，箚剌爾氏，自始祖忠宣生忠武，以開國勳封魯。忠武生忠定，食采東平，遂居州之陽谷馬兒莊。忠定子七，可傳者長忠烈，次武靖王霸都魯。子五，長子忠憲安童，忠憲生司徒兀良臺，司徒生文忠拜住……」翻檢《元史》木華黎、孛魯、霸都魯、安童、拜住等人的傳，竟然一一吻合。據《元史·木華黎傳》，其父孔溫窟哇死後諡忠宣，木華黎死後諡忠武，木華黎之子孛魯諡忠定，孛魯之子霸都魯諡武靖。霸都魯之子安童在元世祖忽必烈時任右丞相，其孫拜住在英宗時任右丞相，一門顯赫，職高位崇，為元代安邦定國立下了殊勳。他們一家世代受封於魯，至霸都魯時又受封為東平王，因此便世代定居於東平。孔溫窟哇六世孫懷遠在元朝中葉任松江（上海市松江縣）萬戶府，懷遠之子咬兒襲父職，舉家由山東東平徙居松江。洪武元年（1368 年）明軍占領松江，咬兒之子可用因「款附意緩，謫戍河南……世居洛陽縣之南關，是為河南祖」。這一支蒙古人就這樣來到了河南。由於他們是亡國遺民，備受歧視，不敢再姓箚剌爾氏，以免招來橫禍，於是「易氏曰李，從木從子，志所自也」。這就是洛陽一帶蒙古人改姓李氏的由來。河南省南陽地區有蒙古人三萬六千人，占整個河南蒙古人的百分之八十以上，僅鎮平縣就有近二萬二千人。據鎮平縣晁陂鄉衛生院東北角蒙古人帖木花兒的墓碑記載，帖木花兒是元順帝之子，「昔元紀自文宗殂，順帝御極，明主由和陽渡江，取太平路（安徽當塗），順帝奔應昌（內蒙克什克騰西達來諾爾西南），遂移祚。公睹氣運迭嬗，克自保重，游冀北，走覃懷，率江左，渡河南，偕先大人經歷殆盡，卜居晁陂，以王為姓」。由於他們是天潢貴胄，故以王為姓。晁陂蒙古人王氏族譜序中也說：「我鎮平晁陂王氏來自蒙古，乃元胄也。順帝如應昌而國祚移，由是元宗室留居中土者類皆隱名韜元，至今莫能盡

---

79 同上。

考。」這些人至今仍被承認為蒙古族，但是無論是語言、服飾乃至生活習俗已全部漢化，再加上與漢族人通婚，即使在血統上也與漢族人融合在一起了。

6. 經商　元代疆域廣袤，物產富饒，大批回回商人絡繹不絕來到中國，他們的足跡遍天下，杭州、泉州、揚州等大都會都有回回人的店鋪，真是「天下名城巨邑，必居其要津，專其膏腴」[80]。

經過大規模的遷徙活動，元朝境內的各民族形成了雜居的局面，每個行省都不是居住著單一的民族，如「雲南土著之民，不獨僰人而已，有曰羅羅（彝族）、曰達達（蒙古族）、曰色目，及四方之為商賈、軍旅移徙曰漢人者，雜處焉。」[81]《至順鎮江志》又記載，那裡除了土著居民漢人外，還有蒙古、畏兀兒、回回、耶里可溫、河西、契丹、女真等族，是個多民族雜居的城市。在那些多民族雜居的城市和地區，漢族無疑是人口最多，經濟發展，文化水準最高的民族，內遷的各民族當然要受到漢族先進文明的浸潤和影響，他們與漢族的共同性逐漸增多，本民族的特色逐漸減少，久而久之，入居中原的党項、契丹、女真、渤海等少數民族，便融入漢族之中了。

元代民族融合的一個引人注目的事實是回民族的形成。回族何時形成民族，學術界尚有爭論，一種意見認為，元代只是回回的初期活動時期，只是到了「明代，回回開始形成為一個民族」[82]。另一種意見則認為，回民族「當然不是在元代一開始就形成的，但它形成的過程相當快，最遲在元代後期即應形成」[83]。後一種意見為大多數學者所認可。回回在元代是個比較複雜的概念，成吉思汗時稱中亞突厥人所建立的花剌子模國為回回國，因為他們信仰伊斯蘭教。從此以後，中亞、西亞一些信仰伊斯蘭教的波斯人、大食人（阿拉伯人）便被稱之為回回，甚至色目人也被泛稱為回回人。這時的回回人尚未形成為一個民族，因此，回回

---

80 許有壬：《至正集·西域使者哈只哈心碑》。
81 《至順鎮江志·戶口類》。
82 國家民委民族問題五種叢書編輯委員會《中國少數民族》編寫組：《中國少數民族》，頁 124，北京，人民出版社，1981。
83 楊志玖：《薩都剌的族屬及其相關問題》，《元史三論》，頁 189，北京，人民出版社，1985。

人與回族不能簡單地畫等號。成吉思汗與旭烈兀的西征，打開了中原通往西域的孔道，從蔥嶺以西地區遷入中原許多信仰伊斯蘭教的僑民，這些人成分複雜，人數最多的是軍士與商人，此外還有工匠、學者、官吏、醫生等，幾乎是三教九流，無所不包。他們散布於全國各地，但以入居中原者為多，後來都以中原為家。他們雖然都信奉伊斯蘭教，但種族與來源不同，語言、風俗習慣也大異其趣，都是通過某種機緣來中國定居的，他們通統被稱為回回人。這些被稱為回回的人，早在唐、宋時便有人來到了中國，當然還只能算外國人。長期定居中國後，在這裡生息繁衍，且受漢族先進文化的薰陶，學會了漢語，到他們的子孫時，有不少人已經成為學富五車的大儒了。有漢語作為他們的共同語言，有伊斯蘭教作為他們的共同信仰，回回人之間又互相通婚，有些人甚至與漢族通婚，他們的習俗與心理狀態當然也就接近。在這一基礎上，遷居中國後被通稱為「回回」的波斯、阿拉伯及中亞突厥等族的移民很自然地融為一起，於是一個新的民族——回族，就逐漸形成了。[84]

元代的民族融合比遼、西夏、金時期範圍要廣泛得多，這對中華民族的發展來說，無疑是大有裨益的。

---

84 參見楊志玖：《元史三論》，168-169 頁；翁獨健主編：《中國民族關係史綱要》，頁 572-573，北京，人民出版社，1990。

第二章

文化精神與特點

殊途同歸：
各少數民族政權一致推崇儒學

中華民族的文化雖然多種多樣，但儒學是其中的主體和核心。千百年來，歷代漢族統治者服膺儒學，以此作為治國平天下的理論基礎，就是少數民族的統治者，也對儒學頂禮膜拜。不管是入主中原的少數民族政權，還是偏居一隅的少數民族政權，對吸收、傳播儒學，都採取了積極態度，儒學顯示了旺盛的生命力。

契丹人與漢族接觸較早，從北魏至隋唐，儒學通過不同管道，逐漸傳入了契丹地區，但是當時儒學的力量還小，不足以動搖契丹人根深柢固的草原文化。耶律阿保機建國稱帝后，深切感到要統治偌大一個國家，必須有一個精神支柱，決定把尊孔崇儒定為基本國策，並修建了孔子廟，這一措施為儒家文化在遼朝的傳播大開了方便之門。居住著二百多萬漢人，又世世代代尊奉儒學的燕雲十六州之地劃入遼朝版圖，使中原儒士有了施展身手的機會，這些用儒家思想薰陶出來的漢人官吏，給遼朝社會的各方面都帶來了深刻影響。遼太宗耶律德光滅亡後晉，將中原文物運往上京（內蒙巴林左旗駐地林東鎮東南二里波羅城），為遼朝禮樂制度改革的儒家化奠定了基礎。在儒家思想的浸潤影響下，契丹上層人士中湧現出了不少具有儒家思想的人物，世宗、景宗、聖宗、興宗、道宗就是其中的佼佼者。遼朝統治者之所以重視儒家思想，一方面是因為在其管轄範圍內，作為統治民族的契丹人遠比漢人為少，而遼朝的農業、手工業都掌握在漢人手裡，契丹人

掌握的畜牧業在遼朝社會經濟中所占比重不大，契丹人在文化方面也落後於漢族，遼朝統治者不能不十分注意調整民族政策。另一方面，遼朝各級政權中都有受儒家文化薰陶的漢族官員，他們對遼朝鞠躬盡瘁，而那些皇親國戚卻不斷發動叛亂，遼朝最高統治者想用儒家思想來消弭叛逆傾向，因而大力提倡儒學。

女真人在進入中原後，受契丹人和漢人的影響，大力提倡和推行儒家思想，把九經、諸史規定為學校的必修課程，科舉考試也以儒家思想為主要內容。重視儒學就必然尊孔，自熙宗始孔子便受到了統治者的敬重。在他的宣導下，上京修建了孔子廟，章宗時又修葺曲阜孔子廟學，並把這一措施推廣到全國各地。在金代無孔廟之處必須修建，凡有孔廟之處亦必辦學校，授課內容也必須是儒家經典。孔子的陵墓也得到了保護。大將粘罕率軍進入曲阜，得知有人發掘孔子陵墓，便說：「大聖人墓豈可發耶？」凡發墓者皆殺之。世宗不但修葺曲阜孔子墓，賜其家子孫粟帛，而且撥百姓十人守護陵墓，對於一個不識儒家文化為何物的少數民族政權來說，這種措施是很難得的。金代帝王對儒家文化的吸收與繼承，也堪與中原王朝的帝王相媲美。如熙宗在儒家學說的薰陶下，「能賦詩染翰，雅歌儒服，分香焚茶，弈棋象戲，盡失女真故態……宛然一漢戶少年子也」[1]。海陵王完顏亮「嗜習經史，一閱終身不復忘。見江南衣冠文物，朝儀位著而慕之」[2]。他寫的詩詞瀟灑飄逸，別具一格。世宗、章宗也大力提倡儒學，正如《金史·文藝傳序》所說：「熙宗款謁先聖，北面如弟子禮。世宗、章宗之世，儒風丕變，庠序日盛，士由科第位至宰輔者接踵。當時儒者雖無專門名家之學，然而朝廷典策，鄰國書命，粲然有可觀者矣。」隨著金朝統治者對漢文化的了解日益加深，一般的女真人也開始接受孔、孟學說和儒家思想了。

西夏雖僻居西北一隅，但漢文化基礎深厚，受儒家文化的影響很大。李繼遷時期就模仿中原王朝建立了寢廟、宗廟，元昊在立國之初，便十分重視儒家學說，建立了一套與中原王朝大體相同的政治制度。元昊也很注意從漢人士子中網羅儒學人才，為自己的統治服務，凡是漢人儒士前來投奔者，元昊都欣然接納，

1　《大金國志·熙宗孝成皇帝》。
2　《大金國志·海陵煬王上》。

有的任以公卿之職，倚為長城。毅宗、惠宗、崇宗都嚮往中原文明，即位後大力提倡漢族文化。推廣儒學最熱心，取得成就最大的是第五代皇帝仁宗。他酷愛中原文化，積極推廣儒學，建立了以學習儒家經典為主的大漢太學，並親臨太學祭奠孔子，尊孔子為文宣帝，命令各州郡立廟祭祀，廟堂務必莊嚴恢宏，美輪美奐。孔子在歷代都受到敬重，幾乎每代都有封諡，但封為帝號，還是第一次。仁宗還全盤照搬了中原的科舉制度，設進士科以取士，考試內容不外乎是儒學經義，凡考中者都是儒學修養較高的士子，其中不少人成為西夏以儒治國的人才。儒家學說不斷譯成西夏文，為儒學在西夏的發展提供了便利，西夏統治者在潛移默化中受到了很大影響。《論語》、《孟子》、《孝經》固不必說，滲透著儒家學說的《貞觀政要》可作治理國家的高抬貴手，自然也在翻譯之列。即使是西夏人的著作，也要千方百計融入儒家學說內容。總之，西夏統治者利用儒家學說作為思想統治的精神支柱，維護了自己的統治。

蒙古統治者從成吉思汗開始，就已經認識到了儒士的作用，他倚之如左右手的謀士耶律楚材，就是一個儒士。但成吉思汗戎馬倥傯，在拔擢儒士上不可能有什麼作為。元太宗窩闊臺即位後，耶律楚材建議：「製器者必用良工，守成者必用儒臣。」[3]蒙古統治者從實踐中認識到，沒有儒士為之籌畫，弓馬換來的天下，就有可能得而復失，為了維繫人心，元太宗下詔以孔子五十一世孫元措襲封衍聖公，敕修孔子廟，並在俘虜中拔擢儒士，一部分儒士因此而避免了遭受屠戮的厄運。另外，通過科舉考試，又使數千人得到任用。真正大規模地任用儒士，是在世祖忽必烈時期。他在即位之前，就留意延攬儒士，凡天下鴻才碩學，往往延聘，以備顧問，對於當時名士，他能屈指數之。中統元年（1260 年）即位後，大儒許衡就向忽必烈建議：「考之前代北方之有中夏者，必行漢法，乃可長久。」[4]所謂漢法就是指以儒家思想作為治理國家的指導方針，這一建議為忽必烈所採納。當時宋元戰火正熾，忽必烈多次在軍中搜求儒士，並蠲免徭役，同時又數遣使召遺老於四方，一時名儒耆宿紛至遝來，一批富有治國經驗的儒士被派到了各

3　《元史‧耶律楚材傳》。
4　《元史‧許衡傳》。

個崗位上，因此才能出現中統、至元年間文化發達的局面。元世祖之後，統治者仍然推崇儒學，如成宗在京師文宣王廟建成時行釋奠禮，牲用太牢；武宗時將《孝經》譯為蒙古文字，並頒賜諸王，主張把此書的內容「自王公達於庶民」；仁宗時命人節譯《大學衍義》，並說：「治天下，此一書足矣」。[5]而該書是地道的儒家學說。元朝末年，儒士地位開始跌落，因為輕儒，便無人操儒業，登要津者大都是胸無點墨之徒，因此紀綱紊亂，政務廢弛，政治空前黑暗。元朝滅亡雖由多種原因造成，但不重視文治無疑是一個重要原因。

理學北傳是這一時期的一個重要特色。金朝因受蒙古人的攻擊，自中都（北京）遷都汴京，大批儒士也跟隨南下，宋金雙方距離的縮短與使臣的頻繁往來，使金朝儒士得以接觸到南方的理學著作。宋朝的經學和理學能夠在金朝傳播，是在世宗、章宗提倡漢化之後，但未能出現足以和二程、朱熹相頡頏的大儒。杜時升、麻九疇、王若虛、趙秉文等人，雖然研治程朱之學，並有著作傳世，但在學術上建樹不大。金代流傳於北方的理學，係二程學說的一部分，偶爾有朱熹學說的斷續傳入。宋蒙連袂滅金於蔡州（河南汝南）後，雙方旋即交惡，蒙軍攻陷德安（湖北安陸）後俘獲了儒士趙復，被奉旨搜求儒、道、釋、醫的楊惟中、姚樞送往燕京，建立起太極書院，請趙復講授程、朱之學。趙復陸續撰成《傳道圖》、《師友圖》、《希賢錄》等以饗學者，「北方知有程朱之學，自復始」[6]。姚樞可能沒有參與太極書院的活動，他在燕京不久，便棄官歸隱於輝州（河南輝縣市），作家廟，又另築室奉孔子及宋儒周敦頤等人的像，刊布從趙復那裡得來的伊川《易傳》、晦庵《論語》、《孟子》集注等書，又與許衡、竇默同居蘇門（河南輝縣市），共同探討程朱之學。通過趙復的官方講學以及姚樞、許衡、竇默等人的講習，程朱理學在北方開始傳播起來。

程朱理學在北方傳布過程中，既受到了人們的讚譽，也招致了一部分人的攻訐，金末的李純甫就曾激烈地抨擊程朱理學，說「宋伊川諸儒，雖號深明性理，

5　《元史‧仁宗本紀一》。
6　《元史‧趙復傳》。

發揚六經、聖人心學，然皆竊吾佛書者也」[7]。另一學者王若虛也對包括朱熹在內的宋儒提出批評。這些批評有過激之處，並不能阻遏理學在北方的傳播，但從另一個角度也說明，理學在元朝初年的北方中國，在思想領域內還未取得統治地位。元世祖忽必烈大力興辦學校，為理學的發展提供了良好契機，因為學校的教材是以儒家學說為基本內容的。隨著理學的廣泛傳播，孔子的地位也迅速提高。元朝完成統一後，理學的地位扶搖直上，基本上在全國學術界取得了支配地位。

第二節 ·
草原文化
與農業文化的匯合

遼、西夏、金、元代時期草原文化與農業文化的交融匯合，是這一時期文化發展的一個特色。

草原文化為什麼能與農業文化匯合？不外乎兩個原因：一是契丹、女真、蒙古人占領漢族地區後，為了統治下去，就不能照搬草原地區的治理方式，而必須另闢蹊徑，採取草原文化與農業文化相結合的方法進行統治；二是實踐證明，農業文化優於草原文化，比較落後的文化向先進的文化看齊，是社會發展的必然規律。草原文化與農業文化相互匯合交融，是自然而然地發生的，不是人為的結

7　劉祁：《歸潛志》卷九。

果。

從耶律阿保機成為契丹可汗到元順帝逃出大都的四個半世紀中，戰禍頻仍，兵燹不斷，這些戰爭既給中華民族文化的發展造成了災難，又給草原文化與中原地區農業文化的融合和交流提供了契機。從某種意義上說，戰爭是這兩種迥然不同的文化互相碰撞吸收的催化劑。誠如已故的翁獨健教授所說：「當民族間經濟、文化正常的或和平的交往受阻，往往是通過戰爭來打開和加強的。我國許多少數民族接受漢族的經濟文化和漢族吸收少數民族的經濟文化也往往是通過戰爭達到和加速的。」[8]

草原文化與農業文化匯合的過程也是落後文化向先進文化學習的過程。在這一點上，遼、西夏、金、元諸朝有許多共同之處：

（一）崇尚儒學

遼代在耶律阿保機稱帝不久，便確立了以孔子為代表的儒家思想，將尊孔崇儒定為基本國策。阿保機的繼承者對這一國策凜遵不移，至道宗朝已經發展到了「禮樂交舉，車書混同」的高度，契丹民族以儒家思想為指導，去改造自己的政治、經濟、文化，使契丹人的漢化程

「大康通寶」銅錢（遼）

度日益加深。金朝也以儒家思想為統治人民的基本思想，熙宗重視儒家經典，海陵王父子皆從儒者學習，世宗、章宗時儒學更加蓬勃發展，亡國之君哀帝在顛沛流離中仍「敦崇儒術」，二程學說與南宋朱熹之學在金朝境內得以廣泛傳授。西夏的十個帝王中，從元昊時期起，就加強了對儒學思想的吸收，毅宗時儒學在西夏有了更大影響，惠宗提倡漢文化，崇宗時設立國學以教授儒學，至第五代皇帝仁宗時，把儒學發展到了極致。他下令尊孔子為文宣帝，在各州郡立廟祭祀，建

8　翁獨健：《中國民族史綱要·序言》，頁 10，北京，中國社會科學出版社，1990。

立大漢太學後，他又親臨太學祭奠先聖先師，這種崇儒風氣，與中原相比也毫不遜色。在元代儒家的地位雖居於釋、道之下，但對儒學還是相當重視的。蒙古人開始不知道儒者的用途，俘虜到儒士後，往往罰他們去做苦役，後來採納耶律楚材的建議，恢復了孔子、孟子廟的祭祀，孔子的後裔也都封了官職。各少數民族政權推崇儒學，促進了民族融合的進程。

（二）重用漢族儒士

遼、西夏、金、元的統治者深知，只有吸收中原封建文明，籠絡漢族士大夫並發揮其專長，才能發展和壯大自己，因此不遺餘力地搜羅漢族人才，使他們為自己服務。如遼朝初期的漢族儒士康默記、韓延徽、韓知古、張礪，遼朝中期的韓德讓、張儉、馬得臣等人，在制訂禮儀制度，傳播漢族先進文化方面起了非常積極的作用。尤其韓德讓後來被賜名為耶律隆運，遼朝統治者為了倚重他，景宗承天皇后竟不惜紆尊下嫁，這在歷史上是不多見的。金朝初年的劉彥宗、時立愛、韓企先等制訂典章制度，參決大政，立功甚多。西夏初年的漢族儒士張元、吳昊投奔元昊後，「元昊大悅，日尊寵用事，凡夏人立國規模，入寇方略，多二人教之」[9]。就連宋朝放出的宮女，元昊也要置諸左右，以便從她們身上學習漢族先進文化。元昊之子諒祚即位後，殺掉專權跋扈，專門推行蕃禮的外戚沒藏訛龐，任用漢人景詢為樞密使，改蕃禮為漢禮，推行漢族先進文化。其他一些漢族儒士中，有掌文教科舉者，有翻譯漢文典籍者，他們為溝通党項與漢族的文化交流作出了貢獻。蒙古人在攻打南宋時，就在軍中搜求儒、道、釋、醫、卜者等人物，忽必烈更是不遺餘力地延攬漢族儒士，於是竇默、王鶚、劉秉忠、許衡等名流耆宿聯翩而至，成為忽必烈的重要謀士。

另一方面，各少數民族的統治者也對漢文化情有獨鍾，努力學習漢文化。遼太祖、遼興宗、遼道宗、金熙宗、海陵王、金章宗、西夏仁宗、元文宗、元順帝等人漢文修養甚深，吟詩作詞，均是行家裡手。至於大臣當中，擅詩詞、精繪

9　陳邦瞻：《宋史紀事本末・夏元昊拒命》。

畫、通音律者更是不在少數。正是這一批人把草原文化與農業文化的匯合推進到了一個更高的層次。

（三）在政治制度上採用漢官體制

遼朝統治者治國的特點是因俗而治，即「以國制治契丹，以漢制待漢人」。具體地說，就是在機構設置上分北面官和南面官，北面官處理契丹各部和其他遊牧、漁獵部族事宜，長官由契丹人擔任；南面官處理漢人、渤海人事宜，長官由契丹、漢人、渤海人擔任。這種北、南面官制度非常鮮明地體現了草原文化與農業文化匯合後形成的新特色。金朝在太祖、太宗時雖實行漢官制，但時興時廢，徒有虛名。熙宗時始借鑑遼、宋官制，設三師、三公，並以三省為最高決策機關，三省取代了諸勃極烈對國事的決定權。至天眷元年（1138 年）頒行官制時，廢除勃極烈制，一律按漢官制換授。正隆元年（1156 年）海陵王改革官制，世宗時又略加調整，至此，金朝的官制便與中原王朝的官制完全接軌了。西夏王朝建立後，在政治制度上竭力仿效中原王朝，依照宋朝制度設立官職、如樞密院、三司、御史臺等，官職的職掌與宋相同。比照中原王朝設置官僚機構成為西夏政治的一個特色。歷史證明，入主中原的少數民族政權，在政治制度上如果不效法漢人，就很難統治下去，換句話說，一旦北方少數民族政權進入中原，草原文化與農業文化的匯合便成為歷史的必然。設立學校，實行科舉考試，也是這兩種文化匯合的產物。

漢族百姓與北方少數民族的雜居，加速了草原文化與農業文化匯合的進程。遼初大批漢人、渤海人曾遷往上京、中京（均在內蒙古昭烏達盟）從事農耕，統和年間又有許多漢人遷往臚朐河（蒙古人民共和國克魯倫河）畔及鎮州（蒙古人民共和國布林根省哈達桑東青托羅蓋古城）屯田墾種，增加了漢人與契丹、渤海人接觸的機會。金朝初年曾將漢、契丹、渤海、奚人等遷往上京（黑龍江阿城）等地，他們為女真社會帶來了先進的文化及農業、手工業、畜牧業技術。隨著金朝統治重心的南移，漢人與其他少數民族的北移被女真人的南遷所取代。天會至皇統年間，金朝統治者陸續將猛安謀克人戶遷入河北、山東、陝西等地，用意是

鎮壓各族人民的反抗。金宣宗由中都播遷汴京，河北軍戶遷徙河南者達幾百萬口。這一批女真人長期處在漢族勢力包圍之中，受到比較先進的文化與經濟的影響，因而加快了自然同化過程。元朝時期，隨著蒙古人入主中原，一批蒙古人、色目人進入了內地。他們或致仕後卜地而居，或因屯戍而即營為家，或因經商而寓居不返，與漢人雜居。如一部分西夏人遷居合肥，契丹人遷雲南，畏兀人移居南陽、雲南，乞兒吉思人入山東，回回人更是遍布全國，形成大分散、小集中的局面。與此同時，也有一部分漢人被遣送到邊疆少數民族地區，如元統治者多次遣發漢人士兵到漠北屯田。這些雜居區的各族人民又互相通婚，久而久之，他們在語言、服飾、生活習俗等方面都有了共同之處。漢族與各少數民族既有自己的特色，又吸收了對方的長處，草原文化與農業文化的匯合真稱得上珠聯璧合，相得益彰了。

第三節·
文化交流範圍
的擴大

遼、西夏、金、元時期的文化交流，不論是在地域上或是規模上，都超過了此前的任何朝代。

這一時期的文化交流分為幾種類型：一種是各個王朝之間的文化交流，如宋與遼、西夏、金的交流，遼與宋、西夏、金的交流；一種是元朝中央政府與宗藩國欽察汗國、伊利汗國的交流；還有一種是遼、金、元與高麗、歐洲、亞洲、非

洲之間的文化交流。這些文化交流絢麗多姿，各具特色。

遼、西夏、金、元四個王朝都與北宋、南宋有文化交流，這幾個王朝之間有時烏雲密布，干戈不息，有時風霽月朗，桴鼓不鳴。他們之間的文化交流不外兩個途徑，一是通過戰爭，比如遼滅後晉、金滅北宋、元滅南宋之後，都把對方的圖書典籍掠奪一空，然後加以吸收繼承。另一種情況是干戈止息，驟雨初歇之後，雙方使輻相接，和平共處，可以從容不迫地吸收對方文化的精華。如遼、宋之間的文化大規模進行交流，是在「澶淵之盟」以後；金與南宋的文化交流，也是在世宗對宋議和，「南北講好，與民休息」之後。至於西夏，因國力相對較弱，只得依違於宋、遼、金之間，時而向宋納款，時而對金稱臣，只要對自己有利，不惜翻雲覆雨，縱橫捭闔。西夏在與宋、遼、金的交往中，接納吸收了對方的文化，但總的來看，西夏吸收宋朝的文化最多，比如設官職、譯儒經、立學校等等，就都是從宋朝學來的。

遼與高麗之間雖有齟齬，但為時甚短，和平友好是兩國關係的主流。在兩國關係友好時期，高麗派童子到遼朝去學契丹語，高麗國王王治又請求結為秦晉之好，遼朝將東京留守、駙馬蕭恆德之女嫁給他。聖宗之母去世，高麗也曾派人弔祭。金滅遼後，高麗以事遼之禮事金，高麗實際上是金的藩屬，國王的廢立，都須徵得金方的同意，雙方使節往來甚多，文化交流就是在這種情況下進行的。

元朝是中國歷史上文化交流的極盛時代。由於元朝疆域廣袤，陸路、海路交通範圍的擴大，此疆彼域的藩籬已不復存在，元朝政府鼓勵商人四海經商，因而外國商人來中國者極多。再加上元朝政府對各種宗教、文化採取相容並蓄政策，這就給東西方文化的交流大開了方便之門。

元朝中央政府與宗藩國欽察汗國、伊利汗國關係密切。欽察汗國的都城薩萊（俄羅斯伏爾加格勒附近）是溝通東西方的國際性城市，中國工匠入居者甚多，欽察、阿速、斡羅思等族工匠入元朝者亦不少。伊利汗國境內各族人入元經商、做官、行醫者不少，漢族官員、文人前往伊利汗國者也很多，雙方經濟、文化的交流都達到了空前規模。

元朝與亞洲諸國的文化交流偏重於詩書、儒學、佛教等方面；與非洲的交流偏重於懋遷有無；與歐洲的交流則是傳教士大批進入中國，馬可·波羅、盧布魯克、鄂多立克等人先後入元，興建教堂，廣收信徒。在這一時期，中國的印刷術、火藥、武器製造等科學技術傳入西方，阿拉伯、波斯的天文、醫學成就也被介紹到中國來。伊利汗國從元朝學會印鈔技術，至今波斯語猶稱紙幣為「鈔」，波斯所用的乘驛圓牌，也仿效元朝。波斯人拉施都丁還編纂過反映中國醫學成就的書籍。

由於元朝政府實行開放政策，許多西域人紛至遝來，或為仕宦，或為商賈，他們的足跡遍及全國各地，頗受元廷優遇，人們以「色目人」稱之。其中不少人學有專長，技藝精湛，在醫藥、天文星曆、建築等方面都作出過輝煌的貢獻。

第三章

文化論爭

第一節 ·
聚訟不決
的正統之辨

　　中國歷史上的王朝有不少是少數民族建立的，本卷所寫的遼、西夏、金、元諸王朝，當政者都不是漢人，但是他們都認為自己是正統王朝，不是僭偽政權。最有代表性的是遼朝。契丹人在建立遼朝後，稱自己是炎黃子孫，以此顯示自己的正統地位。《遼史·世表》序說：「庖犧氏降，炎帝氏、黃帝氏子孫眾多，王畿之封建有限，王政之布濩無窮，故君四方者，多二帝子孫，而自服土中者本同出也。考之宇文周之《書》，遼本炎帝之後，而耶律儼稱遼為軒轅後。儼《志》晚出，盍從周《書》。」炎帝是古代傳說中的帝王，姜姓，因以火德王，故稱炎帝。又因教人耕種，故又號神農氏。黃帝乃少典之子，姓公孫，居於軒轅之丘，故號軒轅氏。又居姬水，改姓姬。國於有熊，故亦稱有熊氏。有土德之瑞，故號黃帝。如今中國人都稱自己是炎黃子孫。《遼史》這段記載的意思是說，古代炎帝、黃帝子孫眾多，王畿之內分封諸侯是有限的，但炎、黃二帝散布的恩澤是無限的，因此不在王畿之內而在邊徼之地稱王者，也是炎、黃二帝的子孫，與中土的帝王同出一源。遼朝是炎帝後裔，耶律儼在其書中卻說是軒轅（黃帝）之後，其書晚出，不足信。當然，我們不能根據這一段記載來確定契丹人的族源，但是這一段文字卻說明，遼朝統治者契丹貴族自認為他們同漢族一樣，都是炎黃子孫，是中華民族的成員，對此不應有任何誤解。

遼、宋對立時期也同歷史上幾個互相對峙的政權存在一樣，雖然有兩個或幾個王朝並存於中國土地上，但是每一個政權都聲稱只有一個中國，只有自己代表正統，其他政權都是僭偽政權，於是就有了「正統」之爭。在爭正統的同時，各個王朝又竭力消滅對方，把全部領土置於自己的控制之下，成為名副其實的統一王朝。遼朝自建國後便想滅宋，直接統治中原，在北宋初年遼、宋的幾次交戰中，宋方雖然吃了敗仗，但遼朝並未達到滅宋控制中原的目的。「澶淵之盟」後，遼朝放棄了直接統治中原的企圖，卻加速了漢化進程。在漢族士人的參與下，遼朝「朝廷之儀，百官之號，文武選舉之法，都邑郡縣之制，以至於衣服、飲食，皆取中國之象」[1]。遼朝天子亦步亦趨地仿效漢族天子的所作所為，朝廷禮儀、百官稱號、銓選制度、都邑郡縣制度向中原王朝看齊，可以讓人理解，因為中原王朝長期積累下來的統治方法，可以作為契丹人的借鑑。但是契丹統治者放棄自己的固有傳統和習慣，連衣服、飲食也要和漢族天子一致，用意在於爭正統之邦的地位。聖宗漢化程度比他的前輩更高，其子興宗讚揚他遠可與虞、大舜相媲美，近可與唐太宗相伯仲。意思是說，唐朝以後，遼是正統，而宋朝則不是。在這種情況下，遼朝君臣上下一致與宋朝爭「正統」，對於宋朝任何爭奪正統的言論，都要全力以赴地加以駁斥。北宋的歐陽修寫成了《新五代史》，將遼朝史事附載於書後的《四夷附錄》中，書稿傳到遼國，激起了遼國君臣的強烈不滿。壽昌二年（1096 年），大臣劉輝上書道宗說：「宋歐陽修編《五代史》，附我朝於四夷，妄加貶訾。且宋人賴我朝寬大，許通和好，得盡兄弟之禮。今反令臣下妄意作史，恬不經意。臣請以趙氏初起事蹟，詳附國史。」[2]宋朝人修《五代史》，當然把自己寫成「正統」，而「正統」只有一個，遼朝既不能作正統，又是少數民族當權的王朝，放在《四夷附錄》中也是很自然的。遼朝不能容忍宋朝把自己放入四夷中的作法，也要以牙還牙，把宋朝的事蹟放在遼朝歷史的附錄中去。遼道宗對劉輝的意見甚為嘉許，不久便升遷了劉輝的官職。雖然我們並未看到劉輝寫的史書，但他那一番慷慨激昂的議論，說明遼朝舉國上下對「正統」之爭是很看重的。

1　《東坡應詔集·策斷》。
2　《遼史·劉輝傳》。

遼朝在「澶淵之盟」以後，往往稱自己為北朝，稱宋朝為南朝，雙方平等，但「正統」在遼。金朝雖然也與南宋對峙，但從不自稱北朝，在金國君臣看來，宋朝在交戰中屢屢敗北，根本不是自己的對手，因而也不能和金朝比肩而立，同日而語。金國就是中國的「正統」所在，宋朝的地位只能擺在藩屬的位置上。如果金朝也學遼朝的作法自稱北朝，稱宋為南朝，那是貶低了自己，抬高了宋朝。金世宗曾對宰臣說：「本國拜天之禮甚重，今汝等言依古制築壇，亦宜。我國家紹遼、宋主，據天下之正，郊祀之禮豈可不行。」[3] 所謂「據天下之正」，就是說金朝是天下的正統所在，遼、宋都不是「正統」。金朝君臣的這種正統思想，在許多地方都有流

採芝圖（遼）

露。如吐蕃族首領青宜可，其祖先是宋朝的藩屬，「傳六世至青宜可，尤勁勇得眾，以宋政令不常，有改事中國之意」[4]。環顧當時宇內，只有宋金對峙，分庭抗禮，宋朝政令不常，這句話中的「中國」當然是指金朝了。南宋抗金名將吳璘之孫吳曦叛宋降金，金章宗封他為蜀國王，在賜給他的詔書中說：「宋自佶（宋徽宗趙佶）、桓（宋欽宗趙桓）失守，構（宋高宗趙構）竄江表，僭稱位號，偷生吳會。」[5] 既然趙構是僭稱位號，金國毫無疑問是「正統」了。吳曦既降之後，「朝廷以曦初附，恃中國為援，欲先取襄陽以為蜀漢遮罩」[6]。這裡的朝廷指金章宗，中國仍是指的金朝。從這一點看，金人的正統思想是很強烈的。

3　《金史・禮志一》。
4　《金史・完顏綱傳》。
5　《金史・蒙古綱傳》。
6　《金史・蒙古綱傳》。

大規模的正統之爭，是在元朝修撰遼、金、宋三朝歷史時展開的。「正統」說是宋代學者歐陽修提出來的，他認為：「正者，所以正天下之不正也；統者，所以合天下之不一也。」[7]他把正統分為三種情況，第一種是居天下之正，合天下於一，當然是無可爭議的正統，如夏、商、周、秦、漢、唐便是。第二種是雖然未能合天下於一，但居天下之正，如東周便是。第三種是雖不能居天下之正，但能合天下於一，如隋朝便是。至於曹魏、五代，既不能居天下之正，也不能合天下於一，故不得為正統。司馬光的《資治通鑑》不採取這種辦法，他認為漢傳於魏而晉受之，晉傳於南朝的宋、齊、梁、陳而統一於隋，唐傳於五代的後梁、後唐、後晉、後漢、後周，宋朝則是承周而來，因此以上提到的那些朝代都算正統，未提到的如南北朝時北朝的北魏、北齊、北周，都不得算作正統了。這種做法也使一些人難於接受。

　　金朝在修史時也碰到了「正統」與「德閏」問題的爭論。章宗為了把正統與德閏統一起來，專門為此召開過論證會，有人主張金應繼唐為金德（唐為土德），尚白；有人主張金應繼遼為木德（遼為水德），尚青；有人主張繼宋為土德，尚黃。章宗不同意繼唐和遼，同意繼宋。爭論未取得一致意見。泰和年間黨懷英、陳大任第二次修《遼史》時，認為金朝是承遼朝國統而來，把遼置於北魏、北齊的位置上。不久，南宋的韓侂冑北上伐金失敗，函韓侂冑之頭赴金求和，大臣中有人上奏說，北宋欽宗靖康年間，社稷被金朝滅亡，宋祚已絕，金當是承宋而來。因為這一認識與正在纂修的《遼史》觀點不一致，章宗罷《遼史》不修。

　　由金入元的關中儒士楊奐，在其兩部編年體史書《通載》和《通議》中制定了一套「編年之例」，也即「正統八例」。八例是指帝位傳承、朝代遞嬗的八個方面，也就是得、傳、衰、復與陷、絕、歸。如「絕」指末世君主因昏庸而亡國，正統歸於得民心的仁義之主；「得」指天下無道時，有英雄仗義而起建立新王朝；「傳」指上古時堯舜之間的禪讓與同一朝代內的皇位繼承；「復」是指

7　歐陽修：《歐陽文忠公集·原正統論》。

一個王朝的中興;「衰」則指一個大一統王朝無可奈何的沒落,如此等等。楊奐所主張的「正統」論,其核心是「王道之所在,正統之所在」,換句話說,凡是符合儒家王道理想的治統,都算作是正統。這裡的「王道」指的是符合儒家道德理想的治國方式。從這個標準出發,他認為北魏的孝文帝、五代的周世宗柴榮,都應該算作正統。這種認識可說是獨具一格。

元朝滅亡金與南宋後,屢次開局修撰宋、遼、金三史,但均未成書,而是屢修屢停,沒有進展,主要原因就是正統問題沒有解決。在這個問題上,有幾種意見相持不下。

一種意見主張以宋為正統,遼、金為偏閏,這一種意見的代表是楊維楨。維楨字廉夫,號鐵崖,人稱之鐵史先生,以文章知名於當世。順帝至正年間撰《三史正統辨》,洋洋灑灑,凡兩千六百餘言,《南村輟耕錄》的作者稱讚說:「可謂一洗天下紛紜之論,公萬世而為心者也。」[8]他認為:「遼朝自耶律阿保機迄於天祚,凡歷九主,共二百一十五年。遼朝本是唐朝邊陲之夷人,乘唐朝衰亡的機會草竊而起,後晉的石敬瑭與之勾結,割給其幽燕之地,使遼朝得窺伺中原,後晉亡於其手,有人據此說遼朝承繼了晉統,我對此迷惑不解,不知道遼朝承繼的是何統。再考金代有國,始於完顏氏,起初臣屬於契丹,至完顏阿骨打時,始有其國,僭稱國號於宋朝重和年間,相傳九主,共一百十七年。有人說金朝平遼克宋,奄有中原,是承接了遼、宋之統,我不知道是怎樣承繼大統的。還有人說完顏氏世為君長,世代保有肅慎,至太祖完顏阿骨打立國時,與宋為敵體之國,並非君臣關係。遼太祖耶律阿保機建國立年號為神冊時,宋太祖趙匡胤尚未降生,遼比宋立國早五十餘年,而宋曾遣使至遼求和,結為兄弟,因此,元朝是承遼、金而來。這種說法也經不起推敲。漢朝的匈奴,唐朝的突厥,皆興起於漢、唐之前,漢、唐曾與之通和;吳、魏與蜀,也鼎立而不相統攝,但秉史筆者,莫不以匈奴、突厥為傳而以漢、唐為正統,以吳、魏為分系而以蜀漢為正統。這是為什麼呢?天理人心之所在,萬世而不可泯滅者也」。在發了一通議論後,他說,元

8　陶宗儀:《南村輟耕錄·正統辨》,頁32,北京,中華書局,1959。

朝「承乎有宋，如宋之承唐，唐之承隋、承晉、承漢也。而妄分閏代之承，欲以荒夷非統之統屬之我元，吾又不知今之君子待今日為何時，待今聖人為何君也哉！」[9]最後，楊維楨又從道統上加以論述。他說，道統是治統的根據，堯傳於舜，舜傳之禹、湯，禹、湯傳於文王、武王、周公、孔子。孔子死後，道統中斷了一百餘年，至孟子才恢復傳授。孟子死後，道統又中斷了一千餘年，至濂、洛、周、程諸子而恢復傳授，周敦頤與二程是有功勞的。到了二程的學生楊時時，因他是南劍州將樂（今屬福建）人，辭師南歸，程頤目送之說：「吾道南矣！」不久北宋滅亡，宋高宗也南渡了。楊時回到南方後，傳其道給豫章羅氏（羅從彥）、延平李氏（李侗），以及新安朱子（朱熹）。朱熹歿後，其道統為我朝許衡所繼承，這就是歷代道統的原委。如此說來，「道統不在遼金而在宋，在宋而後及於我朝，君子可以觀治統之所在矣。」[10]

第二種意見認為，應將宋、遼、金時期的歷史分作四段：「有待詔王理者，著《三史正統論》，欲以遼、金為北史，太祖至靖康為宋史，建炎以後為南宋史。一時士論非不知宋為正統，然終以元承金、金承遼之故疑之，各持論不決。」[11]這一意見與一個叫修端的主張略同。修端認為，五代互相繼承，除唐莊宗李存勖領兵入汴復仇伐罪，值得肯定外，朱溫篡唐之罪，甚於王莽。石晉依靠遼朝的力量得國，最終為遼朝所虜。劉知遠立漢，父子才四年。郭威廢湘陰公而自立為周，得國也不光明正大。五代之君，應該通統作為《南史》。遼自唐末保有北方，權位不是篡奪而來，又承繼了後晉國統，加上所傳世數、名位，其地位之重要已超過了五代，它與北宋先後而亡，應該寫成《北史》。宋太祖趙匡胤接受後周的禪讓，平江南，收西蜀，白溝（本指河北新城縣東自北而南的白溝河，五代後用以泛指西東流向的拒馬河）以南，都屬宋的版圖，傳至靖康，當為《宋史》。金太祖破遼克宋，稱帝於中原百餘年，當為《北史》。自建炎之後，中國非宋所有，應該寫成《南宋史》。按照修端的意見，遼、金就該有兩部《北史》，五代為《南史》，宋代分為《宋史》和《南宋史》，不但頭緒紛紜，而且也難為

---

9 《南村輟耕錄·正統辨》。
10 同上。
11 王圻：《續文獻通考·正史考》。

以宋或金承正統論者所接受。

第三種意見主張，正統不在遼、金，也不在宋，適類於魏蜀吳三國之際，是非難明。這一種意見的代表人物是黃縉。他的門人王說：「金雖據有中原，不可謂居天下之正；宋既南渡，不可謂合天下於一。其事適類於魏、蜀、吳、東晉、後魏之際。是非難明，而正於是又絕矣。自遼並於金，金並於元，元又並南宋，然後居天下之正，合天下於一，而後正其統。」[12]這段話的意思是說，元朝既非承遼、金而來，也不是承宋而來，是合三國而成之，而後為正統的。元朝後期的文壇領袖虞集與實際主持三史修纂的揭傒斯二人，意見與王相去不遠。虞集主張暫且撇開有爭議的正統問題，先把史書修起來再說：「今當三家各為書，各盡其言而核實之，使其事不廢可也。乃若議論，則以俟來者。」[13]揭傒斯既反對以宋為正統，也反對以金統宋，「因以宋、遼、金為敵體，而各立帝紀，謂之三史云」[14]。

第四種意見主張以金統宋。這一意見在金朝受到章宗的支持，入元後持此論者便不多了。

當時主持修三史的是順帝時的右丞相脫脫，「先是，諸儒論三國正統，久不決。至是，脫脫獨斷曰：『三國各與正統，各繫其年號。』議者遂息」[15]。《元史類編·順帝本紀》也說：「各持議不決，詔遼、金、宋各自為史。」雖然順帝以詔書名義作出三史均為正統的決定，實際上還是脫脫的意見。從保存史料這一角度看，脫脫的做法無疑是對的。

---

12 王：《王文忠公集·正統論》。
13 虞集：《道園類稿·送劉叔熙遠遊序》。
14 揭傒斯：《石門集·宋》。
15 《庚申外史》卷上。

第二節 ·
元代釋
道之爭

　　元代釋道之爭主要是指全真教徒與佛教徒的衝突。全真教也稱全真道，金朝海陵王正隆年間，咸陽人王喆所創。他有弟子七人，號七真，長春真人丘處機即是其中的一個。丘處機是山東棲霞人，曾被金世宗召見過，後來回到山東，在那裡招收信徒傳教。成吉思汗攻打中亞時，丘處機應詔前往中亞謁見，受到了成吉思汗的盛情款待。從而揭開了全真教史上極為輝煌的一頁。丘處機死後，由弟子宋道安主教事，傳位給弟子尹志平，尹志平又傳位給李志常。在蒙古國時期，全真教的勢力呈上升趨勢。由於全真教徒不遺餘力地為新當權的蒙古統治者搖旗吶喊，因而受到蒙古汗廷的寵遇。就是那些據地自雄的大大小小北方軍閥，也同全真教關係密切。在蒙古人滅金前後的一段時期內，到處都在修建道觀，「芝宮琳宇，金碧相望」，是全真教的鼎盛時期。

　　但是，全真教從它形成之時起，就與釋教處於對立地位，箇中原因是「出自其他教派對暴發戶全真道的嫉恨」[16]。從道教史籍來看，釋道兩派在大規模的衝突之前就有小矛盾產生了。如《金蓮正宗紀》記述一個叫譚處端的道士，已經有了很多門徒，還要四處乞食。在到一佛寺乞食時，被佛寺的禪師以拳擊落兩齒，

16　郭旃：《金元之際的全真道》，《元史論叢》第 3 輯，頁 208，北京，中華書局，1986。

譚處端並不還手，和血咽入腹中。別人憤憤不平，欲為他討回公道，他但笑而稽首，表示出雍容大度，不與人爭的氣量，從此名滿京洛。還有一個叫王處一的道士，受到過金世宗的召見，也招致佛教徒的忌恨，他們暗中用金錢收買世宗身邊的人，讓這些人給世宗說，王處一並非真仙，可以讓他飲鴆酒做試驗。世宗聽信了侍從的話，在接見王處一時，賞賜給他三杯鴆酒。奇怪的是，王處一飲後，平靜如常，並未中毒。世宗這才相信王處一法術無邊，甚為敬佩，賜給他金冠、法服。這段記載是否屬實，另當別論，但佛道之間的矛盾十分尖銳，卻是顯而易見的。

山西芮城永樂宮三清殿（元）

丘處機因成吉思汗的寵遇而使全真道出盡了風頭，獲得了汗廷的支持，使得全真道在與其他教派發生衝突時占有優勢。儘管成吉思汗也不菲薄佛教徒，但他們不具備丘處機謁見成吉思汗歸來後的那種無與倫比的顯赫勢力，加上當時戰亂頻仍，百姓避難於佛寺中就得削髮，將來難以返俗，因此多遁入道門，這就無形中擴大了道教的勢力。全真道抓住這一機會，拚命擴大自己的影響，竭力貶抑佛教。他們不僅搶占佛寺土地、房舍，將其改為道觀，而且故意貶低佛教經典，又將釋迦牟尼的塑像排在老子像之後，有些道教徒還想統管佛教徒。這一切都使佛

教徒大為不滿。佛教徒也使盡渾身解數,力圖振興佛教,海雲和尚是最積極的一個。此人八歲出家,元太祖九年(1214 年)謁見成吉思汗,被成吉思汗稱之為「小長老」,後入燕京(北京)慶壽寺,任掌書記。元太宗七年(1235 年)奉旨主考僧徒。不久,主持慶壽寺。乃馬真皇后元年(1242 年),應召轉入忽必烈帳下。當時忽必烈還是一位藩王,海雲對忽必烈大講儒、釋、道三教中佛法最直,應居三教之首。既然褒揚佛教,就必然貶低道教。偏偏在憲宗即位前後,全真教刊刻道藏時,又大肆宣揚老子,更使佛教徒恨之入骨,釋道衝突大有一觸即發之勢。

全真教與佛教徒發生大規模衝突之前,就同基督教徒進行過一次大辯論。原來,十三世紀初蒙古人西征時,那種橫掃一切,無堅不摧的氣勢,使歐洲各國受到了強烈震撼,他們向蒙古派遣教士,企圖使蒙古人接受西方的思想和文化。就是在這樣的背景下,聖方濟各會士魯不魯乞受法蘭西國王的派遣,在憲宗三年(1253 年)年底到達哈喇和林。他在這裡居住了五個多月,沒有完成自己的使命,卻參加了一次有關宗教的大辯論。辯論時間定在憲宗四年(1254 年)五月份聖靈降臨節(5 月 31 日)前夕進行,參加的人有基督教徒、伊斯蘭教徒、道士。魯不魯乞非常精明,他事先串通了伊斯蘭教徒,共同對付道士,先由魯不魯乞出馬與道士對陣,道士則選出一位從契丹來的人作魯不魯乞的對手。契丹人有一個譯員,魯不魯乞的譯員是威廉師傅的兒子。辯論開始前,蒙哥汗派來了三位書記作裁判員,一個是基督教徒,一個是伊斯蘭教徒,還有一個是道教徒。他們宣布:「這是蒙哥的命令,不得妄加議論,說上帝的命令與此有所不同。他命令,不得爭吵或侮辱對方,不得引起騷動以致妨礙辯論之進行,違者處死刑。」[17]全場一片肅靜,很多人都聚集在那裡觀看辯論。

辯論開始時,道士先說:朋友,如果你辯論不下去,就找一位比你更有智慧的人來。魯不魯乞保持沉默,沒有回答。道士又問:你願意先辯論哪個題目?是「世界是怎樣創造出來的」,還是「人死以後靈魂的遭遇怎樣」。魯不魯乞說,這

17 〔英〕道森編、呂浦譯、周良霄注:《出使蒙古記》,頁 211,北京,中國社會科學出版社,1983。

兩個題目都不應辯論，因為一切事物都是從上帝而來，上帝乃一切事物的源泉，因此應該首先辯論上帝的問題。關於上帝，你們和我們的信仰不同，蒙哥汗希望知道誰的信仰最好。談到這裡，裁判員們決定：這個意見是對的。

魯不魯乞接著說，上帝是存在的，而且只有一個上帝，他是一個完全統一的個體。道士則反駁說，只有蠢人才說只有一個上帝，而有智慧的人則說有很多上帝。比如說你們的國家就有強大的君主，而在這裡則有蒙哥汗。上帝的情況也是如此，不同的地區有不同的上帝。魯不魯乞說，你從人辯論到上帝，但這種例證或比喻明顯不妥，照此說來，任何有權力的人在自己國家裡都可稱上帝了。道士質問說，你們說只有一個上帝，那是什麼樣的上帝呢？魯不魯乞回答說，上帝只有一個，他是全能的，他不需要任何人的說明，而大家卻需要他的說明。人類則不同。因為沒有一個人能包攬世界上的一切事情，因此世界上必須有許多君主。上帝知曉一切，他不需要顧問。一切智慧都出自上帝。他也是至善的，不需要人類的善，人類都是在他的保佑下生活的，因此不能再有別的上帝。道士則說，你說得不對。天上有一個最高的上帝，下面有十個上帝，十個上帝下面，有一個較低級的上帝。而地上則有無數個上帝。魯不魯乞問道士：既然上帝有很多個，那麼這個最高上帝是全能的呢，還是依靠另外的上帝呢？道士之所以說上帝有許多個，是為了在辯論中駁倒對方，並未考慮得很周嚴，經魯不魯乞一問，便不知所措了，只得反守為攻說，如果你們的上帝是像你說的那樣，為何他創造的世界還有一半是惡的呢？魯不魯乞說，你說得不對，惡並不是上帝創造的，世間所存在的一切事物都是善的。在座的所有道士以為這下抓住了魯不魯乞的漏洞，把他說的話記錄下來，反問說，如果你說的是對的，那麼，惡是從哪裡來的呢？魯不魯乞早已料到他會這樣問，不慌不忙地回答說，在回答你這個問題前，你首先應該問惡是什麼。現在要回到第一個問題，你是否相信任何上帝都是全能的？在你回答了這個問題後，我願意回答你提出的一切問題。道士沉默了很長一段時間，沒有作出回答，蒙哥汗派來的裁判員命令他回答，道士只得承認，所有上帝是全能的。這句話等於認輸，說自己剛才的話都是錯誤的，於是引來了哄堂大笑。

在恢復寧靜後，魯不魯乞以勝利者的姿態對道士說，你們的上帝中沒一個能在每一個危險中拯救你們，因為可能發生不幸意外事故，而對這種事故，他沒有

處置權力。再說，也沒有一人能侍奉兩個主義，你們怎有可能去侍奉天上和地下那麼多的上帝呢？在場的聽眾叫道士回答，道士神情沮喪，不肯回答。因為魯不魯乞已經說得不少，當地的基督教徒要求發言，和道士辯論。辯論進行到最後，道士說，我們承認你們的信仰是正確的，在《福音書》裡所寫的都是確實的，因此不願意同你們辯論任何問題。當辯論結束時，基督教徒和伊斯蘭教徒都興高采烈，大聲歌唱，而道士則沉默不語。道士們在這次辯論中徹底敗北了。

　　道士們在辯論中輸給西方傳教士魯不魯乞，是一個信號，表明全真道的鼎盛時期已經結束。從成吉思汗召見長春真人丘處機開始，直到憲宗繼位，全真道一直受到蒙古統治者的信任，但是全真道勢力的急遽膨脹，全真道徒洋洋得意地接受百姓的朝拜，引起了憲宗的厭惡和不滿。如全真道領袖尹志平路過山西時，「原野道路設香花，望塵迎拜者日千萬計，貢物山積」[18]。另一領袖宋德方從陝西周至到達山西永樂，「其郊迎路祭之際，自京兆達於河東等處，數千里之內皆向己爭挽，日不半捨。及別出古萬戶下宣差賈侯、參謀知事楊、郭輩乘騎而往迎之，長驅而南，至永樂，莫有敢阻滯者」[19]。一個道教領袖一次很普通的出行，其聲勢比藩王還要惹人注目，歡迎人群之多幾可與天子相埒，望而頂禮膜拜者每天達到數萬人，貢獻的物品似山樣堆積，地方官前往迎迓，這一切理所當然地引起了蒙古最高統治者的猜忌。如果不抑制一下過於囂張的全真教勢力，將會危及蒙古人的統治。全真道是成長於漢地的宗教，當蒙古人在漠北發展勢力的時候，很樂意利用全真道為自己服務，因此採取扶植的態度。但到了憲宗統治時期，漠北已在蒙古人的控制之下，他們正向南方漢地拓展領土，因此對於漢地的各種政治勢力，就表示出了空前的關切。那時佛教雖已在蒙古人中傳播，但勢力還很弱小，遠不足和全真道抗衡。憲宗權衡利弊，決定扶植佛教，打擊全真道的囂張氣焰。他明確表示：「我國家依著佛力光闡洪基，佛之主旨敢不隨奉！而先生每（這裡指道士）見俺皇帝人家依佛法，起憎嫉心，橫欲遮當佛之道子」[20]。憲宗偏袒佛教的態度，決定了釋道相爭中全真道敗北的命運。

18　弋毅：《清和尹宗師碑》。
19　李鼎：《玄都至道披雲真人宋天師祠堂碑銘》，原碑在山西永樂宮。
20　釋祥邁：《至元辨偽錄》卷三。

釋道之間的大辯論有兩次，第一次是憲宗五年（1255 年）的御前辯論，全真道掌教李志常作為代表，與佛教徒對陣。而在辯論之前，佛教徒已得到了憲宗胞弟阿里不哥大王的支持，被憲宗尊為國師、總管天下釋教的喀什米爾人那摩，也全力以赴地為佛教徒吶喊助威。在辯論過程中，佛教徒攻擊全真道「欺謾朝廷遼遠，倚著錢財壯盛，廣買臣下，取媚人情；恃方凶愎，占奪佛寺」。和尚們的這番話，確實擊中了要害。張伯淳在至元間為《至元辯偽錄》寫的序言中說：「乙卯（1255 年）間，道士丘處機、李志常等毀西京天城夫子廟為文城觀，毀滅釋迦佛像、白玉觀音、舍利寶塔，謀占梵剎四百八十二所。傳襲王浮偽語老子八十一化胡圖，惑亂臣佐。時少林裕長老率師德詣闕，陳奏先朝蒙哥皇帝。玉音宣諭，登殿辯對化胡真偽，聖躬臨朝親證。」面對僧徒的凌屬攻勢，李志常一籌莫展，不知所措。因為佛教徒的指責並非無中生有，全真道的確有毀佛寺為道觀的行為，承認或是否認這件事都可能招致更猛烈的抨擊，於是只好推說自己不了解下情，有些事情需要澄清，而澄清又需要時間。當然，李志常的話是遁辭，這種回答就等於承認了自己的失敗。《至元辯偽錄》的序言裡接著寫道：「李志常等義墮辭屈。奉旨焚偽經，罷道士為僧者十七人，還佛寺三十七所。」由憲宗傳旨，命令道家焚毀偽經，歸還佛寺，修復佛像，表明他的態度是很鮮明的。據《出使蒙古記》中記載：「蒙哥還說過，『今先生（道士）言道門最高，秀才言儒門第一，迭屑人（迭屑是波斯語，意為『虔誠信神者』，指基督教聶思脫里派修士）奉彌失訶，言得生天，答失蠻（伊斯蘭教徒）叫空謝天賜與。細思根本，皆難與佛齊』。帝時舉手而喻之曰：『譬如五指，皆從掌出。佛門如掌，餘皆如指。不觀其本，各自誇，皆是群盲摸象之說也』。」有的學者認為，「說蒙哥獨崇佛教，是佛教徒的偽造。其實蒙哥是一個薩滿教的迷信者」[21]。這種看法也許是事實，但是為了利用佛教打擊一下全真道教，盡管蒙哥信薩滿教，並不妨礙他說出這一番話來。

李志常在辯論中敗陣，意味著全真道從此走向沒落。一向驕橫慣了的全真道士們不肯接受這一結局，拒絕歸還寺院財產，蒙哥的胞弟忽必烈竟指使人把李志

---

21 《出使蒙古記》，頁 254 注 137 條，周良霄注。

常的接班人張志敬打得滿臉流血。佛教徒也不放過張志敬，丙辰年（1256 年）五月，那摩大師與一些佛教徒首領再赴和林，打算和道士們辯論，辯論會定於這年七月十六日在和林城南的昔剌行宮進行。李志常得知消息，不敢前往對陣。因為他在上一次的辯論中推說不知搶奪寺院財產的事，如再發生爭執，深恐天子怪罪，便通知張志敬、魏仲平等人遷延路程，緩緩而行，不要和那摩大師等佛教徒相遇。後來「聞諸師退，即復趨於程。天子、阿里不哥大王知此道士無理，雖復多語，竟不與言」[22]。憲宗和阿里不哥看出了道士們內心空虛，不敢對陣，故意在路上磨蹭的作法，對他們很反感。道士們到達和林後，雖然反覆向憲宗陳說，憲宗與阿里不哥認為真理不在他們一邊，不予理睬，反應冷淡。全真道的處境雪上加霜，更不好過了。不久，憲宗因政務叢脞，把僧道對辯之事交給胞弟阿里不哥處理。憲宗七年（1257 年）八月，僧人少林長老、金燈長老等人又赴汗廷告狀，阿里不哥下令讓忽必烈過問此事，一定要按法焚毀道經。忽必烈雖然也討厭道士，但作為直接處理此事的藩王，他代表著天子的意旨，不願給全國百姓以抑彼揚此的印象，便傳令釋道兩家再舉行一場辯論，以使邪正分明。當時忽必烈正在開平營建上都城（內蒙正藍旗東閃電河北岸），下令釋道兩家各集名流高手，在上都宮中大閣之下辯論。

雙峰對峙，壁壘分明，釋、道雙方都在認真準備。佛教徒派出了三百人的強大陣容，除那摩國師外，還有西蕃國師、河西國僧、外五路僧、大理國僧等。全真道也全力以赴，想洗刷掉上次辯論失敗的恥辱。他們派出了二百餘人應戰，以新任掌教真人張志敬為首，另有能言善辯、很有學問的王志坦、樊志應等參加。如果蒙古最高統治者的態度公正，哪方能夠取勝，還很難預料，因為全真道有行為失檢之處，佛教徒也並非無懈可擊。但是，蒙古最高統治者的決心已定，即放棄對各教不分軒輊，一致支持的政策，在各種教派中獨尊佛教。當然，被蒙在鼓裡的全真道士們並不知情。雙方辯論的中心是《老子化胡經》。蒙古統治者不討論佛教典籍，專門去討論這樣一本書，是他們精心設計的一個圈套。因為《老子化胡經》是晉代道士王浮所撰。晉惠帝時道教徒與佛教徒相持不下，互爭邪正，

---

22 《至元辯偽錄》卷三。

王浮便寫了這本書，意圖揚道抑佛，編造老子死後生於天竺為佛，教化釋迦的故事。因本書荒誕不經，唐代萬歲通天元年（696 年），僧人惠澄上奏武則天女皇，要求焚毀其版，禁止謬種流傳，被武則天批准。不過當時並未焚燒乾淨，一直流傳到元代。對於這樣一本早就鑑定了的偽書，本來用不著再討論了，蒙古統治者卻組織辯論，傾向性是很明顯的。這等於授佛教徒以柄。佛教徒們抓住這部偽書縱橫捭闔，四面出擊，指斥道家的偽妄，自然居高臨下，把道士們駁得體無完膚。忽必烈火上澆油，要道士們顯示「入火不燒」、「白日上升」等法術，當然道士們做不到這一點，張志敬等目瞪口呆，不知所云，這場辯論又以道士們的失敗而結束。奉旨做裁判的儒士姚樞等人當場宣布道家在辯論中失敗，道士們充當主要辯論人中，有十七名被勒令按僧俗剃髮，道家侵占佛寺約兩百餘處，一律在規定日期內歸還，《老子化胡經》一書被焚毀，從此該書絕版。這是全真道有史以來的最大失敗。

全真道的全面敗北，並不意味著它對蒙古統治者已沒有利用價值，蒙古統治者這樣做，是因為政治形勢起了變化。「蒙古大汗在漢地的軍政統治已趨於穩定，全真道在新舊王朝交替之際所起的那種特殊作用也已漸漸過去，客觀形勢只需要它以一個普通宗教派別服務於皇朝，而不允許它再凌駕於其他教派之上」[23]。

---

23 《金元之際的全真道》，《元史論叢》第 3 輯，頁 217。

第四章

規模空前的
文化交流

遼與宋、
中亞的文化交流

一、遼與宋朝的文化交流

遼宋曾經交惡，自「澶淵之盟」後兩國關係步入了一個新階段。雙方聘使往來絡繹不絕，使臣名目繁多，有賀正旦（農曆正月初一）、生辰使，還有告登位、贈饋等使。據統計，從景德元年（1004 年）至北宋末的宣和三年（1121 年）的一百一十七年間，僅賀生辰使一項，宋遣使赴遼一百四十次，遼遣使赴宋一三五次；為賀正旦而派遣的使臣，宋赴遼一三九次，遼赴宋一百四十次；為祭弔而派遣的使臣，宋赴遼四十六次，遼赴宋四十三次；因有事商討而派使的，宋赴遼十九次，遼赴宋二十次。如此頻繁的使節往來，必然密切了宋遼之間的文化交流。

由於遼朝天子和大臣中不少人漢文修養很深，君臣之間常詩文酬答，一旦有名家辭章傳入遼境，他們便愛不釋手，競相刊刻流布。如「張芸叟奉使大遼，宿幽州館中，有題子瞻（蘇東坡）《老人行》於壁者。聞范陽書肆亦刻子瞻詩數十篇，謂《大蘇小集》。子瞻才名重當代，外至夷虜，亦愛服如此」。[1] 甚至出現了

1　王辟之：《澠水燕談錄 · 歌詠》，頁 89，北京，中華書局，1981。

壁畫《鞍馬僕從圖》（遼）

「逢見胡人問大蘇」的盛況。蘇轍寫過一篇《服茯苓賦》，他出使契丹時，負責接待他的遼朝官員對他說：「令兄（指蘇轍之兄蘇軾）內翰（唐宋稱翰林為內翰）《眉山集》已到此多時，內翰何不印行文集，亦使流傳至此？及至中京（內蒙寧城），度支使鄭顒押燕為臣轍言：先臣洵所為文字中事蹟，頗能盡其委曲。及至帳前，館伴王師儒謂臣轍，聞常服茯苓，欲乞其方。」[2]可見遼人對三蘇均知之甚稔。在遼、宋之間的邊境貿易中，中原漢族的經典書籍也是宋朝向遼方輸出的商品之一。宋真宗景德年間，朝廷下令說：「民以書籍赴沿邊榷場博易者，自非九經書疏悉禁之，違者案罪，其書沒官。」[3]神宗熙寧年間，又重申這一禁令。這裡明確說明，除九經以外的書籍，不准流傳出宋朝境外。事實上，一紙禁止根本堵塞不了其他書籍流傳到遼國去，通過民間貿易的途徑，其他書籍流入遼國者當不在少數。到了元豐年間，「復申賣書北界告捕之法」[4]，但是收效甚微。遼朝上下均喜歡漢文，甚至契丹小兒啟蒙，也多以漢人詩詞為教材：「契丹小兒初讀書，先以俗語顛倒其文句而習之，至有一字用兩三字者，如『鳥宿池邊樹，僧敲

2　蘇轍：《欒城集》卷四十二《北使還論北邊事劄子五道》。
3　《宋會要輯稿·食貨三八》。
4　《宋史·食貨志下》。

月下門」兩句，其讀時則曰：月明裡和尚門子打，水底裡樹下老鴉坐。大率如此。」[5]

「澶淵之盟」後，遼、宋交往增多，遼方「為了在出使、報聘、接伴、送伴等一系列活動中，避免鄙陋無文，他們需要一批知識分子，其他方面需要文化人才的機會也加多了，這些人才主要來自科舉的選拔，因而擴大了科舉的範圍」[6]。要參加科舉必須讀書，按照遼朝政府的規定，莘莘士子讀的多是漢文經典，如《五經傳疏》之類。由於佛教在遼朝盛行，從聖宗迄於天祚，都在涿州雲居寺（北京市房山石經山）鐫刻石經，他們木版雕印的「遼藏」，數量之多，內容之豐富，都超過了「宋藏」。

在音樂、戲劇、醫藥衛生、繪畫等方面，遼宋雙方都有互相吸收和繼承之處。遼代音樂分大樂、雅樂、散樂、國樂、鐃歌、橫吹樂等，其中大樂、雅樂、散樂是吸收的漢族音樂，是遼太宗耶律德光從後晉學來的。遼代冊封皇后時，「呈百戲、角、戲馬以為樂」，戲馬是契丹人固有的風俗，百戲、角則來自漢族。《漢書·武帝紀》就有「元封三年（前 108 年）春，作角戲」的記載，這種角戲與摔跤相似。遼太宗曾多次觀看俳優演戲，內容多是敷衍漢族故事。如宋仁宗時孔道輔出使遼朝，遼朝邀請孔道輔看戲，內容是演孔子的，演完之後令道輔相謝，道輔說：「中國與北朝通好，以禮文相接，今俳優之徒侮慢先聖而不之禁，北朝之過也，道輔何謝？」[7]漢族演戲，從未出現過孔子形象，倒是契丹人開了風氣之先，把孔子的形象搬上了舞臺。

遼代頗重視醫藥，中央設有太醫局，南面官則設湯藥局。景宗「雅好音樂，喜醫術，伶倫針灸之輩授以節鉞使相者三十餘人」[8]。興宗時曾命耶律庶成譯《方脈書》，「初契丹人鮮知切脈審藥……自是人皆通習，雖諸部族亦知醫事」[9]。耶

5　洪邁：《夷堅志》卷十八。
6　陳述：《遼代史話》，頁 49，鄭州，河南人民出版社，1981。
7　葉隆禮：《契丹國志·聖宗本紀》。
8　《契丹國志·景宗本紀》。
9　《遼史·耶律庶成傳》。

律阿保機族弟迭里特曾用針灸為他治病，吐谷渾人直魯古「專事針灸，太宗時以太醫給侍，嘗撰《脈訣》、《針灸書》行於世」[10]。耶律敵魯「精於醫，察形色即知病源」[11]。這實際上就是中醫的望、聞、問、切。遼道宗時趙挺之奉使遼國，因天寒凍壞了耳朵，道宗命人調治完畢，陪他的契丹人說，大使若用藥遲，耳朵便會拆裂缺落，甚至全耳皆墮而無血。這種治療凍傷的藥方，也和遼太宗破後晉時從開封掠去的醫書、醫官有關。一九五四年在一座遼墓中曾發現兩把牙刷，表明契丹人很早就已注意口腔衛生了。

遼代繪畫成就頗高，聖宗耶律隆緒便好繪畫，宋仁宗時，遼興宗曾「以五幅縑畫千角鹿圖為獻，旁題年月日御畫」[12]，由此推測，興宗也是丹青妙手。契丹貴族蕭融「尤善丹青，慕唐裴寬、邊鸞之跡，凡奉使入宋者必命購求，有名跡不惜重價。裝潢既就，而後攜歸本國，臨摹咸有法則」[13]。可見他對漢人繪畫的傾慕，已到了顛之倒之的地步。內蒙巴林左旗白塔子遼東陵內發現的壁畫，亦多繪山水人物，日本鳥居龍藏斷定：「以上人山水等繪，為五代及北宋時代之作品，所謂北宋畫者是也。」[14]新中國成立後發掘遼陽縣金廠以及錦西大臥鋪遼代畫像石墓，發現畫像中有許多二十四孝故事，如「聞雷泣墓」、「孟宗哭竹」、「董永賣身葬父」、「郭巨為母埋兒」、「王祥臥冰求魚」等。二十四孝故事在中原漢地已家喻戶曉，但在遼朝所轄地區，也傳播得如此廣泛，說明契丹人對漢族文化的喜愛。

遼朝在城市建築上也模仿中原漢地的風格。耶律阿保機委託漢人康默記主持設計的上京城，「城郭、邑屋、市廛，如幽州制度」[15]。建築中京時，能工巧匠大多來自燕京，歷時兩年建成，邠郭、宮掖、樓閣、府庫、市肆等，也都模仿漢地。從一九五八年發掘的內蒙古昭烏達盟寧城縣中京遺址來看，其街道、官署、

---

10 《遼史‧方技列傳》。
11 同上。
12 《遼史拾遺》卷九。
13 《遼史拾遺》卷二十一。
14 《遼陵石刻集錄》卷六。
15 《新五代史‧四夷附錄》。

廟宇、廊舍、廛市以及武功、文化兩殿址，建築體制比上京模仿中原都城的地方還多。

在生活習俗上，遼、宋雙方都互有學習借鑑之處。比如遼朝在服飾上，「國母與番官皆番服，國主與漢官則漢服」[16]。到了乾亨（遼聖宗年號）以後，「大禮雖北面三品以上亦用漢服，重熙（興宗年號）以後，大禮並漢服矣」[17]。重陽節登高飲菊花酒本為漢人習俗，有唐人王維「獨在異鄉為異客，每逢佳節倍思親，遙知兄弟登高處，遍插茱萸少一人」詩句可證。契丹人後來也有了這一習俗，遼聖宗曾多次重九登高，「賜群臣菊花酒」，以後相沿不替。人日（正月初七）、端午節亦仿漢俗。太宗滅晉後，秦、漢以來帝王文物盡入於遼，在璽印、鹵簿、儀仗方面皆仿漢族帝王，穆宗應曆年間，又詔「朝會依嗣聖皇帝故事，用漢禮」[18]。當然，契丹文化對漢族文化也產生過影響。比如在飲食方面，漠北遊牧民族的主要食品是乳酪，中原地區沒有這種食品。契丹人牧馬南下後，乳酪也隨著傳入了中原漢地。由於這種食品風味獨特，製作方便，深受漢族百姓的歡迎，東京（河南開封）有「乳酪張家」，南宋時臨安有賀家酪面，甚至這種食品也傳入了宮廷。除了乳酪外，其他如鹿脯、冬月盤兔、炒兔、蔥潑兔、野鴨肉等，皆是契丹族風味小吃。酒果、蜜果、凍果等契丹人的特殊食品，也傳入了中原漢地，至今仍在中原流行。契丹人的服飾美觀大方，傳入中原後，仿效者甚多，宋仁宗曾下詔「禁士庶效契丹服及乘騎鞍轡、婦人衣銅綠兔褐之類」[19]，但一紙禁令阻擋不了契丹服裝在中原漢地的流行。幽燕地區的漢人因經常與契丹人接觸，雙方經常通婚，不少漢人為兒孫起契丹名字。如漢民韓瑜之子起名為阿骨兒、駭里鉢、寶神奴、高神奴；韓德凝之孫取名為高十、高家奴等，均是契丹名字。幽燕之人原多土葬，因受契丹葬俗的影響，死後火葬者亦復不少。即使在漢人的土葬墓中，也有契丹族器物馬鐙和雞冠壺出土。雙方的語言文字也有交流，如漢語中的「刬」字，原本是契丹大字，後來被漢字借用了。

---

16 《契丹國志·衣服制度》。
17 《遼史·儀衛志》。
18 同上。
19 《宋史·輿服志五》。

二、遼與女真、高麗及西北地方的文化交流

契丹人在建國前，就和女真人的先民靺鞨有過接觸，遼朝建國後，女真人成為遼朝的屬民，在文化上深受契丹人的影響，即使在金朝建立之後，也未擺脫契丹文化的薰陶。這種承襲表現在諸多方面。如官制「大率皆循遼、宋之舊」[20]，在選舉上「皆因遼、宋制」[21]，在刑法上「亦稍用遼、宋法」[22]。其他如榷沽、錢幣、文字、服飾、音樂等方面，均有因襲遼朝的痕跡。

遼滅渤海後，與高麗成了毗鄰之國。兩國時而朗月霽風，使輶往還，時而兵戎相見，大動干戈。聖宗當國期間，有不少契丹人投奔高麗。據鄭麟趾的《高麗史》一書記載，高麗睿宗時南京（漢城）附近的契丹人即達數萬之多，每逢節日時，便聚集一起，表演契丹戲，高麗人也前往觀看。因高麗係遼朝屬國，遼朝冊封時，往往賜以玉冊、封印、冠冕、車輅、鞍馬等，高麗的皇帝肯定從這些封賜中受到了浸潤和薰陶。對高麗影響最大的，莫過於遼朝賜予的大藏經了。遼道宗清寧九年（1063 年），遼朝贈送大藏經給高麗，高麗的皇帝文宗為表示虔誠，專門備法駕至西郊迎接。高麗藏經以宋版和契丹版為原本雕成，然後送給遼朝一部。遼道宗太康九年（1083 年），「詔僧善知讎校高麗所進佛經，頒行之」[23]。以後遼朝又幾次向高麗贈送大藏經。後來高麗顯宗時雕版的初刻大藏經被蒙古軍燒毀，高麗不惜工本，斥重金花了十幾年時間鐫刻，其中一部分係契丹人所著。目前庋藏在韓國海印寺的高麗大藏經，就是對照契丹大藏經校勘的。遼聖宗時「高麗遣童子十人來學本國語（契丹語）」[24]。遼朝和高麗還懋遷有無，以滿足自己的需要。遼朝輸入高麗的物品有綾羅、家畜等，高麗輸入遼朝的有貢平布、大紙、黑筆、龍鬚草蓆等。這些物品對雙方都產生了一定影響，正如高麗仁宗的詔書所說：「華夏之法，切禁丹狄之俗，今則上自朝廷，下至民庶，競華靡之風，

---

20 《金史·百官志一》。
21 《金史·選舉志一》。
22 《金史·刑志》。
23 《遼史·道宗本紀四》。
24 《遼史·聖宗本紀四》。

襲丹狄之俗，往而不返，深可歎也。」[25]這裡所說的丹狄當指契丹而言。高麗國王對本國沾染遼國的風俗感到憂慮和無奈，其實這種文化交流對兩國來說，都是一件好事。

渤海國經濟、文化水準比遼朝要高，遼太祖耶律阿保機滅渤海後，保持了渤海原有的封建秩序，又把大量渤海遺民遷入契丹地區，這種措施為雙方的經濟、文化交流提供了方便。據《契丹國志·王沂公行程錄》記載，宋仁宗時王曾使遼，「又過芹菜嶺，七十里至柳河館，河在館旁。西北有鐵冶，多渤海人所居，就河漉沙石，煉得成鐵」。可知冶鐵是渤海人的特長。又云「富谷館，居民多造車者，雲渤海人」。遼朝對內對外戰爭頻繁，冶鐵和造車無疑都是遼朝統治者所需之物。

契丹與回鶻關係密切，遼太祖耶律阿保機皇后述律氏的祖先就是回鶻人。遼聖宗統和十九年（1001 年）「回鶻進梵僧名醫」[26]，從此回鶻人的醫藥傳入契丹。契丹人吃的西瓜，也是從回鶻引進的。後周年間從契丹歸來的胡嶠曾說：「自上京東去四十里……明日東行，地勢漸高，西望平地松林（內蒙克什克騰旗一帶），鬱然數十里，遂入平川，多草木，始食西瓜，雲契丹破回紇得此種，以牛糞復棚而種，大如中國（指中原漢地）冬瓜而味甘。」[27]西瓜由回紇（即回鶻）傳入契丹，再由契丹傳入內地，如今已是全國遍地皆種植西瓜了。西北地方的甜瓜如哈密瓜之類，也是由回紇先傳入內蒙和東北地區，然後傳入內地的。契丹境內還有一種回鶻豆，顧名思義，當是從回紇傳入的，這種豆「高二尺許，直幹，有葉無旁枝，角長二寸，每角止兩豆，一根才六七角，色黃，味如粟」[28]。西北地方的高昌（新疆吐魯番縣東南高昌廢城）、龜茲（新疆庫車縣東郊皮朗舊城）、于闐（新疆和田縣境）、甘州（甘肅張掖）等地，都與遼朝有貿易往來，高昌國主甚至親自與遼國討價還價。這些地區還每三年一次遣使入貢於遼，貢品有玉、

25 李炳燾：《韓國史》中世篇，轉引自馮繼欽等：《契丹族文化史》，頁 535，哈爾濱，黑龍江人民出版社，1994。
26 《遼史·聖宗本紀五》。
27 《契丹國志·胡嶠陷北記》。
28 《契丹國志·歲時雜記》。

珠、犀、乳香、琥珀、瑪瑙等，遼國也給予他們賞賜。雙方在經濟、文化上的交流是很頻繁的。

三、遼與中亞的文化交流

遼朝與中亞的文化交流主要是指的西遼（又稱喀喇契丹）與中亞的文化交流。西遼是契丹人耶律大石創立的。遼朝末年，天祚帝在金人的打擊下逃入夾山（內蒙土默特左旗西北，係大青山南支），翰林承旨耶律大石前來投奔。二人因抗金意見不合，耶律大石率軍北走可敦城（蒙古人民共和國布林根省哈達桑東），自立為王。經過十多年的慘澹經營，建立起了東起土拉河上游，西至鹹海，北越巴爾喀什湖，南抵阿姆河的遼闊帝國，這就是西遼，首都為虎思斡耳朵（中亞托克馬克以東楚河南岸）。西遼是遼朝的繼續。

耶律大石西行時，跟隨他的主要是契丹人，但漢人也有一定數量。如劉郁在其《西使記》一書中說：「過龍骨河，復西北行，與別失八里南已相直，近五百里，多漢民。」別失八里即今天的新疆吉木薩爾縣北破城子。「有關曰鐵木兒懺察，守關者皆漢民。」「阿里麻里城（新疆霍城縣治水定鎮西北）……回紇與漢民雜居。」[29]這些漢人都是耶律大石率領的漢軍後裔。耶律大石本人漢文修養很深，國內又有眾多的漢人，無怪乎西遼與中亞的文化交流中，漢文化占有重要地位了。

首先，西遼把漢語作為官方的語言文字。「西遼五主，凡八十八年，皆有漢文年號，可知其在西域曾行使漢文。」[30]契丹文也沒有廢棄，很多人在通曉漢語的同時，也熟悉契丹文。西遼末年的宰相李世昌就知曉契丹文，為元朝安邦定國立過功勳的耶律楚材就跟李世昌學過契丹文，然後把遼朝寺公大師用契丹文寫的《醉義歌》翻譯成漢文，可知西遼政府在有些場合下也使用契丹字。西遼王朝在

---

29 王國維：《古行記四種校錄》，頁 8。
30 陳垣：《西域人華化考》，《勵耘書屋叢刻》第 1 卷，頁 2，北京，北京師範大學出版社，1982。

向河中地區（阿姆河與錫爾河間地）發布詔諭時，則是用波斯文書寫的。

在生產技術上，中亞承襲漢文化的痕跡非常明顯。李志常隨其師丘處機赴西域謁見成吉思汗，就其見聞撰成《長春真人西遊記》一書，其中云，伊黎河谷地區，「土人唯以瓶取水，載而歸。及見中原汲器，喜曰：桃花石諸事皆巧。桃花石，謂漢人也」。中亞地區之人原來只以瓶汲水，後來中原漢地的汲水器具如桔槔、水車之類傳入了西域，使他們驚歎不已，佩服「桃花石」諸事皆巧。桃花石的根本含義是「我國操突厥語的各兄弟民族突厥、回鶻、葛邏祿等部用作對中國的稱呼，同時也指中國人、漢人、唐朝、宋朝」[31]。耶律楚材的《西遊錄》記載，位於阿姆河以南的斑城（巴里黑）、搏城（團八剌）頗為繁華壯麗，「城中多漆器，皆長安題識」。由是可知，中原的漆器已傳入了中亞。

一九八〇年三月，在新疆維吾爾自治區阿圖什縣發現了大批喀喇汗朝的錢幣，約一萬八千枚，重約一百三十公斤，發掘者在其中的十八枚錢幣背面銘文中發現鐫刻有「蘇來曼卡得爾桃花石汗」字樣，極有可能是一〇三二年登上大可汗位的蘇來曼·本·玉素甫時期鑄造的。俄國東方學家巴爾托爾德認為，「東土耳其斯坦一直在中國文明影響之下，甚至晚到十一世紀前半葉，喀喇汗朝的統治者們，包括瑪瓦朗那爾地區（河中地區）經常擁有『桃花石汗』的稱號。這個稱號在鄂爾渾碑刻中是對中國大皇帝稱呼的。自一〇六七（回曆 459 年）年以來，『馬立克·阿爾——馬什立克·瓦·阿爾——秦（意為東方和中國之王）』的名稱不斷出現在喀喇汗的錢幣上，這只能有一種解釋，就是中國文明和中國王朝影響已經到達這裡。」[32]

在建築與造型藝術方面，中亞也受到了漢文化的影響，蘇聯吉爾吉斯共和國科學院歷史研究所編寫的《吉爾吉斯地區史》說：

除巴拉沙袞外，在斯萊堅卡鎮附近，在列別季諾夫卡鎮地區，在亞歷山大古

---

31 蔣其祥：《試論「桃花石」一詞在喀喇汗朝時期使用的特點和意義》，《新疆大學學報》，1986 年第 3 期。
32 《巴爾托爾德文集·喀喇汗朝》，轉引自蔣其祥：《試論「桃花石」一詞在喀喇汗朝時期使用的特點和意義》，《新疆大學學報》，1986 年第 3 期。

城也發現了哈喇契丹居民點的遺址。它們在建築裝飾方面，總的說來廣泛表現出漢藝術和漢文化的影響。它在這裡已同中亞文化融合。無論漢族匠人，還是當地建築工匠，都首先利用了漢人的建築技術和材料——瓦、泥塑、炕式的取暖系統。

例如，在亞歷山大古城發現了有代表性的遠東建築材料：方磚、灰色的半圓瓦（用織物模子做成）。在這裡還發現了瓦當，在瓦當上有圖案。看來中央坐著的是佛，四周是菩薩。

哈喇契丹修建的廟宇，用漢人風格的繪畫作為裝飾，有富麗堂皇的塑像。例如，在巴拉沙袞發現了石佛像的斷塊，其身軀比人略高。還發現一尊站在金臺座上的佛像，其身後的石板上是光輪和菩薩。除去一些石像斷塊外，還有許多保存完好的泥塑像的斷塊，帶有衣服皺褶的軀幹、在藝術處理上很有特色的頭髮。無論是神的外貌，還是其周圍的陪襯物——保衛佛的神獸、蟾、蓮花的形狀，都表明這些塑像不僅源於漢藝術的原型，而且也源於古代印度古典藝術的優秀模型。[33]

作者因此得出結論說：「吉爾吉斯斯坦出現的高度發展的漢文化的新浪潮，歸功於哈喇契丹。」[34]

凡是到過西遼的人，莫不稱讚該國受漢文化影響之深，如元代人周致中撰寫的《異域志》中說：「撒母爾幹（又譯邪米思幹、尋思幹，西遼以其地為河中府，即今烏茲別克斯坦的撒馬兒罕）在西番回鶻之西，其國極富麗，城郭房屋皆與中國同。其風景佳美，有似江南；繁富似中國，商人至其國者多不思歸。皆以金、銀為錢。」[35]置身西遼，彷彿如在中國江南，可見西遼的建築乃至風俗，與漢人居住區差別不大，倘若置身於歐洲、非洲，恐怕周致中是沒有這一感受的。《長春真人西遊記》則說，他赴西域途中經過西即鱉思馬（即別失八里）城，被西遼當地官員迎駐於城西葡萄園之上閣，「供以異花、雜果、名香，且列侏儒、伎

---

33 《吉爾吉斯地區史》第 1 卷，伏龍芝 1956 年版，轉引自魏良弢：《西遼時期漢文化對中亞的影響》，《歷史研究》，1985 年第 4 期。
34 同上。
35 周致中：《異域志》卷下。

樂，皆中州人……侍坐者有僧、道、儒人。因問風俗，乃曰：此大唐時北庭端府，景龍二年（708年）楊公何為大都督，有德政，諸夷心服，惠及後人，於今賴之。」[36]劉郁的《西使記》說阿里麻里城回紇與漢民雜居，「其俗漸染，頗似中國」，都說明了漢文化在中亞傳播之廣泛。

第二節·

金與宋、西夏、
高麗的文化交流

一、金與宋朝的文化交流

金國與遼朝作戰時，開始是反抗壓迫的正義戰爭，由於金朝當時還處於奴隸制社會，戰爭一開始就帶有很大的掠奪性。轉入對宋戰爭後，又變本加厲地燒殺掠奪，如宋金聯合攻下燕京後，按照事先達成的協議，應將此城交給宋朝。金朝撤兵時，「燕之職官、富民、金帛、子女，皆為金人盡掠而去，唯存空城而已」[37]。金人盤桓燕京將近半年，久客欲歸，士兵到處剽掠財貨，戶戶遭受洗劫，家家室如懸磬，居民多逃匿山谷，弄得城市丘墟，狐狸穴處。北宋滅亡後，金兵「凡所經過，盡皆焚爇」[38]，「虜騎所至，惟務殺戮生靈，劫掠財物，驅擄

---

36 《長真春人西遊記》卷上。
37 《宋史紀事本末·復燕雲》。
38 莊季裕：《雞肋編·孔子宅》，北京，中華書局，1983。

婦人，焚毀屋舍產業。」[39]史籍中類似的記載，不勝枚舉。女真貴族的燒殺掠奪政策激起了漢族、契丹族人的強烈反抗，揭竿起義者不絕如縷。在這種情況下，女真族統治者不得不改弦更張，調整政策，對被俘與歸降者多加撫慰，允許其自贖為良民；不再把降兵降將及新占領區百姓編入奴隸制的基層組織猛安謀克；不准將士擄掠；重視恢復農業生產。通過這些措施，在中原站穩了腳跟。社會秩序的穩定，為金、宋文化上的交流提供了條件。

宋、金的文化交流主要是女真人對漢文化的吸收，但在宋、金對峙時期，金朝一直占上風，因此女真文化在漢人中也有相當影響，「女真人吸收漢文化，主要通過三條途徑：一是從降金和陷金的漢族士人與官吏獲得；再是向被扣留於金的宋朝使臣學習；三是提倡學習儒家經典和漢人詩文集。」[40]女真貴族在進入漢地之初，排斥漢族文化，製造民族隔閡，甚

鐵犁鏡（金）

至強迫漢人發，「禁民漢服及削髮，不如式者死」[41]。為了防止女真人漢化，又規定「女真人不得改稱漢姓，學南人衣裝，犯者抵罪」[42]。對於遷入華北地區的猛安謀克也防範甚嚴，不准他們和漢人接觸，猛安謀克戶都是單獨築壘於村落間，「所居止處皆不在州縣，築寨處村落間，千戶百戶雖設官府，亦在其內」[43]。但是民族間的文化交流是歷史發展的趨勢，一紙禁令是阻擋不了的。那些猛安謀克戶雖然獨設村寨，但與漢人比鄰而居，自然就有接觸的機會，因此學習漢語是當務之急。金世宗曾對他的子弟說：「汝輩自幼惟習漢人風俗，不知女直純實之風，至於文字語言，或不通曉，是忘本也。」[44]身為女真貴族子弟而不通曉女真族語言文字，這說明在日常生活中漢語的重要，已超過了女真語，同時也說明在

39　徐夢莘：《三朝北盟會編》炎興下帙六，上海，上海古籍出版社，1987。

40　王鐘翰主編：《中國民族史》，頁486，北京，中國社會科學出版社，1994。

41　《大金國志‧太宗三》。

42　《金史‧世宗本紀下》。

43　《大金國志‧屯田》。

44　《金史‧世宗本紀中》。

公共場合，漢語已取代女真語了。世宗時完顏璟（後來的章宗）晉封為原王，「入以國語（女真語）謝，世宗喜，且為之感動，謂宰臣曰：『朕嘗命諸王習本朝語，惟原王語甚習。』」[45]諸王之所以不肯學女真語，是因為在交往中須用漢語，因此懂女真語的越來越少了。

北宋滅亡，女真人占有中原後，學習漢文化採取了更加積極的態度，「虜既蹂躪中原，國之制度，強效華風，往往不遺餘力，而終不近似」[46]。為了和漢人交往方便，女真人改漢姓者甚多，雖然統治者三令五申，「女真人不得改漢姓」，但改漢姓者還是越來越多。據陶宗儀的《南村輟耕錄》統計，改漢姓的有：「完顏漢姓曰王，烏古論曰商，乞石烈曰高，徒單曰杜，女奚烈曰郎，兀顏曰朱，蒲察曰李，顏盞曰張，溫蒂罕曰溫，石抹曰蕭，奧屯曰曹，孛術魯曰魯，移剌曰劉，斡勒曰石，納剌曰康，夾谷曰仝，裴滿曰麻，尼忙古曰魚，斡准曰趙，阿典曰雷，阿里侃曰何，溫敦曰空，吾魯曰惠，抹顏曰孟，都烈曰強，散答曰駱，呵不哈曰田，烏林答曰蔡，僕散曰林，術虎曰董，古里甲曰汪。」[47]

至於女真人的風俗習慣，漢化的程度就更為明顯了。「金人自興兵之後，雖漸染華風，然其國中之俗如故。已而往來中國（指漢族地區），汴、洛之士，多至其都，於是四時節序，皆與中國侔矣。」[48]上京會寧府（黑龍江阿城縣南白城）離中原漢地懸遠，但那裡的「燕飲音樂，皆習漢風」[49]。女真族婦女的服飾也逐漸向漢族看齊，「自滅遼侵宋，漸有文飾，婦人或裹『逍遙』，或裹頭巾，隨其所好」[50]。女真統治者曾下令禁止學南人裝束，這必定是在漢人服裝氾濫於女真人之中時才作出這一決定的。金國建立伊始，天子儀衛大體上相當於中原地區的守令，在宮廷內如遇到雨雪，尊貴如後妃者也脫掉鞋襪，在泥濘中行走。遷都燕京後，仿效中原帝王，天子也有了車輅、袞冕，每出行時，前呼後擁，儀衛填塞

45 《金史·章宗本紀一》。
46 《三朝北盟會編》炎興下帙一四五引《攬轡錄》。
47 《南村輟耕錄·氏族》。
48 李心傳：《建炎以來繫年要錄》卷十九，建炎三年正月甲午。
49 《金史·世宗本紀中》。
50 《大金國志·男女冠服》。

街衢，「皆執旌旗，上繪一日，至一大繡日旗，曰御坐馬，傘或黃或紅，時或排駕而出，大率制服與中國等」[51]。南方的弈棋、雙陸、上元燈節等習俗也為女真人所仿效。

在宋、金交往中，金國扣留了宋朝許多使臣，或授以官職，或延請為師，他們在宋、金文化交流中起了積極的影響。如宇文虛中在宋欽宗時奉命使金，為金人扣留不遣，因愛其才藝，命他與韓昉等人俱掌詞命。累官至翰林學士、知制誥兼太常卿，封河內郡開國公，撰寫金太祖《睿德神功碑》，「金人號為國師」[52]。張邵在高宗建炎年間使金，被徙往荒遠之地，「其在會寧，金人多從之學」[53]。洪皓使金，被扣十年，陳王悟室（即完顏希尹）敬其為人，「使教其八子」。在金期間，「所著詩文，爭鈔誦求鋟梓。既歸，後使者至，必問皓為何官，居何地」[54]，可見對他仰慕之深。洪皓在金國時，因生活無著，以教授生徒自給，「無紙則取樺葉寫《論語》、《大學》、《中庸》、《孟子》傳之，時謂樺葉《四書》」[55]。至於金代帝王喜歡儒家經典，前幾章已經述及，這裡不再多說。

女真文化對漢人也有影響。《西湖老人繁勝錄》記載，南宋都城臨安宮廷的舞蹈中有「韃靼舞老番人、耍和尚」[56]。從金朝返回南宋的「歸正」人中，因在金國生活很久，歸來後仍「往往承前不改胡服，及諸軍又有效習蕃裝，兼音樂雜以女真」[57]。開封城作過金國的都城，女真族的衣冠在那裡頗為流行，范成大的《相國寺》一詩中就有「聞說今朝恰開寺，羊裘狼帽趁時新」的句子。

---

51 《三朝北盟會編》炎興下帙一四四引《金虜圖經》。
52 《宋史・宇文虛中傳》。
53 《宋史・張邵傳》。
54 《宋史・洪皓傳》。
55 《宋人軼事匯編・洪皓》。
56 《西湖老人繁勝錄》。
57 《宋會要輯稿・兵十五》。

二、金與西夏、高麗的文化交流

金與西夏發生聯繫，是在遼朝末年天祚帝時期，金朝為拉攏西夏攻遼，許割地作為酬償，西夏才以事遼之禮稱藩。北宋滅亡，南宋建立後，金國又採取聯夏制宋的政策，兩國交往頻繁，雙方聘使往來三百餘次。兩國經濟上的聯繫，主要是榷場貿易，西夏因金國阻隔，無法與南宋貿易，只能與金懋遷有無。金國在蘭州、保安（陝西志丹）、綏德（今屬陝西）等地開設榷場。當時金宋戰事正殷，金國想通過榷場購買西夏的馬匹，而西夏投放榷場的多是珠玉之類，金國認為「夏國以珠玉易我絲帛，是以無用易我有用也」[58]。於是關閉了幾處榷場。後來兩國的榷場時開時閉，儘管如此，仍給雙方帶來了好處。

金、夏之間也有文化交流。如西夏黑水城（內蒙古額濟納旗東南哈拉和圖）曾發現過金朝在平陽（山西臨汾）所刻的《劉知遠諸宮調》劇本，表明金國的文藝書籍已傳入西夏。夏國官員李師白兩次使金，寫有《奉使日記》一書，專記金朝民風民俗。夏國其他使臣赴金時，也注意購買儒、釋方面的書籍。

金與高麗陸地接壤，金國建立前雙方便有聯繫。有金一代，「金遣使赴高麗共一百一十八次……高麗遣使赴金共一百七十四次」[59]。通過使節往還，金與高麗建立了比較密切的聯繫。雙方也有貿易往來。這種貿易均是以朝貢、回賜的名義進行的，金方輸往高麗的物品主要有國王、王室穿戴的九旒冠、九章服等服飾，還有供觀賞用的金銀手工藝品以及弓箭、馬匹等。高麗輸往金方的有金銀器皿、絲織品、藥材、銅器以及米、紙、墨等。蘇聯的考古工作者曾在遠東的安那尼耶夫古城址發掘出一枚銅鏡。銅鏡的背面圖案有交叉錯落的四個亭子，亭子裡有一人端坐彈奏絃樂器。具有這樣特點的銅鏡，在朝鮮平壤中央歷史博物館的陳列展品中也可見到。這兩種銅鏡雖不完全相同，但有相似之處，可能出於同一工匠之手。另外，在塞金古城址和安那尼耶夫古城址還發現過四枚銅鏡，有的銅鏡帶有把手。有一枚銅鏡背面的花紋是：一個身穿長襟衣服的人，拿著一柄無齒的

---

58 《金史·西夏傳》。
59 楊昭全、韓俊光：《中朝關係簡史》，頁 182，瀋陽，遼寧民族出版社，1992。

平地耙，站在枝繁葉茂的大樹下面。在他前面，有一人彎著腰恭恭敬敬地站著，手中拿著一把團扇，這是長生的象徵。這樣的銅鏡在朝鮮半島也發現過。學者們認為，「這種形制或類似的銅鏡起源於女真人。這個事實證明，女真文化也同樣對高麗文化產生過重要影響。」[60]

第三節 ·
西夏與遼、
宋的文化交流

一、西夏與遼的文化交流

夏遼建立聯繫，是在李繼遷時開始的。遼夏兩國因經濟、文化均落後於宋朝，凡有需求，都與宋朝交涉，有求於對方者甚少，因此文化交流不多。雙方的經濟交流主要是商旅貿易。遼上京的臨潢驛、中京城的來賓館，均是西夏商人下榻之地。遼朝設有榷場，作為雙方貿易的場所，除了規定銅、鐵、馬不准流入西夏外，其他物品不作限制。西夏也向遼國提供貢品，這些貢品是：「細馬二十匹，粗馬二百匹，駝一百頭，錦綺三百匹，織成錦被褥五合，從容、石、井鹽各一千斤，沙狐皮一千張，兔鶻五隻，犬子十隻。」[61]遼朝回賜物品有馬具、衣飾、

---

60 〔俄〕Э.В.沙弗庫諾夫著、朱國忱譯：《從最新考古研究成果看女真文化源流的某些問題》，《北方文物》，1994 年第 2 期。
61 《契丹國志·西夏國貢進物件》。

弓箭、酒、錦綺羅綾、衣著絹等。遼道宗時，西夏曾遣使赴遼，「進回鶻僧、金佛、《梵覺經》」[62]。事隔多年之後，夏又向遼「進貝多葉佛經」[63]。

二、西夏與宋的文化交流

　　西夏與宋之間的文化交流，主要是體現在西夏統治者推崇儒學並組織人力翻譯漢文經典方面，我們在第二章第一節中已作了詳盡敘述，這裡不再贅述。在其他方面，也有雙方互相交流的記載。如在音樂上，漢人就受西夏的影響。西夏人以前使用的樂器只有琵琶、簫、笛等，羌笛在漢族人中很受歡迎，因為其音調悠揚婉轉，沁人心脾，唐代詩人王之渙就有「羌笛何須怨楊柳，春風不度玉門關」的名句；北宋時任過領兵元帥對付西夏的范仲淹，在其傳世之作《漁家傲》詞中，也寫出了「羌管悠悠霜滿地，人不寐，將軍白髮征夫淚」的句子，足見羌笛是適合抒發感情的樂器。西夏人也喜歡漢人歌曲，沈括任職延時，曾寫過很多歌

西夏王陵

---

62 《遼史·道宗本紀二》。
63 《遼史·道宗本紀六》。

詞，其中就有「萬里羌人盡漢歌」的句子。至於西夏人喜歡北宋詞人柳永的詞，
「凡有井水處，即能歌柳詞」，在文學史上被傳為佳話。西夏的國家機構中設有
「蕃漢樂人院」，可知他們的音樂是西夏音樂與漢族音樂並用。宋朝天子也很喜
歡西夏音樂，曾邀請西夏的「蕃樂人」到宮廷演奏。「神宗元豐六年（1083 年）
五月二十三日召見米脂寨所降蕃樂人四十二人，奏樂於崇政殿。」[64]在陵寢制度
上，西夏也仿效宋朝，修建富麗堂皇的陵園，實行厚葬制度。每逢戰爭，便要占
卜以定吉凶，占卜詞按地支計日，也可能是受了漢文化的影響。

第四節 ·
元朝中央政府
與宗藩國的文化交流

　　元代的宗藩國是指欽察汗國、察合臺汗國、窩闊臺汗國、伊兒汗國，也稱四
大汗國。這四個汗國是成吉思汗把所征服的土地當作「分地」分給長子術赤、次
子察合臺、三子窩闊臺的，後來形成欽察汗國、察合臺汗國、窩闊臺汗國，伊兒
汗國則是成吉思汗第四子拖雷的兒子旭烈兀的封地。欽察汗國轄境為額爾齊斯河
以西，鹹海、裡海以北地區。術赤之子拔都西征後，領土擴大，西至多瑙河，北
達斡羅思，南抵高加索，首都是伏爾加河流域的薩萊城（俄羅斯國阿斯特拉罕附
近）。其後又分為白帳汗、藍帳汗以及拔都直接管轄的金帳汗。境內百姓主要是

---

64 《宋會要輯稿・職官》二十二之三十三。

欽察人或斡羅思人。察合臺汗國轄境自天山南路直至今阿姆河、錫爾河間廣大地區，初建都於阿力麻里（新疆霍城縣西北），東部地區居民為畏兀兒人，西部為突厥語系的民族，河中地區的居民使用波斯文。居民信仰伊斯蘭教者居多，少部分人信奉佛教與基督教。窩闊臺汗國轄境自額爾齊斯河上游至巴爾喀什湖以東，建都葉密立（新疆額敏縣）。後來其國被分割，部分併入察合臺汗國，部分歸屬欽察汗國，部分併入元朝。伊兒汗國轄境東起阿姆河，西至地中海，北達高加索，南臨印度洋，建都於帖必力思（伊朗大不里士）。居民成分複雜，有講波斯語者，也有講阿拉伯語者。大多數人信奉伊斯蘭教，一部分人信奉基督教。

元朝中央政府與欽察汗國有頻繁的貿易往來，文化上也有交流。由於該汗國的都城薩萊位於元朝與西亞、歐洲的貿易通道上，伊兒汗國、察合臺汗國、窩闊臺汗國均有驛站與之相通，加上蒙古權貴喜歡經商，因此這裡的貿易空前繁榮。歐洲來的商人也多經由薩萊前往中國。中國的絲織品在薩萊到處可見。在別兒哥薩萊（俄國伏爾加格勒附近）出土有漢文題詞的青銅鏡，可知這些青銅鏡是由元朝輸入的。最值得一提的是大批欽察人、康里人、斡羅思人、阿速人等民族遷入元朝。這些民族因英勇善戰，成為元朝中後期軍隊的主力。有些人因才幹卓異，成為元廷重臣，被天子倚為心腹。如成宗時的宰相不忽木為康里人，名將土土哈、床兀兒父子為欽察人。床兀兒之子燕鐵木兒因擁立文宗有功，權勢炙手可熱。

察合臺汗國距元廷最近，元廷與其他汗國和歐洲交往，均須取道於察合臺國，成吉思汗西征時，便有一批漢人官吏、工匠由此進入河中地區，河中地區的俘虜、工匠等也由此進入中土。由烏古孫仲端口述、劉祁記錄而成的《北使記》、耶律楚材撰的《西遊錄》、劉郁《西使記》、李志常《長春真人西遊記》等書，都涉獵到了察合臺汗國的風土人情。

在幾個汗國中，元廷與伊兒汗國血緣關係最近，因為伊兒汗國的創建者旭烈兀與元朝的天子忽必烈同為拖雷之子，兩人又是一母同胞，兩國的關係始終密切，雙方的文化交流也非常廣泛，大量的中、近東文化通過商旅往來及官員的互相訪問而傳到中國來。如耶律楚材所撰《西征庚午元曆》就是參考了一些回曆製

成的:「耶律文正王於星曆、醫卜、雜算、內算、音律、儒釋、異國之書,無不通究。嘗言西域曆五星密於中國,乃作《麻答把曆》,蓋回鶻曆名也。」[65]世祖至元年間,西域天文學家箚馬魯丁應召來到元朝,將他撰的《萬年曆》獻上,忽必烈下令頒行。箚馬魯丁還製有觀測天文的儀器「西域儀象」,有渾儀、天頂距儀等七種。《元史·天文志》記載了這七種儀器的波斯語名稱、形制與用法,如漢語的渾天儀,西域名為「咱禿哈剌吉」;漢語的測驗周天星曜之器,也即方位儀,西域名為「咱禿朔八臺」;漢語的春秋分晷影堂,也即斜緯儀,西域名為「魯哈麻亦渺凹只」,如此等等。元朝政府還為此而設立了回回司天臺,由箚馬魯丁負責。後來回回司天臺歸屬秘書監管理,箚馬魯丁任司天臺提點兼知秘書監事。秘書監庋藏的回回書籍中,有不少用波斯文、阿拉伯文寫成的天文著作,如「麥者司的造司天儀式十五部」,係埃及天文學家托勒密撰寫;「積尺諸家曆四十八部」的「積尺」是阿拉伯文天文曆法的音譯。忽必烈當政年間,大批西域人進入內地,他們仍保持原有信仰,很需要回回曆日,可能是印製出售過濫,元政府下令「禁私鬻回回曆」。伊兒汗國也從中國學習天文曆法知識。旭烈兀西征時曾帶去一個叫屠密遲(譯音)的天文曆數學者,當時被稱為「先生」。伊朗天文學家納速剌丁途昔奉命編纂《伊兒汗天文表》時,就向屠密遲學習天文推步之術。

中國的火藥在當時的世界上堪稱獨步,旭烈兀西征時,在攻打木剌夷(中亞裡海南岸地區)諸城堡、報達城(伊位克巴格達)以及敘利亞各地時,其殺傷力之大,使對方無法招架,往往敗北。蒙古人的入侵給中亞各國人民帶來了極大災難,但是火藥武器的製造技術卻傳入了波斯及阿拉伯國家,並由這裡傳入歐洲。

元廷與伊兒汗國的醫學交流也很廣泛。旭烈兀身邊就有中國醫生,中國醫學在元代傳入了伊朗等地,受到了當地人的歡迎,有不少人學習中國醫術。《史集》的作者、波斯人拉施特原是一個醫學家,他主編的《伊兒汗的中國科學寶藏》一書,是一部關於中國醫學的百科全書,如今傳世的是土耳其醫學家用土文翻譯的。來中國僑居或在宮廷任職的波斯、阿拉伯醫生也不少,元代文獻中稱之為

---

65 《南村輟耕錄·麻答把曆》。

「回回人」、「西域人」或「大食人」。元朝在中央太醫院下設有廣惠司，掌管研製御用回回藥物及和劑，治療諸宿衛士及在京孤寒者，官階為正三品。大都、上都均設有回回藥物院，掌管有關回回的藥物。信奉景教的西域人愛薛，在定宗貴由時來到和林，在拖雷孀妻唆魯禾帖尼身邊充當近侍。他「於西域諸國語、星曆、醫藥，無不研習」。忽必烈當時還是藩王，也很賞識他，將他帶往開平。即位後，命愛薛掌管西域星曆、醫藥，後來改為廣惠司，仍以愛薛管領。在廣惠司任職的均是回回醫生，診病和用藥都是按回回醫法進行的。回回醫生醫術高明，深受漢族百姓歡迎，民間也有不少回回醫生，王沂《伊濱集·老胡賣藥歌》，記載了一位元回回老醫生：「西域賈胡年八十，一生技能人不及。神農百草舊知名，久客江南是鄉邑。朝來街北暮街東，聞擲銅鈴競來集……金絲膏藥熬較好，傷折近人人苦多。川船南通有新藥，海上奇方效如昨。」西域所產藥草療效亦好：「火失剌把都者，回回田地所產藥也。其形如木鱉子而小，可治一百二十種症。每證有湯引。」[66] 這一則記載見於陶宗儀的《南村輟耕錄》。該書還記載了幾則回回醫生醫藥高明的例子。大都一家小兒「患頭疼，不可忍，有回回醫官，用刀劃開額上，取一小蟹，堅硬如石，尚能活動，頃焉方死，疼亦遄止」[67]。平江（江蘇蘇州）閶門有一旅客，所騎之馬腹膨脹倒地，「店中偶有老回回見之，於左腿內割取小塊出，不知何物也，其馬隨起，即騎而去」[68]。順帝長公主駙馬剛哈剌咱慶王，因墜馬而得一奇疾，兩眼失去黑眼珠，舌頭伸至胸前，群醫束手。廣惠司長官聶只兒，是一個耶里可溫（元代對基督教徒和教士的通稱），認識此症，將長舌剪去，頃刻間又生一舌，也被剪去，「又於真舌兩側各去一指許，卻塗以藥而癒」[69]。類似例子還有不少。廣惠司曾組織人翻譯過《回回藥方》，有些被吸收入明朝人李時珍的《本草綱目》中。北京圖書館收藏的殘本《回回藥方》，為明刻本，是元代譯成漢文的阿拉伯醫學著作。有人考證，這本書就是阿拉伯醫學家拜塔爾的《簡救法》。《飲膳正要》一書是回回人忽思慧所著，這本專為皇家編著的食譜中，記有不少回回食物的烹調方法和營養價值，以及回回藥

---

66 《南村輟耕錄·火失剌把都》。
67 《南村輟耕錄·西域奇術》。
68 同上。
69 《南村輟耕錄·奇疾》。

物與方劑等。

　　拉施特的《史集》是一部世界名著，是人們研究蒙古史和元史的必備之書。為作者提供最大幫助的是孛羅。孛羅為蒙古朵兒邊氏人，在元朝任過御史中丞、大司農卿、御史大夫、樞密副使等要職。至元二十年（1283年），他以丞相銜出使伊兒汗國，愛薛為副使。他們在伊朗觀見了阿魯渾汗，孛羅留仕伊兒汗廷，愛薛則返回元朝。孛羅知識淵博，熟悉蒙古歷史及元朝典章制度，由他口述，拉施特記錄而成的《史集》，具有極高的學術價值。孛羅還把元朝的鈔法詳盡地介紹到伊兒汗國。當時伊兒汗國的君主奢侈無度，弄得財政拮据，國庫空虛，便採用孛羅的建議，在全國發行紙幣，並在各地設立鈔庫，負責發行新鈔，倒換昏鈔。鈔上印有八個漢字，中間印有鈔值。中國的雕板印刷技術從此傳入波斯和阿拉伯。

　　牌符制度也是由元朝傳入伊兒汗國的。作為權力的憑證和身分的標誌，汗國的牌符分為幾種，「諸算端（諸侯）、統將、蔑力克（州的長官）佩圓形大虎符，地位較低的牌面略小些。使者馳驛，則給以圓牌，上著『官牌』字樣，使命完成時即將牌子交還。各邊區長官需遣使乘急遞鋪馬遞送緊急軍情者，也發給五至三面圓牌」[70]。

　　元朝各宗藩國雖是獨立的，但在名義上還是元朝皇帝的屬國。至元年間忽必烈命秘書監修《大元一統志》時，讓各行省進呈本省地圖與圖說，宗藩國可能也不例外。今存殘本《大元一統志》雖未發現藩國部分，但元文宗時修成的《經世大典》地圖，卻標有伊兒汗國主要城市、地區的名稱及位置。大食學者贍思自著有《西國圖經》一書，並參與過《經世大典》的修纂工作，他把波斯、阿拉伯的地理知識介紹到中國來，為元朝與伊兒汗國的文化交流作出了貢獻。

70　韓儒林主編：《元朝史》下冊，頁400，北京，人民出版社，1986。

元朝與毗鄰諸國
的文化交流

一、元朝與高麗的文化交流

　　蒙古國時期，高麗就向蒙古統治者朝貢。元朝建立後，雙方依然保持朝貢關係。為了加強控制，至元二十年（1283 年），世祖忽必烈在高麗設置征東行中書省，把高麗與內地一樣對待，由高麗忠烈王與元朝大將阿塔海共同管理。後來行省被廢。成宗大德三年（1299 年）又設征東行省，撇開高麗國王，任命大將闊里吉思為高麗行省平章政事，生殺予奪，皆出於他一人之手。此人驕橫跋扈，全然不顧高麗人的利益，弄得怨聲載道，成宗被迫撤銷行省建置。順帝至正二十一年（1361 年）又置征東省。七年之後，元朝為明所亡，高麗恭愍王乘機廢除征東省。

　　儘管元朝與高麗時有齟齬，但因兩國疆土毗鄰，雙方商貿往來與文化交流仍很頻繁。貿易分官方的和民間的兩種。在官方貿易中，高麗向元朝輸出的物品有金、銀、銅、鐵及金銀製品、絲織品、黃漆、樟木、動物（馬、牛、鷹、鶻子）、人參、海產品、紙張、書籍等，元朝向高麗輸出的物品有服飾、金銀製品、絲織品、瓷器、錢幣、武器、葡萄酒、香、馬具、書籍等。此外，兩國官吏或使節經常到對方購物，購買的物品也包括書籍在內。如元成宗大德四年（1300

年）元朝官員攜帶「匹段、絹」來高麗購買《大藏經》[71]，仁宗延二年（1315 年）高麗博士柳衍以「寶鈔一百五十錠，購得經籍一萬八百卷而還」[72]。

高麗女子以溫柔婉媚著稱，元順帝時期，出身於高麗的祁皇后「亦多蓄高麗美人，大臣有權者輒以此女送之。京師達官貴人必得高麗女，然後為名家」[73]。京都人平日所著衣服鞋帽器物，都仿效高麗式樣，宮廷更甚。時人有詩云：「宮衣新尚高麗樣，方領過腰半臂裁。連夜內家爭借看，為曾著過御前來。」[74]流風所及，其他處也有高麗裝束者。「杜清碧先生本應召次錢塘（浙江杭州），諸儒者爭趨其門。燕孟初作詩嘲之，有『紫藤帽子高麗靴，處士門前當怯薛』之句，聞者傳以為笑。用紫色棕藤縛帽，而製靴作高麗國樣，皆一時所尚。怯薛，則內府執役者之譯語也。」[75]

元與高麗的民間貿易也很活躍。搞這類貿易的多是手中有特權的權貴和官僚。如元世祖時的行省宰相朱清、張瑄；元末割據東南沿海的張士誠、方國珍等。一九七六年在朝鮮新安海底發現一艘沉船，打撈出的七千一百六十八件器物中，絕大部分為瓷器，共為六千四百五十七件。除三件被確認為朝鮮瓷器外，其餘皆是中國瓷器。這些瓷器有青瓷、白瓷、黑釉瓷、鈞窯系瓷等。青瓷中又以浙江龍泉窯系青瓷和江西景德鎮窯系的影瓷居多。據行家測定，沉船上的中國瓷器無論是造型或紋飾，都與元代中、晚期的瓷器風格相同。因此，「沉船中的中國瓷器年代是元代中晚期的，具體地說，即元代大德（14 世紀初）以後的產品」。至於沉船的開赴地點，專家們推測「是中國開往朝鮮、日本的貿易船，船上裝載的胡椒，是朝鮮人喜愛的調料，船上發現的三件品質非常精美的高麗青瓷器，說明此船曾在朝鮮停泊，但不是它的最終目的地。當船離開朝鮮時，由於某種突然的事故而沉入海底」[76]。

71 鄭麟趾：《高麗史‧忠烈王條》，明治四十二年（1909 年）活字本。

72 《高麗史‧忠宣王條》。

73 《庚申外史》卷下。

74 《張光弼詩集‧宮中詞》，四部叢刊續編本。

75 《南村輟耕錄‧處士門前怯薛》。

76 李德金等：《朝鮮新安海底沉船中的中國瓷器》，《考古學報》，1979 年第 2 期。

元朝時期，高麗學者、使節、應試者紛至遝來，或做官，或僑居，或出使，或遊學。他們以文會友，與元朝學者唱答酬和，切磋學問，關係非常密切，從而把雙方的文化交流推向了一個新階段。

　　程、朱理學在元代傳入高麗。第一個傳播者是曾經在大都學習過的高麗學者安珦。他從大都帶《四書集注》回國後，便在太學講授朱子學說，因仰慕朱熹的為人，自號晦軒，寓意是向晦庵（朱熹的號）看齊。他的弟子白頤正又專門赴元學習程、朱理學，回國後積極傳授，「時程、朱之學始行中國（元朝），未及東方（高麗），頤正在元學而得之。東還，李齊賢、樸忠佐首先師承」[77]。以後學者蜂起，都以講解傳授程朱理學為己任，安珦弟子權溥建議刊行《四書集注》，俾便更多人閱讀。學者李稹曾在元朝國子監學習過，回國後主持朱子學講授。一個叫鄭夢周的人，對朱子學說造詣頗深，李稹稱讚他為「東方理學之祖」。高麗統治者之所以如此推崇程朱理學，無非是因為這一學說對於鞏固其封建統治有很大好處罷了。

　　高麗王朝後期，用漢語進行文學創作的風氣很盛，無論是詩、詞，還是樂府，都湧現出了一批聲情並茂的漢語文學作品。用漢語寫作的佼佼者有李齊賢、李穀、李稹、鄭夢周等人。李齊賢因寫詩蜚聲文壇。他因奉召來大都陪侍忠宣王，長期客居中國。原來高麗忠宣王遜位後，定居大都，他喜好詩文，在大都築室藏書，與大儒閻復、姚燧、趙孟頫、虞集等時相過從，因身旁缺乏文學侍從，遂將二十八歲的李齊賢召來。齊賢入元後，與閻復、姚燧等相識。元朝學者張養浩有詩稱讚說：「三韓文物盛當年，刮目青雲又此賢。」在中國居住期間，曾到河北、河南、山西、陝西、甘肅、四川、江蘇、浙江等地遊覽，西安、洛陽、成都、蘇州、杭州以及華山、峨眉山等地，都有他的足跡。元朝的人物畫家陳鑑如、山水畫家朱德潤和他是莫逆之交。陳鑑如為李齊賢畫像，朱德潤以《燕山曉雪圖》相贈，李齊賢贈朱德潤詩云：「白頭更有相逢日，握手披圖感歎長」，懷念之情，躍然紙上。在中國居住二十六年後，才重回高麗。李齊賢每遊歷中國名

<hr />

77 《高麗史·白頤正條》。

山大川，或者名勝古蹟，都要吟詩抒懷。遊歷四川時寫《蜀道》、《登峨眉山》、《洞仙歌·杜子美草堂》；遊覽黃河、汾河，則寫成《黃河》、《汾河》；遊覽江浙，則寫成《多景樓雪後》、《金山寺》等，都是別出機杼，涉筆成趣，真是「所至題詠，膾炙人口」[78]。試看他的《洞仙歌·杜子美草堂》：

> 百花潭上，但荒煙秋草，猶想君家屋烏好。記當年，遠道華髮歸來，妻子冷，短褐天吳顛倒。
> 卜居少塵事，留得囊錢，買酒尋花被春惱。造物亦何心，枉了賢才，長羈旅，浪生虛老。卻不解，消磨盡詩名，百代下，令人暗傷懷抱。

詞中對杜甫際遇坎坷、風塵洞、生活拮据的狀況寄予了極大的同情。對封建統治者棄置人才的行為，作了無情的鞭撻。

另一詩人李穀，也頗有民胞物與的思想，他的詩直抒胸臆，敢於抨擊權貴，傾訴百姓的痛苦，如《橡栗歌》：

> 君不見，
> 侯家一日食萬錢，珍饈星羅五鼎列。
> 馭吏沉酒吐錦茵，肥馬厭穀鳴金埒。
> 焉知彼美盤上餐，盡是村翁眼底血。

這和唐代大詩人白居易《輕肥》詩中的「是歲江南旱，衢州人食人」；《買花》詩中的「一叢深色花，十戶中人賦」的句子，有異曲同工之妙，對於統治階級的揭露，真是鞭辟入裡！

除了李齊賢、李穀外，還有李穡（李穀之子）和鄭夢周等人。他們的詩無論是思想性，還是藝術性，都屬上乘之作。

元雜劇也傳入了高麗，元代的優伶曾到高麗宮廷演出，如世祖忽必烈至元

---

78 《高麗史·李齊賢條》。

二十年（1283 年），高麗忠烈王「宴於大殿，元優人呈百戲。賜白銀三斤」[79]。元代的優伶能夠演上百出的戲，說明他們掌握的劇碼還是很多的。

高麗在元代學漢語之風很盛。事實上，漢字在戰國至西漢初「即已傳入朝鮮。此後，朝鮮人民接觸漢字，使用漢字，漢文成為交際工具。但漢語多是作為書面語言學習。漢語作為口頭語言學習，始於西元十世紀的泰封國（亡於西元918 年）」[80]。由此可知，高麗最早只是把漢語當作書面語言學習，作為口頭語言學習，是比較晚的。至元十三年（1276 年），高麗設立了專門從事傳授漢語語言的機構——通文館。「通文館的設立，為高麗研究漢語語言，培養外交翻譯人才，更好溝通與中國的交往，進一步促進兩國文化交流，均有重大意義。」[81]在這一時期，產生了《老乞大》、《朴通事》兩種漢語教科書，關於書名，一般的解釋是，《老乞大》中的「乞大」就是契丹，老乞大就是老契丹；《朴通事》中的「通事」是指翻譯，朴通事是姓朴的翻譯[82]。關於書的內容：「《老乞大》總共不到二萬字，分上、下卷。此書以高麗商人來中國經商為線索，用對話的形式，表現道路見聞、住宿飲食、買賣貨物等，中間插入一些宴飲、治病的段落。《朴通事》的字數比《老乞大》多三分之一，分成上、中、下三卷。全書用對話或一人敘述的方式，介紹中國社會生活的各個方面，涉及宴會、買賣、農業、手工業、詞訟、宗教、游藝、景物等多項內容。兩書反映的是中國北方特別是都城的社會生活。從內容來看，兩書顯然又兼有旅行指南、經商指南的作用。」[83]

兩書在流傳過程中不斷被人加工整理，清代康熙年間，兩書分別成為《朴通事諺解》、《老乞大集覽》。試舉《朴通事諺解》中的一段對話：

「我兩個部前買書去來」。

「買什麼文書去？」

---

79 《高麗史·忠烈王條》。
80 楊昭全、韓俊光：《中朝關係簡史》，頁 217，瀋陽，遼寧民族出版社，1992。
81 同上書，頁 218。
82 參見陳高華：《從〈老乞大〉〈朴通事〉看元與高麗的經濟文化交流》，《歷史研究》，1995 年第 3 期。
83 陳高華：《從〈老乞大〉〈朴通事〉看元與高麗的經濟文化交流》，《歷史研究》，1995 年第 3 期。

「買《趙太祖飛龍記》、《唐三藏西遊記》去。」

「買時買《四書》、《六經》也好，既讀孔孟之書，必達周公之禮，要怎麼那一等平話」？

「《西遊記》熱鬧，悶時節好看有。」

《趙太祖飛龍記》疑即託名趙普撰的《龍飛記》，記趙匡胤受禪建國事，今此書已佚，只見於《四庫全書》存目中，大概元代尚在坊市流傳。《唐三藏西遊記》也已不存。從這一段對話中，可知高麗百姓對中國歷史是很有興趣的。

高麗人喜愛漢文書籍，無論是官方還是民間，都大力集購買漢文書籍，如延元年（1314 年）高麗忠肅王成均提舉司入元購書，「成均提舉司遣博士柳衍、學諭俞迪於江南購書籍，未達而船敗，衍等赤身登岸。判典校寺事洪瀹以太子府參軍在南京，遣衍寶鈔一百五十錠，使購得經籍一萬八百卷而還」[84]。民間購書頗為龐雜，從《老乞大諺解》來看，可以分為五類：一是儒家著作，如《四書》、《毛詩》、《五子書》（五子是周敦頤、二程兄弟、張載、朱熹）等。二是史書，如《資治通鑑》、《貞觀政要》、《君臣故事》等。三是名人文集，如《韓文》、《柳文》、《東坡文集》等。四是工具書，如《翰院新書》（疑即託名宋人謝枋得撰的《翰苑新書》，《四庫全書總目》列入類書中）等。五是文學作品，如《三國志評話》等。

元與高麗均重視佛教，佛教有藏經。元之前有《宋藏》、《遼藏》，高麗則有《續藏》。元廷多次遣使以重金赴高麗購買藏經。如成宗大德四年（1300 年），「以香十五斤，匹緞三十匹，絹三百匹，鈔八百六十四錠來轉藏經」[85]。大德七年（1303 年）、大德九年（1305 年），又遣使赴高麗購買藏經。元朝還多次遣使到高麗請佛經紙，又請求高麗派寫字僧來元抄寫佛經。應元朝之請，大德九年高麗一次就派寫經僧一百名赴元。武宗至大四年（1311 年），元朝派人攜鈔五千八百錠赴高麗賞賜寫經的僧人。高麗僧人也在元朝講經。《朴通事諺解》記

---

84 《高麗史·忠肅王一》。
85 《高麗史·忠烈王條》。

載，位於今北京市宣武門附近的永寧寺，就有高麗僧人步虛在那裡說法；位於今北京西長安街附近的慶壽寺，是元代著名的佛寺之一，也有高麗僧人在那裡講經。高麗僧人元湛及其弟子崇安等，在大都南城之南建了一座興福寺，成為高麗僧人的聚集之地。高麗名僧赴元者甚多，與元朝的騷人墨客交遊往還，詩文酬答，增進了雙方的友誼。

元代的書法也傳入了高麗。趙孟頫書法、繪畫造詣都很高，在元初擅譽一時。李齊賢從元朝返回高麗時，帶回不少趙孟頫的真跡，在朝野引起了強烈反響。在此之前，人們喜愛唐朝書法家歐陽詢的書法，自從趙孟頫的「松雪」體（孟號松雪道人）傳入高麗後，因他篆、隸、行、草俱自成一格，因此在高麗風靡一時，歐陽詢的書法很快被「松雪」體所取代。師承「松雪」體者甚多，一個叫李岩的人，模仿孟筆跡，不但形似，而且神似，能達到以假亂真，使人莫辨真偽的地步。

元朝的曆法也為高麗所採用。元朝的授時曆是由許衡、郭守敬編成的，高麗忠宣王居住大都時，馬上命令隨行的宰相崔誠之學習。「忠宣（王）留元，見太史院精曆，數賜（崔）誠之內帑金百斤，求師習業，盡得授時曆術。東還，遂傳其學，至今遵用之。」[86]

在醫學上，元與高麗經常派醫生為對方診疾，雙方的醫術得以交流。

高麗的造船業比較發達，他們製造的戰船規模大，速度也快。元世祖忽必烈滅亡南宋，混一宇內後，便打算東征日本，於是想到了高麗的造船技術，便指名索要高麗的金方慶、洪茶丘兩人監造戰船。因為元世祖督促甚急，如依中國傳統的造船方法，不僅成本甚高，而且曠日持久，耽誤船隻的使用。金方慶情急智生，「用本國（指高麗）船樣督造」[87]，按時完成了任務。高麗雖然造船業發達，但戰艦上的武器裝備落後，殺傷力不強，他們便從元朝學習製造火藥，用以製造火器，然後裝在艦船上，從而提高了高麗水軍的作戰能力。

---

86 《高麗史·曆志條》。
87 《高麗史·金方慶條》。

元朝與高麗在其他方面也有互相學習之處，如高麗使用了元朝的衡器，高麗人無論貴族或平民，都喜歡中國的絲織品等等，也是很值得一提的。限於篇幅，這裡只能從略了。

二、元朝與日本的文化交流

　　元世祖忽必烈在位時期，曾先後六次遣使赴日，皆為日本婉拒；至元十一年（1274 年）、十八年（1281 年）兩次興兵侵日，又遭滅頂之災。但是雙方的貿易卻十分活躍。至元十四年（1277 年），「日本遣商人持金來易銅錢，許之。」[88]這是元與日本之間第一次貿易，以後貿易次數越來越多。開往元朝的商船多是日本西部冒險商人的私人船隻，「但其中也有在幕府保護之下為了完成一定任務而派遣的官方商船，這類商船最典型的例子就是天龍寺船」[89]。天龍寺船與一般商船輸入元朝的商品大致是黃金、刀、摺扇、螺鈿、硫磺、銅與其他工藝品，帶回的物品有銅錢、香藥、書籍、經卷、文房用具、繪畫、禪寺用具、茶葉、絲織品、瓷器、珍玩等。這裡值得重視的是書籍與經卷。可以說，在元朝與日本進行貿易的同時，文化交流也就開始了。

　　日本自建立幕府後，統治者就很注意吸收中國文化。幕府的首建者源氏，嗜好儒家經典，研究《貞觀政要》。執政者北條氏非常重視收藏儒家經典的「金澤文庫」，從那裡閱讀儒學經典與佛教經典。在他的影響下，上至戚畹貴族，下至武士、僧侶，都努力鑽研儒家經典。「儒、道諸子百家的書、歷史書以及其他雜書，似乎都是從元朝輸入的。」[90]這些書籍是：《毛詩》、《尚書》、《周易》、《禮記》、《左傳》、《周禮》、《儀禮》、《公羊傳》、《穀梁傳》、《論語》、《孝經》、《老子》、《列子》、《莊子》、《史記》、《前漢書》、《後漢書》、《揚子》、《荀子》、《墨子》、《淮南子》、《文中子》、《東皋子》、《吳子》、《孫子》、《呂氏春秋》、《戰

88　《元史・日本傳》。
89　〔日〕木宮泰彥著、胡錫年譯：《日中文化交流史》，頁 394，北京，商務印書館，1980。
90　同上書，頁 405。

國策》、《山海經》、《爾雅》、《神仙傳》、《孝子傳》、《先賢傳》、《列女傳》、《太平御覽》、《太平廣記》、《群書治要》、《玉篇》、《廣韻》等。從書目上看，日本人閱讀漢文書籍的範圍非常廣泛，除了儒家經典外，史書和諸子百家的書也不在少數。此外，日本對於佛教經典的搜求，也表現出了極大興趣，有很多經卷就是由入元僧人帶回的，如鎌倉淨妙寺的太平妙准，曾於嘉曆元年（1326年）派他的弟子安禪人入元，搜求神州版的《大藏經》。來元朝貿易的天龍寺船也附帶有搜求經書的任務。天龍寺船還為禪寺購求什器。禪林和上流社會中當時流行唐式茶會，飲茶甚為考究，茶亭上每每懸掛中國畫家吳道子等所畫的釋迦、觀音、文殊、普賢等的佛像。茶葉、茶具有些是入元僧人帶回的，大部分是由商船輸入的，均是中國產品。

　　隨著元朝和日本的頻繁交往，來元朝的除了商人外，最多的就是僧人了。據《元史》記載，泰定三年（1326年）七月，一次就「遣日本僧瑞興等四十人還國」[91]。一次便遣還四十人，可見日本僧人進入元朝者甚多。據木宮泰彥《日中文化交流史》所列《入元僧一覽表》，元代來華日僧多達二百二十人。入元時間最早的是成宗元貞二年（1296年），最晚的是元末。日僧「入元的主要目的是歷訪江南的寺院，從事修禪」[92]。他們學成回國後，大都在京都、鎌倉的巨剎供職，有些則隱居於幽僻之地，接待雲遊僧人。還有一些人如遠溪祖雄，先是面壁修禪十餘年，然後自建佛寺，接化遊僧。但是中國的禪宗在南宋時已發展到頂峰，入元後大有衰微之勢，日本僧人如僅以參禪修道為目的，似不必冒渡海之險入元，因為當時許多名僧並未入元。因此，入元僧人仍然紛紛湧往中國江南，「並不僅是想要實際體驗江南叢林的生活，而是羨慕江南山川風物之美，想要盡情領略它的風趣，為觀光旅遊的心情所驅使而去的」[93]。杭州（即宋臨安府）附近的天目山風光旖旎，不少日本僧人便在那裡的禪寺掛錫。如在中國居住長達二十年的日僧邵元，歷遊江南諸名山以及山西的五臺山、河南的嵩山，居少林寺最久，他為少林寺住持撰寫的道行碑保存至今。據《日中文化交流史》記載，到

91 《元史·泰定帝本紀二》。
92 〔日〕木宮泰彥著、胡錫年譯：《日中文化交流史》，頁463，北京，商務印書館，1980。
93 同上書，頁465。

過江南的日本僧人有六十餘人，他們大部分去過天目山。因此，與其說是江南的禪剎吸引了日本僧人，毋寧說是被江南的秀麗景色所吸引。有一首題為《送僧之江南》的詩說：

> 聞兄昨日江南來，珣弟今朝江南去。
>
> 故人又是江南多，況我曾在江南住。
>
> 江南一別已三年，相憶江南在寐寤。
>
> 十里湖邊蘇公堤，翠柳青煙雜細雨。
>
> 高峰南北法王家，朱樓白塔出雲霧。
>
> 雪屋銀山錢塘潮，百萬人家回首顧。
>
> 南音北語驚歎奇，吳越帆飛西興渡。
>
> 我欲重遊是何年？送人只得空追慕。[94]

這位到過杭州的日本僧人，對那裡的無邊美景簡直是魂縈夢繫：西湖中蘇東坡修的長堤、細雨迷濛中的翠柳、錢塘江上蔚為壯觀的大潮、杭州城中江南軟吳儂語與北方的語言交匯在一起，都使這位日本僧人永久難忘。日本僧人遊歷並學習過的江南禪寺有：慶元（浙江寧波）的雪竇寺，婺州（浙江金華）的雙林寺，溫州（今屬浙江）的江心寺，福州（今屬福建）的雪峰寺，湖州（今屬浙江）的道場寺，平江（江蘇蘇州）的萬壽寺、虎丘寺，建康（江蘇南京）的蔣山寺等。

入元日僧還有一個任務，那就是收集佛教經典、文物，學習建築、藝術、書法、繪畫、印刷、茶道等。日本僧人回國後，大都帶回了在元時所師事的師僧語錄，在日本重新刊刻流布，同時還帶回了不少宋元人的詩文集。當時日本刊印的中國書籍有《景德傳燈錄》、《五燈會元》、《禪林類聚》、李善注《文選》、《集千家注分類杜工部詩》、《新刊五百家注音辨唐柳先生文集》、《春秋經傳集解》、《佛祖統記》等。

元僧赴日本者也不少，據木宮泰彥《日中文化交流史》記載，共有十三人，

---

94 《南遊東歸集》，轉引自〔日〕木宮泰彥著、胡錫年譯：《日中文化交流史》，頁465，北京，商務印書館，1980。

還有許多人因姓名無考，故未列入表中。這十三人中有傳臨濟宗的，也有傳曹洞宗的。赴日的原因也不同，有的是奉元廷之命赴日的，有的是應日本政府的招聘前往的，還有的是因羨慕日本的優美環境而打算移居於彼的。

赴日僧人中最著名的是慶元普陀寺的一山一寧。元成宗為促使日本朝貢，特派一山一寧前去送國書。大德三年（1299 年），一山一寧搭乘日本商船赴日，隨行的有西澗土曇、石梁仁恭。其中西澗土曇曾在至元八年（1271 年）到過日本，時年二十三歲，在京都、鐮倉等地居住七年，至元十五年（1278 年）歸國，相隔二十餘年後，再度跟隨一山一寧赴日。當一山一寧一行經過京都轉往關東時，受到了京都僧俗各界的熱烈歡迎。師事過一山一寧的日本僧人虎關師鍊記載當時的盛況說：

伏念堂上和尚（一寧）往己亥歲（即 1299 年），自大元國來我和域，象駕僑寓於京師，京之士庶，奔波瞻禮，騰逻繫途，惟恐其後。公卿大臣，未必悉傾於禪學，逮聞之西來，皆曰大元名衲過於都下，我輩盍一偷眼其德貌乎？花軒玉驄，嘶驚馳，盡出於城郊，見者如堵，京洛一時之壯觀也。某時懷一香，隨眾伍而展拜，當時人甚多矣。[95]

京都僧俗為一瞻一山一寧大師的風采，竟至傾城出動，車如流水，馬若游龍，人喊馬嘶，觀者如潮，道路為之堵塞。這段記載，未免有誇張之處，但日本僧俗官員對一山一寧頂禮膜拜的情景，大致是可信的。

但一山一寧赴日不是時候。當時元朝與日本關係不諧，日本政府得知一山一寧是奉元朝天子之命而來，便產生了敵意，將他流放在伊豆島的修善寺。後來知道他很有道行，馬上將他釋放。在以後的二十年間，他在京都、鐮倉的禪寺中廣開法席，不但受到緇流的敬重，而且他的學問也為縉紳士庶所折服，和他交往的人非常多。死後，日本政府賜以國師稱號，並下令在龜山廟旁建塔紀念，後宇多上皇親書「宋地萬人傑，本朝一國師」一聯褒美。

---

95 《濟北集·上一山和尚書》，轉引自〔日〕木宮泰彥著、胡錫年譯：《日中文化交流史》，頁 411，北京，商務印書館，1980。

一山一寧留下的著作不多，只有《語錄》兩卷，但他博學洽聞，精通教乘諸部、儒、道、百家之學，自不必說，即使稗官、小說、鄉談、俚語，也知之甚稔，猶善於書法。師事一山一寧的虎關師鍊喜歡鑽研漢朝揚雄的學說及宋朝二程的理學，遇到不懂之處，就向一山一寧求教，總能得到滿意的答覆。一山一寧非常留意日本高僧的事蹟，多次詢問虎關師鍊，虎關師鍊知之甚少，往往回答不出。一山一寧批評他說，你是很聰慧的人，知識不少，為什麼涉及異域之事，你口若懸河，而對本國的事，反而孤陋寡聞呢？虎關師鍊聽後甚覺慚愧，遂發憤讀書，努力搜集本國高師事蹟，終於寫成了煌煌三十卷的巨著——《元亨釋書》。

除了一山一寧外，影響較大的赴日僧人還有清拙正澄、明極楚俊、竺仙梵仙等。清拙正澄原是杭州淨慈寺愚極智慧的法嗣，入元日僧對他崇敬有加，因此日本政府兩次遣使邀他赴日。他在赴日元僧中非常突出，日本的書籍讚揚他說：「大凡東渡宗師十有餘人，皆是法中獅也。至大鑑師（正澄的諡號）可謂獅中主矣。」[96]澄受到了朝廷與幕府的敬重，還與一些武士有著深厚的友誼，對他們的精神生活影響甚大。他參照杭州靈隱寺制度，為日本禪林寺制定規矩，從此，日本禪林的規矩才首次確立起來。

明極楚俊和竺仙梵仙是在清拙正澄赴日三年之後的天曆二年（1329年）赴日的。明極楚俊赴日本之前曾在金陵的奉聖，慶元的瑞岩、普慈，婺州的雙林等名剎作過主持，名聲頗高；竺仙梵仙也在金陵的禪寺受過鎚煉，是一時之秀。由於兩人在佛學、文學上均有建樹，明極楚俊曾受命主持日本的南禪寺。日本在京都、鎌倉均有五座佛寺，稱為京都五山、鎌倉五山，南禪寺被天皇封為五山名寺之首。日本僧人為學習佛教經典，需要學習漢文，但在語法結構上遇到一些困難，在竺仙梵仙的指導下，五山僧人掀起了學漢語的熱潮，一時禪院變成了學堂，他們的漢語程度迅速提高，後來形成了五山學派。五山僧人所寫的詩文，可與宋元詩詞相頡頏。楚俊和梵仙都長於詩文，都有著作傳世。他們為中日文化交流作出了貢獻。

---

96 〔日〕木宮泰彥著、胡錫年譯：《日中文化交流史》，頁415，北京，商務印書館，1980。

日本五山各寺僧人喜歡雕版印刷佛教經典、儒學經典和文集詩稿，被稱為五山版。他們主要是複製宋元版的書籍，如《大藏經》、《一切經》等。為了提高印刷品質，他們不斷派人赴元朝各大寺學習技術，有時還聘請元朝雕版工匠赴日傳授有關知識。元朝工匠不僅慷慨地獻出了自己的技術，甚至還解囊出資雕印佛經，這種精神是值得稱道的。

入元的日本僧人也喜歡中國的書法和繪畫，雪村友梅在拜訪大書法家趙孟頫時曾即席寫字，趙孟頫甚為欣賞。雪村友梅的墨蘭也深得宋元畫家韻味。鐵舟德濟書法、繪畫均很擅長，被人譽為「書畫雙奇稱絕倫」。他們與元朝的書法家、繪畫家朝夕相處，切磋琢磨，技藝大進，不但學到了宋、元書法家、繪畫家的風格和技巧，而且還把許多名畫帶回日本。如吳道子的山水圖如今藏於京都愛宕郡高桐院；吳道子的釋迦、文殊、普賢像藏於京都東福寺，他的楊柳觀音像藏於京都大德寺；南宋周季常的五百羅漢藏於京都大德寺，等等。據《日中文化交流史》的統計，宋元名畫一直流傳至今的，在日本共有十六種。當時傳入日本的名畫還有米元輝、陸青、李堯夫的山水，文與可與蘇東坡的竹，韓幹的馬，牧溪的虎，張僧繇的龍，胡直夫的人物等。這些名畫的傳入，對日本繪畫界起了很大推動作用，在五山十剎等禪寺中，出現了很多可以稱作畫僧的人物。

三、元朝與安南、占城、真臘、尼泊爾等國的文化交流

安南即今之越南，占城指越南的中南部，真臘即今天的柬埔寨。

安南在漢唐時屬中國，歷史上就與中國聯繫密切。安南陳氏王朝的先人陳日煚，乃福州長樂邑（福建福州）人，原名謝升卿，因家庭矛盾，逃入與交趾（即安南）鄰近的邕州（廣西南寧）、宜州（廣西宜山）之間。安南國宰相乃國王之婿，一日，攜女兒至集市購物，見謝升卿貌美，遂攜以歸，參加科舉，列名第一，宰相納其為婿。「其王無子，以國事授相。相又昏老，遂以屬婿，以此得國

焉。」[97]由於這一淵源，安南的上層文士，很多人能用漢文寫詩。元憲宗蒙哥征服雲南後曾派人入安南諭降，被國主陳日煚投入獄中。元大將兀良合臺率兵占領安南京城升龍（今河內），但一無所獲，幾天後便撤軍。忽必烈建立元朝後，又兩度出兵安南，但均未達到預期目的。《元詩紀事》記載，世祖至元年間，有個叫徐明善的人出使安南，當時安南的國王叫陳光昺，他的兒子叫陳日烜。日烜聽說徐明善擅長寫詩，「舉卮酒立索吟」，明善即席口占云：

乘傳入南中，雲章照海紅。天邊龍虎氣，南徼馬牛風。日月八荒燭，車書萬里同。丹青入《王會》，茅土胙無窮。

日烜亦善於漢語，聽他朗誦完後，「遂納款奉貢，公（指徐明善）聲名大振」[98]。詩中所說的《王會》，乃《逸周書》的篇名。周公旦建成王城（洛邑）後，大會諸侯，遂創奠朝儀、貢禮，史官遂作《王會篇》以記其事。這首詩的中心是希望安南像向日葵傾向太陽一樣向元朝稱藩入貢。陳日烜從詩中聽出了弦外之音，馬上納款奉貢。事實上，這則記載不確。「光昺既歿，其子日烜不請命而自立，遣使往召，又以疾為辭，止令其叔遺愛入覲」[99]，因此招致了元朝的討伐。成宗即位，不再對安南用兵，安南國王陳日燇（陳日烜之子）遣使入貢稱臣，終元之世，疆場寧謐，朝貢不絕。

陳日烜之弟昭國王陳益稷，在安南與元朝交惡時率其本宗與其妻子官吏來降，久居元朝，卒於文宗天曆二年（1329 年）。他的隨從黎崱，擅長詩文，著有《安南志略》一書。安南派往元朝的使者，也多以儒臣充任，他們因此有機會與元朝文人學士交往，以詩文相酬和。

銅火銃（元）

成宗大德年間，安南使臣鄧汝霖「竊畫宮苑圖本，私買輿地圖及禁書等物」[100]，

97 周密：《齊東野語‧安南國王》，北京，中華書局，1983。
98 陳衍輯撰：《元詩紀事‧徐明善》，上海，上海古籍出版社，1987。
99 《元史‧安南傳》。
100 同上。

曾受到元朝的責備。偷畫元朝宮苑圖樣，私買輿地圖，雖然行為不算光明正大，但從中可以看出安南使臣對中國文化仰慕之深。至大二年（1309 年）安南遣使請求賜予佛藏，順帝元統二年（1335 年），「安南請佛書，乞以《九經》賜之。」[101] 安南流行佛教，因此要從中國尋求佛教書籍。安南國經商者甚多，「飲食衣服，皆仰北客（指中國商人），故服用習北俗」[102]。

占城國在安南之南。至元年間，占城遣使入元稱臣，貢寶物、犀象，被元朝封為「占城國王」。後來忽必烈以占城扣留元朝派往海外的使臣，既降復叛為名，發兵相攻，占城也奮力抗擊，雙方干戈不絕。成宗即位後，下令罷征南之兵，雙方化干戈為玉帛，抱布貿絲，關係趨於正常。

安南、占城因與元朝為鄰，在藝術、醫學、宗教諸方面，都受到元朝這個泱泱大國的薰染，許多東西都是從元朝輸入的。如「度量權衡，與中國同……交易用唐宋時錢，七十文為一錢，七百文為一貫。」[103] 醫藥也是從元朝傳入的。後至元年間，安南皇子生病，國王命醫生鄒庚治療。鄒庚說：「針之則復蘇，但恐陽痿。」後果如其言，被人稱為神醫。這個鄒庚乃是元朝人鄒孫之子，元兵入侵安南時，鄒孫以醫生身分從軍，戰敗被俘，遂流落安南。「在本國，醫治當時侯王，多見效。國人屢以田奴與之，致富。庚承父業，遂成名醫。」[104] 安南、占城的雜技也是從元朝傳入的。順帝至正十年（1350 年），元朝有個叫丁善德的人，因國內戰亂，便攜婦將雛，駕船渡海來到安南。此人「善緣竿，為俳優歌舞，國人效之，為險竿舞，險竿技自此始」[105]。至元末年奉忽必烈之命入安南的陳孚（字剛中），曾見安南國主在集賢殿設宴，男優女倡各十人，都席地而坐。所攜樂器有琵琶、簫、箏等，唱歌時有樂器伴奏。殿下則有踢弄、上竿、杖頭傀儡等雜技。男子邊舞邊唱，所唱皆中國歌曲：「男子十餘人，皆裸上體，聯臂頓足，環繞而久歌之。各行一人舉手，則十數人皆舉手，垂手亦然。其歌有《莊周夢

---

101 《元史·順帝本紀二》。
102 《大越史記全書·陳紀一》。
103 《安南志略·刑政》。
104 《大越史記全書·陳紀三》。
105 同上。

蝶》、白樂天《母別子》、《韋生玉簫》、《踏歌》、《浩歌》等曲。唯《歡時世》最愴悢,然漫不可曉。」[106]每逢大宴時,大樂在殿廡下演奏,一曲既終,樂器及人皆不見。每逢酌酒,國王又大呼奏某曲,廡下應聲而奏,奏的曲子有《降黃龍》、《入皇都》、《宴瑤池》、《一江風》等。從曲牌來看,也與漢文化有關,因此陳孚的《安南即事》詩中有「曲歌《歡時世》,樂奏《入皇都》」的句子。

安南、占城的符水、齋醮術、戲劇也來源於元朝。元成宗大德年間,「有北方道士許宗道隨商舶來,居之安華江畔。符水、齋醮科儀興行自此始」[107]。如果說符水、齋醮摻雜著迷信因素而不可取,那麼,戲劇傳入安南、占城,在中越文化交流史上卻是一件值得稱道的事。原來元將唆都攻安南時,有一個名叫李元吉的優人被安南俘獲,優人也即是演戲的人。李元吉善歌,安南國主得知後,令「諸勢家少年婢子,從習北唱」。「元吉作古傳戲,有《西方王母獻蟠桃》等傳,其戲有官人、朱子、旦娘、拘奴等號,凡十二人,著錦袍繡衣,擊鼓吹簫,彈琴撫掌,鬧以檀槽,更出迭入。為戲感人,令悲則悲,令歡則歡,我國(指安南)有傳戲始此。」[108]李元吉演的戲可謂出神入化,能讓觀眾的心情隨著劇情的變化而變化,令悲則悲,令歡則歡,無怪乎安南國主看得如癡如醉了。

真臘,《元史》作甘不察。至元二十二年(1285 年)其國與占城貢樂工十人及藥材、鱷魚皮等於元朝。成宗即位,遣使詔諭真臘,有周達觀者從行,回國後,根據親身見聞,寫成《真臘風土記》一書,詳細記載了真臘的風土人情。當地的土人稱從元朝去的人為唐人:「土人最樸,見唐人頗加敬畏,呼之為佛,見則伏地頂禮。」汪大淵的《島夷志略》對該國也有描述。

尼泊爾在元代稱尼波羅國。世祖忽必烈即位之年(中統元年,1260 年),命帝師八合斯巴(即八思巴)在吐蕃建黃金塔,尼波羅國選工匠百人前來幫助建造。年僅十七歲的阿尼哥請求前往,被批准。來到中國後,八思巴對他甚為欣賞,命他負責這一工程。塔建成後,阿尼哥請求回國,被八思巴留下收為弟子,

---

106 《元詩紀事・陳孚・安南即事》。
107 《大越史記全書・陳紀二》。
108 《大越史記全書・陳紀三》。

入朝覲見忽必烈。忽必烈問他：「你來大國，害怕嗎？」阿尼哥回答說：「聖人以萬方百姓為子，子至父前，何懼之有？」忽必烈又問：「你為什麼到中國來？」阿尼哥說：「臣家在西域，奉命在吐蕃造佛塔，兩年建成。臣在那裡見到士兵生活困難，百姓負擔沉重，願陛下好好安撫，為臣不遠萬里而來，是為了給生靈請命。」忽必烈問他有何技能，答以頗知畫塑鑄金之藝。忽必烈命人取出明堂針灸銅像，此銅像是王楫使宋時帶回的，因年久闕壞，問阿尼哥能不能修復，阿尼哥答稱可以試試。「至元二年（1265 年），新像成，關鬲脈絡皆備，金工歎其天巧，莫不愧服。凡兩京寺觀之像，多出其手。」[109] 他後來官做到大司徒，領將作院事，寵遇賞賜，無與為比。死後贈太師、開府儀同三司、涼國公、上柱國，諡敏慧。阿尼哥為中國與尼泊爾的文化交流作出了貢獻。

元朝與暹國（泰國）關係也很密切。《元史‧暹國傳》記載：「大德三年（1299 年），暹國主上言，其父在位時，朝廷賞賜鞍轡、白馬及金縷衣，乞循舊例以賜。」元朝丞相完澤建議說，暹國只是小國，如賜以馬，恐怕其鄰國忻都（印度）會譏議朝廷，結果成宗「仍賜金縷衣，不賜以馬」。這個暹國國主是誰，有的說是敢木丁，有的說是他的兒子洛泰。[110] 大德四年（1300 年）暹國主來中國時，帶回去不少中國的陶瓷工匠，開創了該國的陶瓷業。暹國後來被其南面的羅斛國吞併，合稱暹羅。

元朝與爪哇（婆，即南洋群島中的爪哇島）及南海諸國也有貿易往來。仁宗延年間，元朝國師曾跟隨商船去爪哇國尋找佛經。

元朝與馬八兒（印度東海岸）、俱蘭（印度西海岸）的聯繫就更多了。元朝官員楊庭璧曾四次出使印度，大大增進了中印兩國的友好關係。據摩洛哥旅行家伊本‧拔圖塔記載，至正二年（1342 年）前後，元順帝曾派使臣赴印度，贈給德里算端麻哈沒的禮品有男女奴隸、錦綢、麝香、鑲珠長袍、寶劍、金布等，要求在印度的三合勒地面重建一座佛寺，俾便前往的中國人朝拜。印度算端回贈元

---

109 《元史‧方技傳》。
110 參見內蒙古社科院歷史所《蒙古族通史》編寫組：《蒙古族通史》上冊，頁 331；韓儒林主編：《元朝史》，頁 423。

朝皇帝的禮品有男奴、擅長歌舞的印度女子、馬匹、貝蘭（類似棉布）、哲次（絲料）等。當時中印間的交通，均由中國船隻擔任。

第六節‧

元朝與非洲、歐洲的文化交流

一、元朝與非洲的文化交流

　　遠在唐宋時期，中國與非洲已有貿易往來，到了元代，這種關係又有了新的發展。這是因為，元代疆土廣袤，亞歐大陸都在蒙古統治者的控制之下，為了同宗藩國聯繫，為了發展對外貿易，都需要一條暢通無阻的海上交通線，而當時的元朝也具備了較高的航海和造船技術。正如元末人王禮所說，「適千里者，如在戶庭；之萬里者，如出鄰家。」交通的發達，使山水迢遞的路程一下子縮短了。摩洛哥旅行家伊本‧拔圖塔在他的《遊記》裡敘述元朝船隻時說：「每一大船役使千人，其中海員六百，戰士四百……船上皆有甲板四層，內有房艙、官艙和商人艙，官艙的主室附有廁所，並有門鎖，旅客可攜帶婦女、女婢，閉門居住……水手們則攜帶眷屬子女，並在木槽內種植蔬菜鮮薑。船總管活像一大官。」在元代就能造這樣大的船隻，而且水手可以在船上種植蔬菜，這就為中非海上交通提供了便利條件。

　　元朝與非洲的文化交流，我們可以從中國旅行家汪大淵和摩洛哥旅行家伊

本·拔圖塔的書中窺知一二。汪大淵是江西南昌人，約生於元武宗至大二年（1309 年）前後，曾兩次隨商船出海，到過數十國，回國後根據親身經歷寫成《島夷志略》一書，傳說之事，一概不載，因而可以徵信。他到過埃及，當時統治埃及的是馬木路克王朝。馬木路克王朝的素丹（國王）曾在耶路撒冷之北阿因·扎盧特平原擊敗蒙古軍隊，收復大馬士革等中東地區，阻止了蒙古人的西進。馬木路克的統治者曾遣使至元朝，表示與元朝友好，汪大淵在這種背景下訪問了埃及。該國「有酋長，元臨漳（今屬河北）人，陳其姓也。幼能讀書，長練兵事。國初領兵鎮甘州（甘肅張掖），遂入此國討伐，不復返」[111]。這個姓陳的元朝將領，極可能是在阿因·扎盧特戰役中失敗被俘的，他既在埃及當酋長，必然把中國的風俗習慣帶到了那裡。位於非洲東海岸的層搖羅國（也作層拔羅國，即桑吉巴），範圍包括今索馬里南部至莫三比克沿岸地帶和島嶼。那裡出產紅檀、紫蔗、象牙等，用來換取東方的金銀、綢緞和瓷器。這些綢緞和瓷器多半是從元朝運去的。千里馬國是東非諸城邦格迪的舊稱，十五至十六世紀這裡曾大興土木，修建房屋和城牆，十七世紀初被廢棄。「從一九四八年起，西方考古學家對格迪廢墟進行發掘，結果出土了很多中國古瓷片，其中包括元代釉裡紅瓷瓶。這說明元代與格迪城邦有貿易往來，汪大淵到過此地也在情理之中。」[112]

汪大淵還到過加里那。這是東非的一個城邦，距格迪四十五公里，即肯亞的基那尼。汪大淵說加里那國距具山很近，土地瘠薄，穀物不多。具山是非洲最高峰乞力馬札羅山的簡稱。在這個城邦的周圍地區，發現有不少元代時的青白瓷。古代東非的阿拉伯人對於精緻的中國瓷碗、瓷盤很感興趣，用來做裝飾品，常常黏貼於墓柱、墓碑上。汪大淵記述加將門裡林壑優美，「喬木成林，修竹高節」，居民煮海為鹽，用蔗漿釀酒。該國貿易發達，「貿易之貨，用蘇杭五色緞、南北絲、土絹、巫侖布之屬」。這個加將門里國就是坦尚尼亞南部沿海的古城基爾瓦·基西瓦尼，如今簡稱為基爾瓦。蘇杭五色緞、南北絲顯然都是中國產品，大概是同元朝貿易時輸入的。從東非沿海發掘出的物品看，未見綢緞出現，主要是

111 汪大淵著、蘇繼廎校釋：《島夷志略校釋》，頁 360，北京，中華書局，1981。
112 艾周昌、沐濤：《中非關係史》，頁 59，上海，華東師範大學出版社，1996。

瓷器與錢幣，這當然與東非沿海氣候潮濕，綢緞無法保存有關。儘管在基爾瓦發掘出的元代瓷器已殘缺不全，但是元代風格清晰可見，這是元朝與基爾瓦進行過貿易的有力證據。元朝與非洲諸國貿易頻繁，中國出產的物品在非洲很受歡迎，「絲綢（包括蘇杭五色緞、南北絲、色絹）、瓷器（青白瓷、青瓷等）、鐵器和各色燒珠，可以稱為元代四大出口貨」。[113]

與汪大淵訪問非洲幾乎同時，摩洛哥旅行家伊本・拔圖塔也訪問了中國，這是中非關係史上的一段佳話。拔圖塔為摩洛哥坦吉爾人，出身於穆斯林法官世家。二十一歲時赴麥加朝聖，從此開始了他的旅遊生涯，到達波斯、阿拉伯半島、東非、小亞細亞、拜占庭、欽察、中亞等地。一三三三年到了印度德里。一三四二年，元順帝派使臣至印度，德里算端委派拔圖塔率使團回訪元朝。不幸的是航行中遭遇風暴，使團失散，拔圖塔備嘗艱辛，經馬爾地夫、斯里蘭卡、孟加拉、印尼等地，最後到達泉州，後來又去過廣州、杭州、大都等地。一三四九年回摩洛哥，然後又遊歷西班牙、中西非等處。一三五三年底，拔圖塔再次回到摩洛哥，口述其旅行見聞，由摩洛哥算端派秘書記錄，一三五五年整理成《伊本・拔圖塔行紀》一書。該書為阿拉伯文多卷本，流傳的是節寫本，原文收藏於巴黎國家圖書館，一九五八年在法國出版了阿拉伯文與法文對照本，迄今世界各地已有十五種節譯本或全譯本問世，一九八五年中國也有了中譯本。

拔圖塔最先到過的中國城市是泉州，因環城種植刺桐樹，又被稱為刺桐。他說泉州港口「是世界大港之一，甚至是最大的港口」。對廣州印象頗佳，那裡「是一大都市，街市美觀，最大的街市是瓷器市，由此運往中國各地和印度、葉門」。他路過杭州時，見那裡居住有猶太人、基督教徒和伊斯蘭教徒。他住在一個埃及人家裡，那人是穆斯林，在杭州修建了一座大清真寺。無論是泉州、廣州或杭州，都有包括北非的阿拉伯人居住，因長期定居在那裡，逐漸都被漢化了。杭州舊稱臨安，係南宋都城，入宋貿易的西域人多喜歡在這裡居住。陶宗儀《南村輟耕錄》云：「杭州薦橋側首，有高樓八間，俗謂八間樓，皆富實回回所居。」

---

113 同上書，頁61。

所謂「富實回回」，就是西域來的信仰伊斯蘭教的人。居住既久，修建清真寺就是很自然的事了。明人田汝成的《西湖遊覽志》也說，自宋室南徙臨安，原居中原的夷人也隨駕而南。元代西域人歸附者多編管於江、浙、閩、廣之間，而以杭州最多，號稱色目種。元代延年間，一個叫阿老丁的回回人在杭州建了一座清真寺，這對中國與非洲的宗教文化交流，起了很好的作用。

拔圖塔在其遊記中記述，元朝時中國人已用煤作燃料，在市場交易中已使用紙幣。他讚歎：「中國地域遼闊，物產豐富，有水果、五穀、黃金、白銀等，皆是世界各地無法與之比擬的。」中國蔗糖之品質「較之埃及蔗糖實有過之而無不及，」尤其絲綢與瓷器，給他留下了更為深刻的印象，「中國瓷器運銷印度等地區，直至我國馬格里布。這是瓷器種類中最美好的」。伊本‧拔圖塔是促進中非文化交流的重要人物。

二、元朝與歐洲的文化交流

蒙古人的西征及四大汗國的建立，特別是欽察汗國和伊兒汗國的疆域，實際上已與歐洲國家毗鄰。由於交通方便，也由於元朝統治者想利用形形色色的宗教迷信來麻醉百姓，以利於自己的統治，便對各種宗教採取了兼收並蓄的政策，於是，基督教（耶里可溫）、佛教、道教、伊斯蘭教等得以陸續進入元朝傳經布道，建立教堂，並享受免除賦稅、徭役的優待。歐洲各基督教國家與羅馬教廷對蒙古人摧枯拉朽的兵鋒驚慌不已，為了解除這一威脅，並利用蒙古人的力量對付伊斯蘭教勢力，便派遣僧侶充當使者兼傳教士入元，想通過宗教的影響來捍衛自己的利益，防止蒙古人的東侵。

最先入元的傳教士是加賓尼。一二四五年初，教皇英諾森四世在法國里昂召開宗教大會，決定派教士出使蒙古，目的是勸蒙古人停止對基督教國家的侵犯，並皈依天主教。加賓尼從里昂出發時，帶有教皇給蒙古可汗的兩封信，信中說：「你侵略了許多既屬於基督教徒又屬於其他人的國家，蹂躪他們，使之滿目荒涼」，並警告說：「從今以後，完全停止這種襲擊，特別是停止迫害基督教徒，

而且，在犯了如此之多和如此嚴重的罪過之後，你們應通過適當的懺悔來平息上帝的憤怒。」[114]一二四六年四月，加賓尼一行來到亦的勒河（伏爾加河）邊的營帳觀見拔都（此人是成吉思汗之孫，術赤之子）。拔都命人把教皇的信件譯成俄文、波斯文和蒙文後，把使者和信件一起送往蒙古國當時的都城和林。加賓尼於七月間來到和林，正趕上貴由八月間舉行的登基典禮。十一月份，加賓尼帶著貴由給教皇的覆信回國。信件原用蒙古文寫就，又譯成薩拉森文（波斯文），以便教皇閱讀。貴由拒絕了教皇對他肆意侵略基督教國家並燒殺掠奪的責備，嚴厲地命令教皇：「現在你應該真心誠意地說，『我願意降服並為你服役。』你本人位居一切君主之首，應立即前來為我們服役並侍奉我們！那時我將承認你的降服。如果你不遵守長生天的命令，如果你不理睬我的命令，我將認為你是我的敵人。同樣地，我將使你懂得這句話的意思。如果你不遵照我的命令列事，其後果只有長生天知道。」[115]加賓尼的使命並未完成，但他作為出使報告寫成的《蒙古史》一書，卻極有價值。書中全面而詳細地記述了蒙古地理及其百姓的生活習俗、大汗及諸王的宮廷、蒙古人用兵的經過及戰術等，歐洲人從此書中得以了解蒙古國的情況。

教皇英諾森四世在派出加賓尼不久，還派以審溫為首的又一使團前往波斯，拜見在那裡駐紮的蒙古將領拜住，仍是要求蒙古人停止侵犯基督教國家，拜住沒有允諾。一二四八年，蒙古新任駐波斯將領野裡知吉帶派人至賽普勒斯島觀見法國國王聖路易（路易九世）。當時聖路易正率兵駐在那裡，傳言貴由大汗將幫助基督教徒收復被回教徒占領的聖地耶路撒冷。聖路易大喜過望，便派教士安德列出使蒙古，但安德列風塵僕僕抵達蒙古時，貴由已因病殂逝，皇后斡兀立海迷失在葉密立（新疆額敏南）接見了安德列，覆信中並未談及幫助基督教徒收復耶路撒冷一事。

法王聖路易為達到在蒙古境內傳教的目的，於一二五三年派教士魯不魯乞來到東方。魯不魯乞先後觀見了鎮戍術赤封地的大將撒兒塔和他的父親拔都，然後

---

114 〔英〕道森編、呂浦譯：《出使蒙古記》，頁 92，北京，中國社會科學出版社，1983。
115 同上書，頁 103。

又在和林之南的冬營地（汪吉河）受到蒙哥的接見。魯不魯乞參加了佛教徒和道教徒的辯論會。從這裡魯不魯乞了解到，蒙古統治者對佛教、伊斯蘭教、基督教都給予禮遇，利用他們為自己服務，而蒙哥本人則只信仰唯一至高的天帝——長生天。在和林居住了兩個月之後，魯不魯乞帶著蒙哥致法國國王的信，於一二五四年六月西還。他在薩萊（俄羅斯阿斯特拉罕附近）見過拔都，然後南行，穿過高加索，進入小亞細亞，翌年六月，始抵賽普勒斯。魯不魯乞的東行，可能是要窺探蒙古人的動向，因為「當時歐洲正在進行所謂的十字軍聖戰，蒙古人的興起使教皇和歐洲的君王意識到這股可怕的力量的存在，他們需要摸清蒙古人的情況，以便決定能否和蒙古人聯合起來共同對付伊斯蘭教勢力」[116]。他所寫的報告——《魯不魯乞東遊記》是研究蒙古歷史的重要資料，這本書比加賓尼的《蒙古史》更為詳盡準確。從文化交流的角度看，有一則記載很值得我們注意：「契丹（指蒙古人）通行的錢是一種棉紙，長寬為一巴掌，上面印有幾行字，像蒙哥印璽上的一樣。」[117]這可能是歐洲人對中國紙幣的最早記載。

在元代影響最大的旅行家是義大利人馬可‧波羅，一本《馬可‧波羅遊記》使他聞名遐邇。他出生於義大利威尼斯一個商人之家。他的父親尼哥羅與叔父馬菲奧從君士坦丁堡渡過黑海，到欽察汗國都城薩萊（俄羅斯伏爾加格勒附近）經商，當時欽察汗國的國王別兒哥正與伊兒汗國的國王旭烈兀戰事正酣，歸途不寧，弟兄二人索性東行至不花剌城（烏茲別克斯坦布哈拉）。適逢旭烈兀遣使朝見世祖忽必烈，使臣邀尼哥羅兄弟同往。至元二年（1265 年）夏，他們一行到達大都，受到忽必烈的接見。忽必烈決定派使赴羅馬教廷，便以尼哥羅弟兄充任副使隨行。使者於中途患病無法前往，將國書交給尼哥羅兄弟，至元六年（1269年）弟兄二人抵達阿克兒，向教廷呈交國書後，返回威尼斯。兩年之後，他們攜帶尼哥羅之子馬可‧波羅謁見新上任的教皇格里戈里十世，請求回元朝覆命，教皇給忽必烈寫了一封信，派遣兩名傳教士與尼哥羅等一起來中國。兩名傳教士中途變卦，懼怕旅途危險而不肯前行，讓尼哥羅轉交教皇給大汗的信件。他們父子

---

116 何高濟譯：《魯布魯克東行紀》（即《魯不魯乞東遊記》），頁 184，北京，中華書局，1985。
117 同上書，頁 280。

叔侄三人在路上漂泊了大約三年半的時間，至元十二年（1275年）夏才到達上都。所經路線大致上是古代有名的絲綢之路，途經伊兒汗國時，還遊覽過一些波斯城市。後來越過帕米爾高原，經可失哈兒（新疆喀什），取道南疆東行，經鴨兒看（葉城）、忽炭（和田）、纏（且末）、羅不（若羌），又經沙州（甘肅敦煌）、肅州（甘肅酒泉）、甘州（甘肅張掖）、額里折兀（甘肅武威）、額里哈牙（臨川）、天德軍（內蒙古呼和浩特東白塔古城）、宣德州（河北宣化）、察罕腦兒行宮（河北沽源縣北）等地到達上都。馬可·波羅在中國居住長達十七年之久，在揚州居官三年，曾奉使雲南、江南及占城、印度等地。至元二十八年（1291年）伊兒汗國阿魯渾汗之妃卜魯罕死，請求元朝大汗選賜前妃同族之女為妃，忽必烈把闊闊真公主嫁給阿魯渾汗，馬可·波羅隨使臣護送，由海道西行。完成任務後，馬可·波羅返抵威尼斯。根據他口述而寫成的《馬可·波羅遊記》，其中關於中國的記述，無論是汗八里（北京）、揚州、鎮江、蘇州、泉州等地的自然風光，或是涉及元朝的重大事件、制度、地理、物產等，基本上都是可信的。該書的影響也遠遠超過了其他西方人的遊記，使歐洲人對中國有了更多的了解。

在西方傳教士進入中國的同時，中國基督教聶思脫里派修道士——大都人列班掃馬和東勝州（內蒙古托克托）人麻古思，徵得忽必烈的同意，前往耶路撒冷朝聖，帶有聖旨文字（可能是驛傳璽書），隨著商隊西行。後來麻古思被推舉為契丹與汪古部的大主教，駐錫報達城（伊拉克巴格達）。同行的列班掃馬被任命為巡視總監。伊兒汗國阿魯渾國王在位時，欲聯合羅馬教廷與歐洲各國，征服巴勒斯坦與敘利亞，當時已改名為馬兒亞伯剌罕的麻古思，派遣列班掃馬以阿魯渾國王及馬兒亞伯剌罕總主教的名義前往羅馬。列班掃馬從報達出發，經君士坦丁堡至那不勒斯登陸，時值舊教皇死，新教皇未立，列班掃馬沒有停留，從羅馬轉往法蘭西，受到法蘭西國王菲利浦四世的接見。他由法國轉赴英國，會見了英國國王愛德華，由這裡再赴

馬可·波羅像

羅馬，受到了新教皇尼古拉四世的熱情接待。列班掃馬完成使命歸國後，受到阿魯渾汗的嘉獎。以後列班掃馬與麻古思一直留在伊兒汗國，至死未歸。

羅馬教皇尼古拉四世與列班掃馬接觸後，立即派教士孟德科維諾前往東方傳教。大約在至元三十一年（1294年），孟德科維諾經印度航海來到了大都。這年正月忽必烈崩逝，成宗在四月間即位，他接見了這位教皇的使者，允許他在大都自由傳教。幾年之後，孟德科維諾給本國教友寫信，通報了他在大都的情況，要求教廷再派教士赴元，協助他傳教。他先後在大都皇宮附近興建了兩座教堂，前往受洗禮者絡繹不絕。汪古部駙馬闊里吉斯此時與孟德科維諾結識，此人原來信仰聶思脫里教（景教），在孟德科維諾的影響下改信天主教。孟德科維諾長期在中國生活，「學會了韃靼人通行的語言文字，並將新約及祈禱詩篇譯為這種文字，又據新、舊約繪成六幅圖畫，附以拉丁文、突厥文和波斯文的注解」[118]。在孟德科維諾教堂裡受洗的多是從高加索地區遷來中國的阿速人，他們原來就信奉基督教，阿速軍是元朝的一支重要軍事力量。羅馬教皇在得悉孟德科維諾的情況後，任命他為汗八里及東方總主教，並派七名副主教前來協助他傳教，但只有格拉德、比列格林、安德列三人到了中國，時間為仁宗皇慶二年（1313年）。不久，泉州創設天主教區，格拉德任主教。格拉德死後，主教一職由比列格林接任。安德列後來也去了泉州，在比列格林死後任那裡的主教。孟德科維諾死於天曆元年（1328年），羅馬教廷又派尼古拉赴元任總主教。後至元二年（1336年），順帝派遣使團訪問羅馬，羅馬教皇也派團東來。使團經過欽察汗國與察合臺汗國，並在察合臺汗國的阿力麻里（新疆霍城縣水定鎮西北）建立了一座天主教堂。至正二年（1342年）七月使團抵達大都，向元順帝貢駿馬。《元史》記載說：「是月，拂郎國貢異馬，長一丈一尺三寸，高六尺四寸，身純黑，後二蹄皆白。」使團稽留大都三年後西歸。泉州的主教與修士也參與經商，如設立供商人貯存貨物的貨棧，修建供客商沐浴的澡堂。另外泉州也發現有用拉丁文書寫的基督教徒的墓碑和墳墓。

---

118 韓儒林主編：《元朝史》下冊，頁445，北京，人民出版社，1986。

義大利傳教士鄂多立克，他在至治元年（1321 年）抵達辛迦蘭（廣東廣州）。鄂多立克說：「它是一個比威尼斯大三倍的城市……整個義大利都沒有這一個城的船隻多。」[119]然後到了刺桐（福建泉州）、福州、杭州、金陵（江蘇南京）、揚州，然後到達汗八里。《鄂多立克東遊錄》一書記述了沿途中國城市的風土人情及物產，對於大汗的出巡、狩獵、驛站的設置及功能，則有詳盡的描述。雖然有個別地方不準確，但大致是可信的。

　　中國與歐洲在元代的文化交流，主要是通過傳教士進行的，商人也有一些。中國也派使臣赴歐洲各國，人數之多，地域之廣，也超過了歷史上的任何朝代。

---

119 何高濟譯：《鄂多立克東遊錄》，頁 64，北京，中華書局，1981。

第五章

風格各異的
語言文字

契丹文的
創制與使用

一、契丹語與契丹文的創制

　　契丹王朝建立後，曾創制過契丹大字和契丹小字兩種類型不同的文字，以適應政治、經濟、文化發展的需要。文字是記錄語言的工具，要了解契丹文字，須得約略知道契丹的語言。遼代契丹人的語言材料，除了極少數保存在宋人著作及《遼史·國語解》中外，其餘的已經亡佚，無法得知了。《遼史·國語解》約有詞語二百條，解釋地名、人名的就有一半，剩下的又多是官職或官府名稱，真正屬於契丹民族語言的基本詞彙，就寥寥可數了。葉隆禮的《契丹國志》中收有北宋派往契丹的使臣余靖、刁約用契丹語寫的詩，是後人研究契丹語彌足珍貴的資料。余靖曾兩度出使契丹，「為北語詩，契丹愛之」。他第二次使契丹時，寫了一首詩：「夜筵設罷（侈盛也）臣拜洗（受賜也），兩朝厥荷（通好也）情斡勒（厚重也）。微臣稚魯（拜舞也）祝若統（福佑也），聖壽鐵擺（嵩高也）俱可忒」。這首詩雖然全用的是漢字，但記述下來的卻都是契丹語，全詩不但沒有漢語詩的韻味，而且不看注釋，簡直不知所云。然而契丹天子對此詩卻大加讚譽，誇獎說：「能道此，（余）為卿飲。」[1] 刁約的詩是一首五絕：「押燕移離畢（移離畢，

1　《契丹國志·余尚書北語詩》。

官名，如中國執政），看房賀跋支（賀跋支，如執政房閣）。餞行三匹裂（匹裂，似小木罍，以木為之，加黃漆），密賜十貔貍（形如鼠而大，穴居，貪穀粱，嗜肉。北朝為珍膳，味如豚肉而脆）」。[2] 遼被金朝滅亡後，契丹人已大部融入漢族之中，契丹語也早已消亡，上引的兩首詩可能是如今僅存的契丹語詩了。

契丹文是如何創制的呢？王溥的《五代會要》云：「契丹本無文紀，惟刻木為信，漢人陷番者以隸書之半，就加增減，撰為胡書。」[3] 在此稍後，歐陽修撰《新五代史》時也說：「至阿保機，稍並服旁諸小國，而多用漢人，漢人教之以隸書之半增損之，作文字數千，以代刻木之約。」[4] 這兩段記載都很簡略，只說耶律阿保機在漢人的幫助下，以隸書增減，製成契丹文，至於具體情況，則語焉不詳。

契丹文字石碑殘片（遼）

元人脫脫修的《遼史》，為我們提供了較為詳細的情況，使人們知道新的契丹字有大字、小字之分。神冊「五年（920 年）春正月乙丑，始制契丹大字……

2　《契丹國志·刁奉使北語詩》。
3　王溥：《五代會要·契丹條》。
4　歐陽修：《新五代史·四夷附錄第二》。

九月……壬寅，大字成，詔頒行之」。[5] 從開始制字，到在全國頒行，只用了不到一年的時間，速度還是很快的。《契丹國志》說：「天贊六年（927 年）……七月……渤海既平，乃制契丹文字三千餘言。」[6] 這字當然也是指契丹大字。從時間上看，《遼史》與《契丹國志》所說時間不甚契合，一說神冊五年，一說天贊六年，但是阿保機在攻滅渤海前後制定契丹大字，則是可以肯定的。

那麼，契丹大字是如何創制出來的呢？《遼史》特別提出了兩個人，一個是突呂不，另一個是耶律魯不古。突呂不的傳記載：

突呂不，字鐸袞，幼聰敏嗜學，事太祖見器重。及制契丹大字，突呂不贊成為多。未幾，為文班林牙，領國子博士、知制誥。

耶律魯不古的傳記載：

耶律魯不古，字信寧，太祖從侄也。初，太祖制契丹國字，魯不古以贊成功，授林牙，監修國史。

《遼史》的用語很準確，只說在契丹大字的創制過程中，突呂不、耶律魯不古兩人是「贊成」——也即是襄助，並不是說契丹大字出於兩人之手。由此可見，契丹大字在創制過程中，是有不少漢人參與的。應該說，契丹大字是漢人與契丹人共同努力的產物。

契丹小字的創制者是迭剌，他是太祖阿保機之弟，「字雲獨昆……性敏給……回鶻使至，無能通其語者，太后謂太祖曰：『迭剌聰敏可使。』遣迓之。相從二旬，能習其言與書，因制契丹小字，數少而該貫」[7]。這裡所說的數少，當是指契丹小字的數量不及契丹大字多，但優點是該、貫，也就是說，這種契丹小字既完備，又連貫。從契丹大、小字來看，「兩種契丹文字除了有不少直接借用漢字的字形外，即便與漢字不全相同的字，其形體特徵、筆劃走向，也是套取

5　《遼史·太祖本紀下》。
6　《契丹國志·太祖大聖皇帝》。
7　《遼史·皇子表》。

漢字而來，很像漢字的偏旁部首。從契丹造字的史實不難看出中原文化對邊區兄弟民族文化的深刻影響和祖國各民族間文化交流的悠久傳統。」[8]

如果把契丹大、小字拿來與漢字相比，可知契丹大字與漢字的關係更為密切，可以說漢字是契丹大字之源。契丹大字與漢字同是方塊字，契丹大字不過是在漢字的基礎上進行了減少筆劃和字數的改造而已。具體地說，分為以下幾種情況：一是直接借用漢字的形、音、義，如「皇帝」、「太后」、「太王」等；二是借用漢字的形和義，如「一」、「二」、「五」、「十」等；三是借用漢字的形，如「仁」、「住」、「弟」、「田」、「有」、「行」、「未」、「高」、「畫」、「全」、「乃」等。

契丹小字是由一至七個不等的基本讀寫單位——「原字」所組成。所謂「原字」是指在進一步減少漢字和契丹大字的筆劃並改造其字形的基礎上製成的契丹小字。這種小字參照漢字的反切創出拼音的方法，以「原字」作為基本讀寫單位拼成字（詞）。契丹小字在創制過程中也可能參考了回鶻文字，因為兩者除了同屬拼音文字外，還同屬於一個語系，即阿勒泰語系。契丹小字有一部分字形與漢字完全相同，如「一」、「丁」、「丙」、「而」、「天」、「十」、「卡」、「木」、「杏」、「土」、「犬」、「太」、「丈」、「又」、「刀」、「力」、「了」、「子」、「乙」、「欠」、「久」、「各」、「乃」、「及」、「丸」、「午」、「伏」、「仕」、「付」、「仍」、「公」、「山」、「出」、「小」、「目」、「由」、「口」、「文」、「火」、「米」、「主」等。不過，這些字雖然字形與漢字相同，但音、義不同，因而不能按漢語套讀。「原字」中也有用漢字俗體字造成的，如「几」就可能是借用了漢字「幾」；有的「原字」則是對漢字稍加改造而成，如「屮」字來源於漢字「益」等等。據《契丹小字》一書統計，「原字」數大約在三百五十個左右，筆劃也不多，最多者十劃，一般情況下在六劃左右。

8　清格爾泰、劉鳳翥、陳乃雄、于寶林、邢復禮：《契丹小字研究》，頁 5，北京，中國社會科學出版社，1985。

二、契丹文的使用與廢止

契丹大、小字創制成功後，與漢文一起在遼朝境內通行。至於契丹文在多大範圍內使用，因為記載疏略，我們無法得知，只知道契丹大字創制在前，小字創制在後。為什麼有了契丹大字，還要創制小字呢？這是因為，契丹大字是根據漢字創制的，但契丹語詞匯多音節者居多，其語法關係在一般情況下，用黏著和變化附加成分來表示，這與漢語語法大相徑庭，因而按照漢字模式製作出來的契丹大字，用來表達契丹語的時候，產生了很多矛盾和困難，使用起來也有諸多不便。在這種情況下，必須對契丹大字作一番改造，於是，契丹小字便應運而生。契丹小字創制時，雖也參考了漢字和契丹大字，但對漢字和契丹大字的方塊進行了改造，在拼音化方面也有所進步，用這種字去記錄契丹語，比契丹大字更為準確、方便，當然流傳得更加廣泛了。

契丹文都有哪些用途呢？《契丹小字研究》一書指出，大致上有九種用途：第一是刻記功碑，阿保機曾命人在辟遏可汗故碑上，用契丹、突厥、漢三種文字紀其武功；第二是用來記錄諸部鄉里之名；第三是用契丹文書寫外交函件；第四是往旗幟上寫字；第五是刻牌符；第六是用來寫詩；第七是用來翻譯漢文書籍，如遼朝曾翻譯過《陰符經》、《方脈書》、《貞觀政要》、《五代史》、白居易的《諷諫集》等；第八是用來科舉考試；第九是用來撰寫哀冊和墓誌。另外，契丹小字還在女真人中流行過一陣，關於這方面的情況，我們在敘述女真文時再說。

契丹文後來為什麼又廢而不用了呢？這裡的原因很多，但最主要的是契丹文在廣大人民群眾中沒有流行開來。一種文字是否廣泛流行傳播，和政府的提倡與否有很大關係，契丹字的使用範圍是很有限的。箇中原因很可能是契丹人在很大程度上是與宋朝打交道，不懂漢文是不行的，漢文的重要性超過了契丹文，所以儘管創制出了契丹大、小字，而真正懂得的人並不很多。在《遼史》中出現了一個饒有趣味的現象，那就是凡精通契丹文者，在他的傳記中都有記載，除了創制契丹大、小字的耶律突呂不、耶律魯不古、耶律迭剌三人外，還提到另外七個人，他們是耶律只沒、耶律倍、蕭陽阿、耶律庶成、蕭樂音奴、蕭韓家奴、耶律蒲魯。按說契丹人懂得契丹文，如同漢人懂漢文一樣，應是很平常的事情，而

《遼史》中卻加以強調，可知在當時的官場中，能掌握契丹文的只是很少一些人，在上層社會中是一種不易做到的高深學問，普通的老百姓就更不會有人問津了。南宋端平年間曾隨使臣到過蒙古的徐霆，在為《黑韃事略》一書作注疏時說：「契丹、女真諸亡國者只用漢字……契丹、女真自有字，皆不用。」契丹統治者自己都不用本民族文字，怎能讓廣大普通百姓使用呢？

在一般情況下，只有統治者大力推廣，新文字才能為廣大群眾所接受，契丹統治者顯然是沒有作出足夠的努力。另外，一種文字使用得越頻繁，使人們感覺到如同粟米布帛一樣須臾不可離，這種文字才能在百姓中扎根，而契丹統治者卻規定，契丹文的書籍不准流入中國，犯法者死，這樣，就沒人敢以身試法，把契丹文書籍傳入宋朝。再加上連年兵燹，戰亂不斷，致使本來就不普及的契丹字很快被人遺忘，到了元代，懂得契丹文的已經是鳳毛麟角了。明成祖永樂年間，為培養翻譯人才，以便處理邊疆少數民族事務，特地設置了四夷館，但一直沒有設契丹館，而是設了韃靼、女真、西番、回回、百夷、高昌、西天、緬甸等館，後又增設八百、暹羅兩館，這說明明朝在與東北的少數民族打交道時，已沒有用契丹字的了，因此無須再設契丹館。至於中原地區，更是沒人懂得契丹文了。

三、已經發現的契丹大、小字資料

迄今為止，人們還沒有發現過一本用契丹文字書寫的書籍，流傳至今的是宋人王易在其著作《燕北錄》中收錄的五個契丹字，翻譯成漢文是朕、敕、走、馬、急。除此之外，所有的契丹文字資料都是在本世紀出土、發現的。這些資料分為契丹大字、小字兩種。

先說契丹大字資料：

1. 大遼大橫帳蘭陵郡夫人建靜安寺碑　該碑正面為漢文，背面鐫刻契丹大字，已漫漶不清、原立於內蒙古寧城縣十家子村，如今已移往遼中京遺址白塔下。

2. 故太師銘石記　有契丹字四十行，出土地點不詳。

3. 蕭孝忠墓誌　志蓋背面有漢字十二行，共二百四十字；又有契丹大字十八行，共五百四十字，兩者不是對譯。該墓誌一九五○年在遼寧錦西縣西孤山出土。

4. 耶律延寧墓誌　有字二十四行，共有契丹大字二百七十一個，漢字五百一十二個。一九六四年在遼寧朝陽縣西五家子柏樹溝村西北角出土，墓誌系統和四年（968 年）文物。

5. 北大王墓誌　志蓋正面有篆體漢字「北大王墓誌」五個字，共有漢文五百一十字，契丹大字七百八十三個。一九七五年冬在內蒙古阿魯科爾沁旗昆都鄉沙日溫都遼墓出土。

6. 蕭袍魯墓誌銘　墓誌上有漢、契丹、梵三種文字，墓誌銘用契丹大字寫成，共三百二十字。一九五六年在遼寧省法庫縣前山村北山遼北府宰相蕭袍魯墓出土。

7. 耶律習涅墓誌　上有契丹大字一千六百一十六個，漢字六百零一個，是迄今所發現的契丹大字最多的墓誌。一九八七年在內蒙巴林左旗烏蘭壩遼墓出土。

8. 應曆碑　因紀年為應曆，故名。該碑共有契丹字三百九十個，是已故的中央民族大學歷史系教授賈敬顏解放初從舊書店中購得的拓片。

再說契丹小字資料：

1. 興宗哀冊和仁懿皇后哀冊　共有石碣四方，其中兩方漢字，兩方為契丹字。現存拓片，原石下落不明。一九二二年比利時傳教士凱爾溫在內蒙古昭烏達盟巴林右旗白塔子（遼代慶州故址）東北二十餘里瓦林茫哈（蒙古語瓦礫灘之意）發現。

2. 道宗哀冊和宣懿皇后哀冊　一九三○年由當時任熱河省主席的湯玉麟之子湯佐榮組織人力對遼慶陵發掘所得，有道宗及宣懿皇后的漢文哀冊和契丹文哀冊各一盒，現存遼寧省博物館。

3. **郎君行記**　全名為《大金皇帝都統經略郎君行記》，刻在武則天墓前的無字碑上。明清以來的金石學著作雖有著錄，但無人知道上面鐫刻的是契丹字。二十世紀三〇年代，日本學者羽田亨、中國學者王靜如始指出是契丹文，不是女真文。一九八二年十一月，中國社會科學院民族研究所的劉鳳翥等又在陝西省乾縣唐乾陵獻殿遺址發現了新的《郎君行記》，只不過是塊殘石，文字已不甚清晰了。

4. **蕭仲恭墓誌**　墓誌有契丹小字二千四百九十二個，一九四二年在河北省興隆縣梓木林子村發現。

5. **許王墓誌**　墓誌上有契丹小字六十四行，現存二千一百五十七字。一九七五年在遼寧省阜新縣白台溝村流井溝遼墓出土。

6. **耶律仁先墓誌**　墓誌為漢文共一千四百零九字，志蓋反面有契丹小字五千一百四十三個，清晰可辨者四千七百七十六個。一九八三年七月出土於遼寧省北票縣小塔子公社蓮花山大隊東山生產隊。

7. **故耶律氏銘石**　共有契丹字六百九十九個。一九六九年出土於內蒙古翁牛特旗毛不溝。

8. **耶律宗教墓誌**　共有契丹小字一千零二十個，對應漢字墓誌銘九百三十五字。一九九一年在遼寧省北鎮縣鮑家鄉高起村北出土。[9]

四、契丹文的研究

自從二十世紀三〇年代遼寧慶陵小字哀冊出土以後，中國學者羅福成、王靜如、厲鼎煃諸先生便先後開展了研究。了解契丹文對解決契丹族族源與北方少數

9　關於契丹大、小字現存資料係根據《契丹小字研究》，馮繼欽、孟古托力、黃鳳岐《契丹族文化史》有關章節寫成。

民族歷史關係重大，因此這一研究也為國外學者矚目。

　　羅福成等人研究契丹小字，用的是比較法。所謂比較法，其實並不複雜，也就是拿契丹文哀冊與漢文哀冊對比，在各個契丹字哀冊之間進行比較，從而確定哪一個契丹字與哪一個漢字相當，然後了解那個契丹字的含義。比如某皇帝的哀冊，漢文的哀冊與契丹文的哀冊含義應當相同；再如某皇后去世的年、月、日，無論是漢文還是契丹文，都應當是一樣的，有了漢文的年、月、日，對應的契丹文年、月、日，也就可以確定了。在契丹文哀冊中先找出紀年部分，再判定哪些字是表示年、月、日的，反覆推敲，直到正確無誤為止。這不失為一種最簡捷、最科學的釋讀方法。中國學者就是運用這種方法，取得了第一批科研成果的。如羅福成先生利用此法釋讀了除「五」、「九」以外的全部個位數詞；除了「丁」、「戊」、「癸」以外的全部天干和除了「申」、「亥」以外的全部地支，還認出了壽昌、大康、乾統、重熙等年號。厲鼎煃先生破譯出「墓誌銘」、「銘曰」、「詞曰」、「奉敕撰」等等。鄭紹宗、王靜如、陳述等先生也提供了自己的研究成果。

　　對契丹小字研究取得突破性進展的是清格爾泰、劉鳳翥、陳乃雄、于寶林、邢復禮五人合著的《契丹小字研究》一書。這本書在前人研究的基礎上，對契丹小字進行了新的探索，把對契丹文的解讀推進到了一個新階段，被日本學者譽為「劃時代的新研究」。

　　過去對契丹文的研究雖然成果不少，但缺陷也比較顯著，主要是釋讀偏重語義，結合語言探討不夠，對契丹語中的特殊語法關係也未給予足夠的重視，「總之，還沒能達到把語音、語法、語義三者有機地結合起來解讀契丹文字這樣一個科學的要求」[10]。《契丹小字研究》一書則克服了這些缺點。該書作者以《郎君行記》為突破口，搜集了其他契丹小字資料，進行綜合研究，先準確無誤地找出契丹小字的義，然後探索出音，由此循序漸進，辨認出一些新詞。新詞掌握得多了，再進一步探索出一些規律。如名詞的變化、動詞的變化、音節組合的方式等等。《契丹小字研究》一書的作者通過不懈的努力，釋讀出契丹小字語詞

---

10 清格爾泰、劉鳳翥、于寶林、陳乃雄、邢復禮：《契丹小字研究》，頁28，北京，中國社會科學出版社，1985。

三百七十多條，加上前人釋出七十多條，共達四百五十多條；分析詞法形態七十種左右，對其中有二十幾種附加成分作了不同程度的說明，這些成果是很喜人的。

國外學者對契丹文也進行了研究，不過那是近幾十年的事，主要是日本和蘇聯的學者。日本學者白鳥庫吉、羽田亨、鳥居龍藏等對契丹語言文字作過介紹，真正對契丹文有研究的是山路廣明、村山七郎、長田夏樹、愛岩松男。

山路廣明認為全部契丹文都脫胎於漢字，是模仿漢字製成的。他對一些契丹原字作了分析，構擬出其音值，推測出某契丹字來源於某漢字。他運用音、義、形相結合的方法解讀契丹字並探索其造字途徑，構擬出七十多個原字的音值，其中符合或接近語言事實的有十多個。

村山七郎提出，要解讀成功未知文字文物須有三個條件，即：明確書寫未解讀文字資料所用的語言系統；明確書寫未解讀文字資料所用文字的文字系統；如有對譯，應弄清楚未解讀文字資料的內容。但是他說契丹小字的文字系統來源於突厥，前提就錯了，因此研究成果也就不可靠了。

長田夏樹認為契丹語從語言系譜上說應屬蒙古語族，他對於契丹字出現的位置、頻率和附加成分使用情況的研究，很有參考價值。利用統計方法獲得的資料固然有助於音值的構擬，但這種方法必須與其他方法結合起來使用，結論才能完美。

愛岩松男認為，契丹字之所以很快便被廢棄，是因為其本身存在著很大弱點，因此，對契丹字的研究，首先要確定和文字有密切關係的語言，據此來考定未解讀文字各自的意義與音值，走向字母和字頭的分析。根據這一理論，他先認定契丹語屬蒙古語系。他從分析十二個日期記載入手，歸納出十個數詞、天干、地支、年號和其他一些詞的讀法。

蘇聯學者魯道夫認為，契丹文屬於一種特殊的音節文字，字形總的特徵是，大多數情況下與音節相一致，某些情況下與複雜的單詞相一致，音節符號的排列不是一直行，而是兩相並列，由左而右，由上而下，如方塊漢字一樣，且有固定

的字形，有詞尾。

另一蘇聯學者沙夫庫諾夫把契丹小字與女真小字混為一談，把金代用契丹小字寫成的《郎君行記》碑文錯誤地判斷為女真文，但是他對契丹文中三十多條詞目的五十多個原字音值的推定，比其他蘇聯學者更正確。

契丹大字因比契丹小字解讀更困難。因此各國的研究還處於探索階段，研究成果相對來說還比較少。閻萬章根據蕭孝忠墓誌等資料釋出「大安」、「重熙」、「統和」、「咸雍」等年號以及「年」、「月」、「日」，還有部分干支和數目字；劉鳳翥根據《北大王墓誌》釋出「開泰」、「太平」、「元年」等契丹大字，特別是他考證出漢文中的「幺」字是混入的契丹大字，讀音應為「yan」。金永年也考證出了一些契丹大字詞語。

總之，國內外學者對契丹文字的研究，已經取得了很大進展，成果是很豐碩的。人們有理由相信，隨著研究手段的越來越完善，還會有更多的成果問世。

第二節·
女真文
的創制與使用

一、女真大、小字的產生及廢止

女真人長期受契丹人的管轄，因此受契丹文化的影響較深，這種影響浸潤到

各個方面，當女真文還沒有問世的時候，便使用契丹字：「金人初無文字，國勢日強，與鄰國交好，乃用契丹字。」[11]「女真初無文字，及破遼，獲契丹、漢人，始通契丹、漢字，於是諸子皆學之。」[12]女真人學習契丹文、漢字，說明契丹、宋朝的文字在女真人中產生了巨大影響，其實，女真語在契丹、漢人中也同樣有影響。特別是金國把首都由上京搬到燕京，再搬到汴京，使得許多中原地區的漢人學會了女真語。南宋詩人陸游有詩云：

> 大梁二月杏花開，錦衣公子乘傳來。
> 桐陰滿地歸不得，金轡玲瓏上源驛。
> 上源驛中槌畫鼓，漢使作客胡作主。
> 舞女不記宣和妝，盧兒盡能女真語。[13]

這首詩是記述南宋人韓元吉在孝宗乾道九年（1173 年）使金的情況的，當時汴京的漢人也能講女真語。

阿骨打建立金國後，女真人有了自己的國家，不再是遼國的附庸，應該有自己的文字，而「契丹語是蒙古系統的語言，女真語是通古斯系統的語言，所以女真人借用書寫契丹語的契丹文字一定要通過翻譯，自然是很不方便的」[14]。一是作為獨立國家需要有自己的文字；二是契丹文用起來不甚方便，於是女真文便應運而生：「太祖命希尹撰本國字，備制度。希尹乃依仿漢人楷字，因契丹字制度，合本國語，制女直字（按：契丹人因避遼興宗耶律宗真的『真』字，故稱女真為女直）。天輔三年（1119 年）八月，字書成，太祖大悅，命頒行之。」[15]

女真文既然頒行到全國各地，還必須有人教這些新制定出來的文字，為此，金朝統治者專門設立了學校，命專人傳授。《金史‧溫蒂罕締達傳》記載：「初，丞相希尹制女直字，設學校，使訛離刺等教之。」而在這些掌握女真字的官員

---

11 《金史‧完顏希尹傳》。
12 《金史‧完顏勖傳》。
13 陸游：《劍南詩稿》卷四。
14 金光平：《從契丹大小字到女真大小字》，《內蒙古大學學報》，1962 年第 2 期。
15 《金史‧完顏希尹傳》。

中，「締達最號精深」。太宗吳乞買即位後，繼續推廣女真文，天會三年（1125年），「召耶魯赴京師教授女直字」[16]。與選拔教師的同時，又分別選拔各路學習成績優異的學生，集中到上京學習，如「天會中，選諸路女直字學生送京師，（紇石烈）良弼與納合椿年皆童，俱在選中」[17]。當時，創制女真文的完顏希尹是丞相，因公事到外地，與紇石烈良弼相遇於途中，良弼說，我等為學丞相創制的文字，不遠千里來到京師，應當拜見丞相。於是，完顏希尹在傳舍（行人休止之處）接見了他，問他是幹什麼的，良弼回答說，自己是有司推薦的專門來學丞相文字的人。完顏希尹大喜，詢問他的學問，良弼應對如流，希尹高興地對別人說，這個孩子將來必會成大器，款留數日，才讓他離去。紇石烈良弼「年十四，為北京（即遼上京臨潢府，故址在今內蒙古巴林左旗境內波羅城）教授，學徒常二百人，時人為之語曰：『前有穀神（即完顏希尹），後有婁室（紇石烈良弼本名婁室）。』其從學者，後皆成名」[18]。與紇石烈良弼一起赴京師的納合椿年，也是耶魯的得意弟子。[19]這些學生學成後，便被派往各地任女真字教授或女真字書史。當時傳授的女真文字，都是女真大字。

到了金熙宗時，又製成了女真小字：「熙宗亦制女直字，與希尹所制字俱行用。希尹所撰謂之女直大字，熙宗所撰謂之小字。」[20]揆諸情理，熙宗作為天子，日理萬機，政務叢脞，不可能廢棄政事去親自創制文字，但未見有他命人造女真小字的記載。況且，已經有了女真大字，並在各地推行，緣何又去創制女真小字，《金史》中沒有記載，但合乎情理的推測是，女真大字在推行過程中，必然有不完善之處，因而熙宗才作出了創制女真小字的決定。

女真小字頒行於天眷元年（1138年）正月。九月，熙宗下詔：「女直、契丹、漢人各用本字，渤海同漢人。」[21]其實，這年正月雖然將女真小字頒行於天

---

16 《金史‧太宗本紀》。
17 《金史‧紇石烈良弼傳》。
18 同上。
19 《金史‧納合椿年傳》。
20 《金史‧完顏希尹傳》。
21 《金史‧熙宗本紀》。

下，九月份下詔中所說女直用的女真字仍是大字，因為直到皇統五年（1145 年）才有「初用御制小字」[22]的記載，不知為什麼女真小字在頒行八年之後才開始使用。從此以後，女真大字與女真小字並行使用，一直到終金之世都是如此。不過在什麼樣情況下用女真大字，什麼情況下用女真小字，還是大、小字同時並用，因記載闕如，我們已無從得知了。就在女真大、小字都在應用的時候，契丹文並沒有廢止，因為直到章宗明昌二年（1191 年）十二月，才「詔罷契丹字」[23]，可見在此之前，一直是使用著的。契丹字之所以又流行了這麼久才廢除，最主要的原因是女真文與漢文之間不能直接對譯，需要用契丹文字為媒介。這樣，金朝在相當長一段時間裡，出現了女真大、小字與契丹字並存的局面。

「韓州刺史」銅印（金）

女真小字是怎樣推行的，史無明文。《金史・完顏兀不喝傳》載：「年十三，選充女直字學生。補上京女直吏，再習小字兼通契丹文字。」種種跡象表明，「再習小字」四字可能是指完顏兀不喝自己摸索學習的，並非得自學校的傳授。對女真文頗有研究的金光平、金啟孮先生說：「似乎當時女真學生在學校裡並不傳習女真小字。」[24]

殺害熙宗自立為帝的完顏亮在正隆元年（1156 年）制定考試女真書寫和契丹書寫時下令說：

22 同上。
23 《金史・章宗本紀一》。
24 金光平、金啟孮：《女真語言、文字研究》，《內蒙古大學學報》，1964 年第 1 期。本期為女真文字、語言研究專號。

定制，女直書寫，試以契丹字書譯成女直字，限三百字以上。契丹書寫，以熟於契丹大小字，以漢字書史譯成契丹字三百字以上，詩一首，或五言七言四韻，以契丹字出題。[25]

這裡明明說的是女真大字、女真小字還未被批准在考試時使用。

世宗完顏雍時期，為推廣女真字，又作出了一系列規定，大定四年（1164年），世宗命頒行用女真大、小字所譯的經書，每一謀克挑選兩人學習。不久，又因創辦女真字學校，命各猛安謀克挑選良家子（戚畹貴族的子弟）為學生。一時之間，諸路學生多達三千人。大定九年（1169年），從三千人中挑選成績優異者一百人，薦之於京師，由國家發給膳食，命精通女真大字的溫蒂罕締達給這些人講解古書，讓他們學習做詩、策。後來經過複試，選拔出徒單鎰等三十餘人，後來都成了名臣。不久，世宗下詔在京師設女直國子學，諸路設女直府學，打算以新進士充任教授，教那些願學女真文的士民子弟。後來科舉考試中也用女真文了。

女真進士科考試以策，論及詩，因此稱策論進士。大定二十年（1180年）定制「以策、詩試三場，策用女直大字，詩用小字。程試之期皆依漢進士例」[26]。為什麼三場考試中策用大字（論也可能是用大字），而詩卻用女真小字呢？因為現在還沒有發現女真文的詩，不好遽下結論，金光平先生推斷說：「我們可以想像出來，散文用大字，詩用小字的原因，一定是小字有適合於寫詩的特點。現存的女真文字是不適合於寫詩的。這種女真字有一字一音節的，有一字兩三個音節的，也有兩三個字才能湊成一個音節的，寫出詩來一定是長短參差不齊，殊不美觀，如欲其七個字一句或五個字一句是勢不可能的。」[27]這個推論是很有道理的。

宣宗完顏珣即位後，迫於蒙古人的進攻，將都城遷往汴京。即使在戎馬倥傯之中。他也未忘記用女真字策論進士。興定五年（1221年），宣宗親擢進士

---

25 《金史・選舉志三・國史院書寫》。
26 《金史・選舉志一》。
27 金光平：《從契丹大小字到女真大小字》，《內蒙古大學學報》，1962年第2期。

二十八人，閱覽程文時，發現數目太少，便問宰臣為何參加考試的人數這麼少，宰臣回答說，世宗大定年間當生員的，政府贍以錢米，到章宗泰和年間，每人授地六十畝，因為待遇優厚，因此學生就多。如今京師雖然府學尚存，但每月只給通寶五十貫，生活太差，學生就不肯來讀書了。宣宗特意批准每個學生給地四十畝，以此吸引願意學習女真文的士子。

金朝滅亡以後，隨女真貴族遷入中原的女真人，因為長期與漢族雜居，一舉一動都必須使用漢語、漢字，在這樣的環境中，女真人逐漸習慣了操漢語，用漢字，女真文、女真語反而摒棄不用了。徐霆在疏證《黑韃事略》時說，「契丹、女真元自有字，皆不用」，不是他們不想用，而是因為長期與漢人交往，女真字已經派不上用場了。留居東北的女真人，因為生活在相對封閉的環境中，仍然在使用本民族固有的語言、文字，在元、明兩代都是如此。如明成祖永樂年間，為培養翻譯人才而設四夷館，女真館就是當時所設八館中的一個，「可見當時東北女真人進貢表文仍用女真文字，因而有單設一館的必要」[28]。明朝中央政府與東北女真各部往來的公文，也使用女真字，如永樂元年（1403 年），明成祖派人招撫女真等部時，「其敕諭用女真書字」[29]。永樂十五年（1417 年），明朝決定修葺與朝鮮毗鄰的白頭山寺院，恐怕當地的女真人、朝鮮人受到驚擾，曾發木牌曉諭，木牌同時用女真文和漢文書寫。永樂年間，亦失哈在奴兒幹都司建永寧寺（今俄國境內黑龍江下游特林地方），寺前立有兩通石碑，記載奴兒幹都司設置經過及亦失哈等屢次宣諭鎮撫其地情形，碑文是用女真、蒙古兩種文字寫成的。也說明明朝初年東北邊境地區還有人認識女真文。但到了明英宗時，情況就不同了。正統十年（1445 年），玄城衛（黑龍江富錦縣）指揮撒升哈、脫脫木答魯等奏：「臣等四十衛，無識女真文字者，乞自後敕文之類，第用達達字（蒙古文）。」[30]這說明到明朝中葉，女真文已湮滅無聞，不再有人認識這種文字了。女真文從金太祖天輔三年（1119 年）頒行，到明朝正統十年（1445 年）左右廢棄不用，在中國流行了三百二十七年之久。

---

28 金光平、金啟孮：《女真語言、文字研究》，《內蒙古大學學報》，1964 年第 1 期。
29 朝鮮《李朝實錄》太宗三年六月辛未。
30 《明英宗實錄》正統九年二月甲午。

二、現存的女真文資料

現存的女真文資料可分為文獻資料與金石資料兩種。

根據《金史》等書的記載，金代女真字書有《字書》（完顏希尹撰女真大字）、《女真小字》（金熙宗撰），用女真文翻譯的漢文典籍有《易經》、《尚書》、《孝經》、《論語》、《孟子》、《老子》、《揚子》、《文中子》、《漢書》、《唐書》、《百家姓》、《貞觀政要》等，但大都亡佚不存了。現在傳世的有《華夷譯語》中的女直館來文、雜字；明人王世貞《弇州山人四部稿》、《方氏墨譜》、日本《吾妻鏡》等書。其中以《華夷譯語》最重要。

《華夷譯語》有洪武本（又稱甲種《華夷譯語》）、永樂本（又稱乙種《華夷譯語》）、會同館本（又稱兩種《華夷譯語》）三種。其中洪武本與女真文無關係。永樂本《華夷譯語》價值甚高。四夷館中設有八館（後增設為 15 館），女真館為其中之一館。各館所編譯語「大體上都分為雜字、來文兩部分，雜字專輯語彙，來文則移錄當時進貢表文。來文為『夷』漢對照，雜字除夷字、漢字對照外，並以漢字注寫『夷』字讀音」。但是譯語也有不足之處，主要是來文中有不少是偽造的，且皆用雜字堆砌而成，不合該種文字語法，雜字中錯誤也不少。據對女真字頗有研究的金光平、金啟孮先生所見，《華夷譯語》有三種抄本：柏林本、東洋文庫本、北京圖書館藏明鈔本。柏林本的優點是內容完備，缺點是錯誤較多；東洋文庫本內容不完全，雜字部分僅有柏林本的續添、新增兩部分的字，比柏林本多四十餘個語詞，來文也沒柏林本多；北京圖書館藏明鈔本只有柏林本雜字、新增兩部分的字，注音和柏林本有的相同，有的不同。另外，還有羅福成先生手寫本、翁覃溪藏本的手鈔本等。

《弇州山人四部稿》只有「明王慎德，四夷咸賓」八個女真字的譯文，這八個字見於明刊本，清人收入《四庫全書》時已刪去。

《方氏墨譜》中也只有「明王慎德，四夷咸賓」八個字的女真文遺文，可能是從《弇州山人四部稿》中移錄而來。

日本記鎌倉幕府事蹟的史籍《吾妻鏡》錄有四個女真字。

現存的女真文金石資料主要是石刻，現存於世者共有八塊碑。最著名的是《大金得勝陀頌碑》。碑存吉林省扶餘縣石碑崴子，碑的陽面為漢文，陰面為女真文，兩種文字對譯。全碑約一千五百字。此碑刻於大定二十五年（1185 年），係為紀念金太祖完顏阿骨打在寧江州（吉林扶餘東石頭城子）大破遼兵而建立的。此碑為現存女真文字石刻中字數最多的碑。

《女真進士題名碑》也是比較重要的一塊，全稱為《大金正大元年登科名題刻石》，現存河南省開封市博物館。此碑立於正大元年（1224 年）六月十五日，碑高一百九十釐米，寬六十釐米，厚二十二釐米，額題「進士名題刻石」。碑文二十三行，因文字損壞甚多，滿行字數不詳。碑趺已失。因久經風雨剝蝕，碑身破損嚴重，尤其下部更甚，文字大半已毀。碑陽均用女真文字寫刻。

朝鮮《慶源郡女真國書碑》原存朝鮮民主主義人民共和國咸鏡北道，日本侵略者侵入朝鮮後，移入今首爾博物館。此碑為方柱形，四面都刻有女真文，沒有漢文，係修建佛寺功德題名石刻。全碑五百餘字，因全碑僅存下段，上半截已失，字跡漫漶不清，約略為皇統以前所刻。

朝鮮《北青女真國書摩崖》，碑存朝鮮民主主義人民共和國咸鏡南道，上刻有四十多個女真文。約刻於金宣宗興定年間，字跡拙劣。亦稱北青碑。

《奧屯良弼餞飲碑》，原係羅振玉收藏，也稱《泰和題名殘石》，碑心為漢文，右側有女真字三行六十餘字。漢文書於泰和六年（1206 年），女真文書於大安二年（1210 年）。

《半截山女真國書摩崖》，在吉林省海龍縣柳河半截山，紀金太祖破遼事。有漢文十五字，女真文二十餘字，對照翻譯，字已模糊不清。

《楊樹林山女真國書摩崖》，在吉林省海龍縣楊樹林山麓，有女真文八十餘字，無漢文，記金太祖收國二年（1116 年）設謀克事，字跡不清。

《奴兒幹都司永寧寺碑》，今存符拉迪沃斯托克（俄羅斯符拉迪沃斯托克）

博物館。此碑刻於明初永樂年間，碑面為漢文，碑陰刻女真文與蒙文，兩側刻漢、女真、蒙古、西藏四種字，女真字約有七百個，女真字與蒙古字皆係節譯漢文。內容係明成祖經營奴兒幹地方設立衛所的經過。[31]

第三節 ·
西夏文
的創制與使用

一、西夏文的創制

　　西夏被蒙古人滅亡後，曾經在西夏使用流傳過的西夏文已逐漸被人遺忘，一個偶然的機會，西夏文被人發現，遂引起了專家學者的注意，越來越多的學者投入了對西夏文的研究，並有豐碩的成果問世。

　　發現西夏文字的是清代史地學家張澍。張澍是甘肅武威人，字伯瀹，又字時霖、壽穀，號介侯、介白，進士出身，當過貴州玉屏、遵義，四川屏山、南溪，江西永新、瀘溪等縣知縣及臨江通判等職，擅辭章，治金石，尤長於輿地方志、姓氏譜牒之學，著述甚富。嘉慶甲子年（1804 年）他在家鄉養屙期間，偕友人游清應寺，寺內有一磚砌嚴實的碑亭，張澍為好奇心驅使，要求和尚拆封。因當地傳聞，拆封碑亭將有風雹之災，和尚堅執不允。張澍表示願意承擔由此而產生

---

31 本節係參考金光平、金啟孮的《女真語言、文字研究》寫成。

的一切後果，碑亭才被拆開，露出一高碑，上有文字，為方塊形，不可釋讀，碑的另一面刻有漢文「天民安五年歲次甲戌十五日戊子建」。張澍反覆摩挲把玩，從「天民安」這一西夏年號上斷定為西夏國字，此碑遂得重見天日，這就是有名的《重修涼州護國寺感應塔碑》。稍後不久，金石學家劉青園在武威發現的古錢中，見有「梵字錢」，他把梵字錢上的文字與《重修涼州護國寺感應塔碑》上的文字比較對照，兩者形狀結構相同，始知所謂「梵字錢」即是西夏文錢。

張澍與劉青園的發現，真是石破天驚，很快引起了國內外尤其是西方學者的注意。修建於元末的居庸關雲臺門洞內，刻有六種文字，有五種能夠釋讀，尚餘一種無法識別，遂成懸案。一八七〇年，英國學者偉烈判定為女真文，十餘年後，法國學者德維利亞認為，此碑與庋藏於河南開封的女真文碑不同，可能是西夏文，但不敢決斷。後來又經過反覆研究，才確定是西夏文。法國人毛里斯用力頗勤，識別出了一些西夏字，注意到西夏文的語法是賓語在前，動詞在後。他的研究成果在二十世紀初屬於拓荒性質，很受人注目。據已故的中央民族大學賈敬顏教授考證，毛里斯是在清末涉獵過西夏文的一個叫鶴齡的人的研究基礎上作出成績的。

西夏文敕碑

那麼，西夏文是誰創制的呢？根據現有的記載，至少有三種說法：

（1）李德明創制。《遼史·西夏傳》說：

〔李繼遷〕子德明，曉佛書，通法律，嘗觀《太一金鑑訣》、《野戰歌》，制番書十二卷，又制字若符篆。

這裡明確指出西夏文的創制者是李德明，他是在閱讀《太一金鑑訣》、《野戰歌》時受到啟發，製成「番書」的，番書就是西夏文。

（2）李元昊創制。《宋史·夏國傳》云：

元昊自制蕃書，命野利仁榮演繹之，成十二卷，字形體方整類八分，而畫頗重複。教國人紀事用蕃書，而譯《孝經》、《爾雅》、《四言雜字》為蕃語。

李元昊係李德明之子，他年輕時便「曉浮圖學，通蕃漢文字，案上置法律，常攜《野戰歌》、《太一金鑑訣》」。這一段文字同樣也出自《宋史·夏國傳》，李元昊既已通蕃漢文字，表明他那時已有蕃文——即西夏文了，為何再制「蕃書」呢？蕃文是否就是「蕃書」呢？如果說元昊「自制蕃書」的話，那麼，他早先認識的蕃文就不是西夏文了。

（3）遇乞創制。《夢溪筆談》云：

元昊果叛，其徒遇乞先創造蕃書，獨居一樓上，累年方成，至是獻之。

這裡的遇乞與野利仁榮同是元昊手下的大臣，但不是一人。對西夏文頗有研究的中國社會科學院民族研究所研究員史金波認為，記載李德明創制西夏文的文獻只有《遼史》一種，與《隆平集》等書記載重複，把元昊誤寫成了德明，因而《遼史》的記載不足憑信。他認為西夏文是元昊創制的，又找了兩條證據，一是西夏人撰寫的《妙法蓮華經序》：「此後，鳳角城皇帝，以自國語言，興起蕃禮，創造文字，翻譯經典，武功出眾，德行殊妙」。二是《宋史·夏國傳》中元昊給宋朝上的表章：「臣偶以狂斐，制小蕃文字，改大漢衣冠，衣冠既就，文字既行，禮樂既張，器用既備，吐蕃、塔塔、張掖、交河，莫不從伏。」他的結論是：「西夏文字創制時，正是元昊全面準備立國稱帝之際。經常忙於建國大計和軍事征討的元昊不大可能親自創制這種字形繁複、數量眾多的文字，他只是提倡並下

令創造文字，也可能他有一個大致的設想，但具體造字工作則是由大臣野利仁榮等主持完成的。」[32]這個分析是很有見地的。

四川大學歷史系教授吳天墀在談到西夏文的形成過程時說：「綜觀《夢溪筆談》與《宋史·夏國傳》的記載，可能遇乞『創造蕃書』在『先』，元昊以統治者的身分初步採納，並『自制』若干原則交由野利仁榮演繹乃得最後完成。因此，我們說西夏文字的產生是多人集體創造的成品，或者更合乎實際的情況。」[33]這個看法與史金波先生的看法契合，當可憑信。

西夏文的產生，當然與當時的時代背景有關。這不僅因為常和西夏打交道的宋朝、契丹、金、回鶻都有本民族的文字。尤其漢文已有幾千年的歷史，西夏人自然也想擁有自己的文字。更為重要的是，西夏自認為是可以與宋、遼相頡頏的國家，倘若在來往國書中使用他國的文字，無異是一個恥辱，為了顯示西夏主體民族党項人的特點，也必須創制文字。於是，西夏文就應運而生了。

西夏文的應用，為西夏政治和文化的發展提供了契機。元昊對新制出的西夏字給予了高度重視，比如送給宋朝的公文，中間為漢字，旁邊是西夏文；與吐蕃、回鶻及西域各國的往來文書，則用夏字書寫，以各該國的文字為副。國內的誥牒詔令及往來公文，一律用新制的西夏文書寫，並為此設立了夏字院和漢字院，夏字院的地位高於漢字院。不但官方文書用西夏文，就是民間日常交往，也都是用的西夏文，西夏文成了舉國上下廣泛使用的交際工具。西夏為推廣新創制的文字，還建立了「蕃學」，由創制西夏文的野利仁榮主持，教西夏文，培訓官吏。

西夏文還用來書寫佛經。西夏是非常重視佛教的國家，因此用西夏文抄寫了許多佛教經典。俄國、英國、法國、瑞典、日本、德國、印度等國都庋藏有不同數量的西夏文佛經。這些佛經有的出土於解放前，有的發現於解放後。傳世的西夏文佛經，只是西夏文佛經中的一部分。一九九〇年十一月，位於賀蘭山腹地的

---

32 史金波：《西夏文化》，頁 13，長春，吉林教育出版社，1986。
33 吳天墀：《西夏史稿》，頁 265，成都，四川人民出版社，1982。

西夏古塔被不法分子炸毀,一九九一年九月,考古工作者在清理古塔廢墟時意外地發現許多珍貴的西夏文物,其中保存較為完整、總計約有十萬字的西夏文藏傳佛教經典《吉祥遍至口和本續》,為國內外首次發現,被確認為孤本,引起世人矚目。一九九六年十一月,在北京舉行的、有各方面權威參加的鑑定會上,確認這批西夏文經卷是迄今為止世界上發現最早的木活字版印本實物。過去人們一直認為木活字是元代科學家王禎發明的,《吉祥遍至口和本續》的發現,可以將中國木活字技術的使用時間提早一百多年。「方塔廢墟中出土的西夏文佛經共有九冊,二百二十多頁。其中《本續》三冊,《要文》一冊,《解補》四冊。每本有二十多個頁碼,比現在的十六開本稍大,經文豎排,正文每半版有十行,每行二十字,無標點,每頁都用西夏文和漢文標明頁碼。每冊均有襯頁,外皮稍厚,書頁為麻紙,文字清晰、整齊、美觀、方正。因為不是足本,所以沒有首卷和末卷,也無題跋文字,這就難以確定它的印刷年代。但從與它同時出土的西夏文木牌、西夏時漢文發願文等文獻判斷,此經最晚也是西夏後期的文物。專家通過對經名和題款的翻譯得知此經譯自藏文,是藏傳佛教經典。」[34]

除了用西夏文書寫佛教經典外,也把大量的漢文佛經翻譯成西夏文。與此同時,西夏統治者還把漢文的典籍《孝經》、《爾雅》、《四言雜字》譯成西夏文。西夏王朝後期有一位風流儒雅的宰相斡道沖,不但親手翻譯了《論語注》,而且還撰寫了長達二十卷的論語解義,定名為《論語小義》,他還寫有《周易卜筮斷》,這些用西夏文寫成的書在國內流傳得很廣泛。一些有關醫藥、曆法、卜筮、法律、語言、字學、文學等類作品,因為是生活中不可缺少的書籍,也很受百姓歡迎。史金波研究員對西夏文在西夏的使用和傳播,歸納出七個特點:(1)應用範圍廣;(2)使用地區大;(3)延續時間長;(4)在西夏境內,西夏文與漢文、藏文同時流行;(5)西夏時期對西夏文和西夏語的研究,達到了相當高的水準;(6)西夏的印刷事業發達;(7)保存下來的西夏文文獻相當豐富。[35]

但是西夏文也有不足之處,影響了它的使用和流傳。西夏文是在仿照漢字的

---

34 莊電一:《被炸古塔中的秘密》,《光明日報》,1997 年 5 月 31 日。
35 史金波:《西夏文化》,頁 30-33。

基礎上用很短的時間創制成的，漢字的筆劃就很複雜繁瑣，不易使人掌握，西夏字不是減少漢字的筆劃，而是比漢字還要複雜，這樣一來，學習西夏字無形中便增加了難度，用這種文字交往，不但耗時費力，而且也降低了辦事效率。同時元昊創制西夏文的目的是為了體現西夏是一個獨立國家，不是別國的附庸，而對如何便於百姓學習掌握則考慮得很少，因而西夏文化教育在一個時期內陷於停滯落後狀態。到了夏崇宗乾順時期，不得不花大力氣扭轉重夏字、夏學而輕視漢族文化的偏向。於是在鑄造錢幣、修建寺院時便有夏、漢兩種文字並行於世的情況出現。乾順的明智之舉，促進了西夏社會文化水準的全面提高。

西夏被蒙古人滅亡後，西夏文並未跟著消失，仍在原西夏地區流行。蒙古人稱西夏為河西，因此西夏文便被稱為「河西字」。元成宗大德年間，在宣化（今屬河北）用西夏文印刷過《法華經》及西夏文詩，這些印刷品曾傳入日本。不久，有三千六百二十餘卷的河西字《大藏經》在杭州雕印完畢，分送給西北各地寺院收藏。據王國維考證，現在的西夏文佛經《大方廣華嚴經》殘卷，就是大德年間在杭州雕刻

西夏文石碑殘片

的。明代也陸續建過西夏文的經幢，如明代中葉孝宗弘治年間，還有西夏遺民在保定建立西夏文經幢。一九六二年，中國考古工作者在河北保定城北兩公里處的韓莊，挖掘出明孝宗弘治十五年（1502 年）建立的西夏文經幢兩座，上刻有楷書西夏文《尊勝陀羅尼經》，但刻工姓名及年號均用漢文書寫，這說明住在保定的西夏遺民仍然在使用著本民族的語言文字。據專家們考證，這次發掘出的遺物，在迄今為止有確切年代可考的西夏文字中，是最晚的。已故的史學家陳寅恪在德國柏林國家圖書館見過明神宗萬曆年間寫本藏文《甘珠爾》上面，偶有西夏文字，因而推測明末尚有懂得西夏文者。明代以後，西夏文便湮沒無聞了。從元昊時創制成西夏文開始，到明末為止，西夏文流行使用了五個世紀之久。

二、現存的西夏文文獻

西夏王朝的存在與西夏文的使用，引起了西方及沙俄等國探險家的興趣，當清朝末年統治者內外交困、不遑他顧時，西方與沙俄的探險家便蠢蠢欲動了。沙皇俄國離中國最近，因而捷足先登。一九〇八年沙俄皇家地理學會派出了以科茲洛夫為隊長的蒙古四川探險隊，來中國「探險」，其實是來劫掠文物，清政府自顧不暇，無力干預，只好聽之任之。當年三月，科茲洛夫一行來到了黑水城（內蒙哈拉浩特）。想必他們在出發之前，已經搜集到了有關黑水城的傳說。據說黑水城曾是西夏的都城，一位綽號黑將軍的君主在與中原爭霸時，在這裡進行過一次異常壯烈的戰鬥，後來敗北身亡，這裡遺留有價值連城的寶藏。科茲洛夫在黑水城進行了發掘。次年五月，當他們從西藏東部返回時又到了哈拉浩特，再一次進行了瘋狂發掘。雖然沒有找到珍寶，「但卻在城外的一座塔內發現了一大批西夏文文獻，其中既有刻本，又有寫本，既有大量的佛經，又有多種多樣的世俗文獻」[36]。甚至還有漢文、回鶻文、蒙文、敘利亞文、突厥文文獻。這批文獻運回彼得堡後，編了八千多個編號，書籍多達二千冊，為研究西夏文和西夏的歷史、宗教提供了一批鮮為人知的資料。

科茲洛夫的冒險成功，使西方的「探險家」垂涎三尺，英國的斯坦因、法國的伯希和也先後來過黑水城，獲得了不少西夏文物，但數量不及科茲洛夫，且顯得零散。黑水城西夏文獻的出土，引起了國內外學者的矚目，在這之後，另一批西夏文文獻陸續被發現。如一九一七年寧夏靈武知縣余鼎銘修城時發現的西夏文佛經、解放初甘肅省天梯山石窟發現的西夏文佛經殘頁、一九七二年甘肅武威小西溝峴山洞中發現的西夏文文獻、二十世紀七〇年代初寧夏銀川賀蘭山麓西夏陵園中出土的西夏文殘碑塊、西安文物管理處收集到的西夏文泥金字《金光明最勝王經》、《大般若波羅蜜多經》等。這些西夏文文獻數量不多，且多係斷簡殘編，但門類較多。最值得一提的是一九九一年考古工作者從位於賀蘭山腹地被不法分子炸毀的西夏古塔中找到的、多達十萬字的西夏文佛經《吉祥遍至口和本續》，

---

36 史金波：《西夏文化》，頁 34。

這可能是新中國成立後出土數量最大的一次，該經卷用木活字印刷。

保存至今的西夏文文獻，可用品種多、內容全、價值高九個字來概括。史金波先生把這些西夏文文獻歸結為七類：

（1）官私應用文書。如《瓜州審案記錄》記載了西夏時期在瓜州（甘肅安西）審理侵奪牲畜財產的案件，日期為天賜禮盛國慶元年（1069 年）、二年（1070 年），是已發現的最早西夏文書之一。西夏文《錢會單》是十個西夏党項人與漢人共同出錢組織互助會的憑證。屬於同一類型的還有穀物借貸文書、党項族婦女出賣土地的契約。《黑水城守將造近稟帖》是黑水城守將要求調往內地的申請書，從中可看出西夏末年的政治、軍事情況。

（2）法律、歷史、文學、醫學方面的著作。如《天盛舊改新定律令》，是研究西夏國家和地方官署機構的重要資料。《太祖繼遷文》則是記錄元昊祖父李繼遷生涯的著作。甘肅武威等地發現的西夏文藥方，多與中原相同。可看出中原漢文化對西夏文化的影響。

（3）字典、辭書。其中以《文海》、《音同》、《番漢合時掌中珠》最有名。《文海》係韻書，每一字下有三部分注釋，分別解釋文字構成、字義、反切注音。該書學術價值很高。是研究西夏語言、文字的重要文獻。但傳世的是一殘本。《音同》是以聲母分類的西夏文字典，全書共收六千多字。該字典版本甚多，最重要的是西夏正德壬子六年（1132 年）本，被稱為小字本，一九七六年在黑水城遺址附近發現的《音同》殘本，被稱為大字本。《番漢合時掌中珠》係党項人骨勒茂才所編的字典，每一條詞語下面都列有四項內容：西夏文、漢譯文、西夏文的漢字注音、漢譯文的西夏字注音。這本字典為西夏人和漢人互相學習對方語言提供了極大方便，是初學西夏語言文字的入門書。另有《要集》、《五音切韻》、《聖義立海》、《義同一類》等辭書。

（4）由漢文翻譯而成的典籍。如《論語》、《孟子》、《孝經》、《孫子兵法三家注》、《貞觀政要》、《類林》等。

（5）由漢文、藏文翻譯的佛經。中國以北京圖書館收藏最多，計有

一百二十餘卷。故宮博物院以及寧夏、甘肅、陝西等地的一些單位和個人也有一些。國外以蘇聯科學院東方學研究所彼得格勒分所收藏最多，總數在三百種以上。英國、日本、瑞典等國也藏有西夏文佛經。

（6）用西夏文書寫、鐫刻的碑文、題記。

（7）西夏文印章、牌符、錢幣。

中國最早傳播西夏文的學者當推羅振玉。他翻印了《掌中珠》並抄錄、刊印了西夏文字典《音同》，直至今日各國西夏學者還在使用羅氏的刊本。西元一九一九年羅福成發表了《西夏譯蓮華經考釋》，其弟羅福萇發表《西夏國書略說》，這是中國學者研究西夏文字的開始。尤其《西夏國書略說》一書，分析了西夏文的字形、字音和字義，通過他的潛心研究，找出了西夏字的結構規律，對後世影響很大。

繼羅氏兄弟之後，用力最勤、成果較多的中國學者是王靜如。他發表過幾篇有關西夏語言、歷史的論文，尤其《西夏研究》三輯，引起了學術界的重視。中國社會科學院民族研究所的史金波、白濱等於一九八三年出版了《文海研究》一書，影響較大。寧夏社會科學院的李範文研究員對一九九〇年賀蘭山腹地被炸古塔發現的西夏文佛經進行了翻譯、研究，取得了不少成果。

國外學者對西夏文的研究，也取得了進展。如美國學者勞費爾根據《掌中珠》確定西夏語與彝語、納西語同屬西（夏）—羅（彝）—摩（納西）語支，見解獨到而又言之有據。蘇聯學者龍果夫、聶歷山成績頗豐，特別是聶歷山利用西夏文殘經上的藏文注音研究西夏語音，寫成《西夏文字抄覽》一書，是很有見地的著作。蘇聯在一九六〇年出版的《西夏語文學》一書中，以大量篇幅刊載了聶歷山的西夏文字典手稿，至今仍是最豐富的西夏文字典之一。日本的石濱純太郎曾與聶歷山合作，研究出西夏文佛經中有譯自藏文者，對後人很有啟發。法國的伯希和、英國的克勞遜等也有關於西夏語言的研究。

進入二十世紀五〇年代以後，外國學者已跳出了西夏文研究刊布原文、彙集資料的窠臼，展開了比較深入的研究。日本的西田龍雄從六〇年代至八〇年代先

後出版有《西夏語的研究》、《西夏文書》、《西夏文華嚴經》、《西夏語韻圖（五音切韻）的研究》等著作，還發表了一些有價值的論文。西田氏對西夏語的語音、語法、文字結構都作了細緻的研究，通俗地介紹了西夏的語言文字。橋本萬太郎在六○年代初連續發表了《掌中珠的西夏文、漢文對音的研究方法》、《關於文海的音韻組織──論西夏語的韻》、《西夏國書字典音同的同居韻》、《關於西夏語的韻的組織》等書，尤其對《音同》一書中同居韻的分析，解開了不少疑難，實屬難能可貴。蘇聯學者克卡諾夫、戈爾芭切娃合作介紹了蘇聯所藏西夏文書目，並出版有《西夏文寫本和刻本目錄》一書，把彼得堡（彼得格勒）所藏主要西夏文獻四百多種介紹給讀者。克卡諾夫不但發表過有關西夏文字結構的論文，還與索弗羅諾夫合作寫成出版了《西夏語語音的研究》一書，還與別的學者合作刊布了《西夏文譯漢文典籍──〈論語〉、〈孟子〉、〈孝經〉》等書。索弗羅諾夫對西夏的語言、文字很有研究，發表過一些有價值的論文。蘇聯學者科平也是研究西夏文的專家，先後發表了《西夏語體的範疇》、《西夏語的趨向範疇》等文章，饒有新意。他還翻譯有西夏文《類林》等書。紐西蘭人格林斯塔德對西夏文字的研究也很努力，他的《西夏文字之分析》，分析了西夏文字，並把西夏文草書《孝經》轉寫為楷書，他是第一個探討西夏文草書規律的學者。

對西夏文的研究並未停止，相信在不久的將來，會有更多碩果問世。

第四節·

元代的
語言文字

一、蒙古語的產生與流傳

　　蒙古語屬阿勒泰語系蒙古語族，蒙古語大約出現在西元六至九世紀。這一時期操蒙古語的部落很多，但未形成統一的語言，各部所操只是不同地區的方言。究其原因是因為這些蒙古部落先後處於突厥汗國、回鶻汗國的控制之下，西元十至十二世紀又處於遼王朝和金王朝的統治之下，勢必要受到各國統治民族語言的影響，因此，「在成吉思汗的蒙古國建立之前，歷史上還不存在蒙古這樣一個具有共同語言、共同地域和共同文化的民族共同體」[37]。蒙古語言逐漸趨於一致並統一起來是成吉思汗統一蒙古各部，建立了蒙古汗國之後的事。

回鶻文木活字（元）

----

37 亦鄰真：《成吉思汗與蒙古民族共同體的形成》，參見《蒙古史論文選集》。

蒙古語是在長期的生產和社會鬥爭過程中產生的。蒙古人長期在漠北草原上從事畜牧業，這方面的詞彙就特別豐富，比如馬，一歲馬稱什麼，二歲馬稱什麼，公馬、母馬、成年馬、閹馬稱什麼，甚至馬走路的快慢，嘶鳴聲音的大小，都有專門的詞彙，可說是豐富多彩，以農業為主的民族顯然是沒有這麼多關於馬的詞彙的。蒙古人在與其他民族接觸的過程中，也吸收了外來的語言詞彙，以使自己的語言更富於表現力。如蒙古語中就吸收有突厥詞彙。由於他們長期而又頻繁地同漢族打交道，蒙語中借用或滲入的漢語詞彙很多，特別是忽必烈在建立元朝以後，與漢族的交往涉及政治、經濟、文化、軍事及日常生活等各方面，因而吸收漢語詞彙是極方便的事，於是一些漢語詞彙便很自然地滲入到蒙古語中，大大豐富了蒙古語詞匯。如漢語的太子，被蒙古語吸收後，變成了「臺吉」，漢語的皇太子，則變成了「洪臺基」，如此等等。蒙藏兩族關係密切，藏傳佛教對蒙古的文化發展有很大影響，於是蒙古語中出現了一些藏語詞彙，如喇嘛、經堂、樣式、目錄、傳記等，有些是直接借用，有些則是經過了稍微加工改造而成的。除了漢語、藏語外，蒙古語還吸收借用了其他民族語言的詞彙。自從成吉思汗命乃蠻降臣塔塔統阿用畏兀兒字母創造蒙古文字後，蒙古人便有了書面語言，於是，便產生了《蒙古秘史》、《黃金史》、《蒙古源流》等名著。

元朝是疆土廣袤的大帝國，除去其他民族不算，單是以蒙古族而論，由於居住分散，相距遼遠，語言便不可避免地存在著差別，都帶有地方色彩。「西部地區的蒙古族形成西部蒙古語，主要是衛拉特蒙古語，後來又分成新疆蒙古土語和青海蒙古土語。東部地區的蒙古族形成東部蒙古語，又分成北部的布利亞特語，中部的喀爾喀蒙古語。南部地區的蒙古語也分成察哈爾、烏拉特、喀喇沁、科爾沁、巴爾虎、鄂爾多斯語。」[38]這些帶有地域性的蒙古語雖有差別，但共性是主要的。

蒙古語言有古代蒙古語和近代蒙古語之分。蒙古語可分為實詞和虛詞。實詞是名詞、動詞、形容詞、代詞、數詞、判斷詞。這些詞運用起來比較隨便，可單

---

38 蔡志純、洪用斌、王龍耿：《蒙古族文化》，頁4，北京，中國社會科學出版社，1993。

獨用，也可互相結合使用。虛詞是指不能自由運用的副詞、狀詞、情態詞、後置詞、強調詞、語氣詞等。副詞、狀詞、情態詞只能依附在實詞前面，後置詞、強調詞、語氣詞則只能依附在實詞後面。實詞作為基礎形式是詞幹，後接表示語法意義的附加成分，也就是名詞後面接表示數、格、反身、人稱領屬等語法意義的附加成分。形容詞有絕對性質形容詞與相對性質形容詞之分；動詞有及物和不及物之分；代詞有指示、人稱、複指、疑問代詞之分。蒙古語法也有數和格的變化。副詞的用途有三種：修飾動詞、既修飾動詞又修飾形容詞、只修飾形容詞。狀詞有帶引語動詞與不帶引語動詞之分。

　　蒙古語的句子，有的結構簡單，只用一個詞或一個短語；有的則結構複雜，不易掌握。蒙古語的語調分為陳述句、祈使句、疑問句、感歎句四種，與漢語大致相同。

二、畏兀文與八思巴字

　　蒙古人崛起於漠北草原時，不知文字為何物，當然更不會有書契之制。《黑韃事略》一書就說蒙古人「言語有音無字」。南宋人趙珙的《蒙韃備錄》說：「今韃之始起，並無文書，凡發命令，遣使往來，止是刻指以記之。」沒有文字，使馬上皇帝成吉思汗深感不便，但是與蒙古人毗鄰的乃蠻人已有了文字，傳達命令，遞送公文，只消寫在紙上，便可一目了然，非常方便。乃蠻人是借用的畏兀兒字母記述本族語言的。成吉思汗在統一蒙古的過程中，打敗了乃蠻部，其首領太陽罕被殺，大臣塔塔統阿被俘。塔塔統阿是畏兀兒人，精通本國文字，太陽罕尊之為傅，命他掌印及錢穀出納。乃蠻國滅亡，塔塔統阿懷印逃逸，被蒙古兵擒獲。成吉思汗詰問他說，太陽罕的疆土百姓，已悉數歸我所有，你懷揣印信到哪裡去？塔塔統阿說，掌印是我的職責，應該以死守護印信，尋求故主交給他，不敢有二心。成吉思汗說，看來你還是一個忠孝雙全的人，你懷裡那顆印有什麼用處呢？塔塔統阿回答說，出納錢穀，委任人才，一切事都用印鑑作為憑證。成吉思汗點頭稱善，命塔塔統阿跟隨左右。以後凡有命令，使用印章，仍讓他掌管。

成吉思汗問他是否熟悉本國文字。塔塔統阿作了肯定的回答，成吉思汗很為滿意，「遂命教太子諸王以畏兀字書國言」[39]。所謂用畏兀字書寫國言，也就是說用畏兀字書寫蒙古語。這一則記載說明，塔塔統阿奉成吉思汗之命，教太子諸王用畏兀字書寫蒙古語，蒙古人從此有了自己的文字。《蒙古秘史》也有類似的記載，這是關於蒙古文字出現的最早記載。

一二〇六年成吉思汗在斡難河源頭稱汗時，曾吩咐全國最高斷事官失吉忽禿忽：「全國的分產、辦案都把它記載在青冊上！和我商量過，失吉忽禿忽所辦的案件記載在白紙青冊上的，子子孫孫，永遠不得更改，有更改的，就嚴辦！」[40]寫在白紙青冊上的文字，當是畏兀兒文，這是用畏兀兒體蒙文書寫公文的開始。以後蒙古國的往來公文、信件、璽書、碑刻和牌箚，大體上都是使用這種文字，如今收藏在俄國聖彼德堡亞洲博物館的「成吉思汗石」（又稱「也松格碑」），是迄今為止留傳下來的用這種文字拼寫的最古老的蒙古文獻之一。一二四六年的《貴由汗玉璽》、一二五七年的《釋迦寺碑記》、蒙哥汗給法蘭西國王魯意九世的書信、現在雲南昆明市玉案山筇竹寺收藏的《雲南王藏經碑》，碑陰刻有雲南王阿魯在後至元六年（1340年）給筇竹寺的令旨，用的就是這種文字。藏於法國巴黎國檔庫的兩封信件，分別由伊兒汗國阿魯渾汗、完者都汗寫給法蘭西國王腓力四世，也用的是這種文字。

在畏兀兒體蒙文通行的同時，也使用其他民族文字，太宗窩闊臺、定宗貴由、憲宗蒙哥統治時期，對不同民族地區的行文，使用了不同的文字，出現了畏兀兒字、漢字、契丹字，也許還有其他民族的文字並存的局面。據有的學者考證，漠南汪古部趙王轄下的天德軍豐州（內蒙呼和浩特市東白塔鎮）通行六種語言，今內蒙四子王旗衛墓梁和達茂旗阿倫蘇木發現的墓碑上刻有畏兀兒體蒙古文和古敘利亞文。[41]幾種文字同時使用的局面，不利於元朝中央政府命令的推行，創制一種涵蓋各個地區的新文字，已經提到日程上來了。

---

39 《元史·塔塔統阿傳》。
40 謝再善譯：《蒙古秘史》，頁209，北京，中華書局，1957。
41 參見洪用斌：《汪古部社會制度初探》，《中國蒙古史學會成立大會紀念集刊》。

忽必烈即位後，雖然南宋尚未降服，版圖尚未統一，但是一統天下的趨勢是越來越明顯了。忽必烈強烈感受到「今文治寖興，而字書有闕，於一代制度，實為未備」，決定創制一種在各個地區統一使用的新文字，這個任務就落在了吐蕃薩斯迦地方的喇嘛八思巴身上。八思巴是西藏薩迦派佛教第五代祖師，憲宗三年（1253 年）謁忽必烈於潛邸，他學識淵博，談吐得體，甚受忽必烈寵信。中統元年（1206 年）忽必烈即位，尊為國師，授以玉印，並命他創制蒙古新字。至元六年（1269 年）蒙古新字制成，忽必烈下令頒行。「其字僅千餘，其母凡四十有一。其相關紐而成字者，則有韻關之法，其以二合三合四合而成字者，則有語韻之法，而大要則以諧聲為宗也。」[42] 這種新字俗稱八思巴字，由梵藏字母演化而成，有母音十個，子音三十二個，共四十二個字母。忽必烈為此詔告天下，大意說，文字是書寫語言的，語言是記述事情的，這是古今的通制。中國興起於朔方，風俗簡樸，沒有製作文字，一般情況下都用漢文楷書及畏兀兒字表達本朝的語言。遼、金及遠方諸國均有自己的文字，我朝沒有，「故特命國師八思巴創為蒙古新字，譯寫一切文字，期於順言達事而已。自今以往，凡有璽書頒降者，並用蒙古新字，仍各以其國字副之」[43]。新製成的蒙古字主要用在官方文書或印篆、碑刻、牌符、錢鈔等方面，從詔書的內容看，八思巴字的通行並不意味著取消其他文字，只是不得占主導地位而已，「以其國字副之」就表示其他文字並未被取締。

　　一種新文字從誕生到流傳，需要一個過程。元朝統治者為推廣蒙古新字，作出了極大努力，先在京師建立國子學，讓蒙古貴族子弟學習新蒙文，而後在州、郡設立學校，讓民間的俊秀人才學習新字，在各路設提舉學校的官員，職責是推廣新文字。以新蒙文翻譯成的漢文典籍《通鑑》、佛教經典《帕拉締穆凱西》，意在證明蒙古新字可以作為溝通蒙、漢文的工具，事實說明，這種新文字能夠擔當這個任務。如今現存的用八思巴文寫成的文物甚多，如甘肅涇川水泉寺碑（也稱鎮海之碑）、山西芮城縣城南磨潤村《河東延祚寺碑》、居庸關佛教經文、陝

---

42 《元史・八思巴傳》。
43 同上。

西韓成縣《龍門禹王廟聖旨碑》等。一九〇六年在土耳其斯坦發現貢嘎紮拉僧的《索布希迪》一書，是用八思巴字翻譯的。

八思巴文有自己的特點。這種文字書寫時自上而下，自左至右豎寫，有音節。除了幾個母音，所有輔音字母都是方形的，在詞裡沒有變化，因此被稱為「方體字」。母音共有八個，字形在詞中沒有多大變化。八思巴文在詞中拼寫時以音節為單位，這些音節互不連接，且無標點，讀起來較難。八思巴文係音節字，每一輔音字母除表示輔音外，還表示母音 a，這就構成了以 a 母音為單位的一個音節，如要單寫一個輔音字母就是 ba。八思巴文在很多情況下不分詞性，陰性母音與陽性母音混在一起使用。用這種文字拼寫時，第一音節後的母音，因受詞首圓唇母音 o、ö 的強烈影響，往往會出現 o 與 o、ö 與 ö 母音的唇形和諧現象。在同一音位中用兩個母音符號 e、ë，不易尋找這兩個字母的用法規律，即使在同一詞中，有時用 e，有時用ë，這兩者沒有區別詞義的作用。在輔音中，g 與 k、t 與 d 混用現象嚴重，特別是在詞中、詞首混用。[44]

八思巴文的優缺點是顯而易見的。一字一音，字形不變，是最大的優點，但缺點就多了。首先是文字符號結構複雜，不易為初學者掌握，同時以音節為單位拼寫，也容易導致詞與詞之間的界限不清，再加上這種文字沒有標點符號，書寫起來很不方便，無論是學習、書寫、記憶，都不能使人很快熟練地應用這種文字，這樣，便不能被百姓很快接受。之所以產生這樣的缺陷，是因為創制時比較匆忙，沒有集思廣益，反覆琢磨，也沒有很好地研究蒙古語的特點，過多地搬用了藏文字母，造成字母過多，很多輔音字母在蒙語中無用的現象。其次，八思巴文是以當時元朝的中部方言（包括察哈爾、錫林郭勒、烏蘭察布、巴彥淖爾、阿拉善、額濟納、科爾沁、喀喇沁、昭烏達等地區的口語）為基礎的，事實上，這仍是方言文字。在中部地區，這種文字能夠使人們所接受，而在方言差別較大的其他地區，便不易被接受了，因此很難推廣開來。相比之下，畏兀兒蒙文雖然也有缺陷，但文字符號簡單，有標點，以詞為單位拼寫的蒙古詞語符合蒙語特點，

---

44 這一段文字參考蔡志純等《蒙古族文化》一書頁 20 寫成。

學起來比較容易。更重要的是，這種文字是超方言的文字，元朝疆域內哪個地區的蒙古人均可接受，因而人們已經習慣了這種文字。有材料表明，在八思巴文頒行幾十年之後，其使用地區主要是漢族地區，且多是在官方文書中使用，範圍是很小的。至於蒙古人集中的地區以及波斯、俄羅斯等地，八思巴文基本上沒有推行，使用的仍是畏兀兒體蒙古文，因而那些地區很少有八思巴文的遺物出現。一三○五年伊兒汗國烏力吉圖汗給法國國王的書信、一三○七年右丞包魯特木爾蒙譯的《孝經》，都是畏兀兒蒙文。由此可見，八思巴文的改革是不成功的。元朝被明朝取代後，八思巴文很快便消失了，在歷史上僅流行了百年之久。

第六章

異彩紛呈
的哲學

遼代的
哲學思想

遼代沒有產生像樣的哲學家，各種版本的《中國哲學史》都沒有提到遼代，我們只能根據現有資料作點粗淺分析。

契丹人認為自己同漢人一樣，都是炎黃後裔，都是「中國」的一部分。遼代史學家耶律儼提出，契丹民族係軒轅之後，軒轅氏就是黃帝。這個提法在當時是個重大問題，如果沒有契丹皇帝的同意，耶律儼是不敢寫入實錄，留傳給子孫後代的。事實上，契丹人對於唐堯、虞舜的傾慕和嚮往，比起漢族來毫不遜色。《全遼文》所載《聖宗皇帝哀冊》中說，契丹「肇分覆載，建立皇王。德惟善政，邦乃其昌。遠則有虞大舜，近則唐室文皇」。這裡的有虞大舜就是指的虞舜。《道宗皇帝哀冊》中有「難求堯舜之高蹈」的句子，遼聖宗下詔重修奉聖州（河北涿鹿）黃帝祠、儒州（北京市延慶）舜祠，並時時祭祀。這些做法說明，這支北方遊牧民族已經以炎黃子孫自居了。正是基於這種認識，遼朝統治者把「尊孔崇儒」作為基本國策，道宗「以《君臣同志華夷同風》詩進皇太后」[1]，所謂華夷同風意思是說，契丹人雖在夷的範圍之內，但和漢族一樣，都是堯舜思想的繼承者和發揚光大者，那首詩中有「到處承天意，皆捧同日心」的句子，應該

1　《遼史·道宗本紀一》。

就是這種心態的寫照。華夷同風之說體現了漢族、契丹本為一體的觀念。

壁畫《散樂圖》（遼）

　　龍是古代傳說中一種神異的動物，在封建社會中，龍用來象徵帝王或帝王用
的東西，如帝王的面孔稱「龍顏」，帝王睡的床稱「龍床」等等。中原漢人對龍
是十分尊敬、崇拜的，契丹人也有這種心理。對於這種世界上並不存在的動物，
契丹人對其嚮往，可以說是到了顛之倒之的地步。這種觀念首先體現在地名上。
如祖州（內蒙巴林左旗西南石房子村）有黑龍殿，祖陵入口稱龍門，上京（內蒙
巴林左旗駐地林東鎮東南二里波羅城）有寺廟叫開龍寺，應州（山西應縣）北有
龍首山，奉聖州也有龍門山和龍門縣，黑龍江之名也見於《遼史》，契丹始祖奇
首可汗居住之地稱龍庭，後來改為龍化州。契丹人用這麼多龍字來命名地名，表
明他們對龍有一種特殊感情。其次是現在的遼代古蹟、文物上，雕刻有龍的花
紋。如慶州（內蒙巴林右旗西北察罕木倫河源的白塔子）白塔門上有二龍戲珠浮
雕，朝陽南雙廟遼代石刻崖上雕有大型爬龍、飛龍。遼寧建平遼墓出土的二龍戲
珠鎏金冠，內蒙奈曼旗青龍山遼代陳國公主與駙馬合葬墓中出土有六件與龍有關
的文物。契丹帝王也喜歡用龍字來抬高自己身價，以示不同凡響，如稱皇宮為龍
宮，皇帝之衣稱龍袞，皇帝之位稱龍位等等，這和中原漢族已毫無二致了。甚至

軍隊也有以龍字命名的，如龍虎軍就是遼朝禁衛軍的名稱。龍是中華民族的標誌，中國人不論走到哪裡，都說中國是「龍的故鄉」，中國人是「龍的傳人」，龍與中國實際上已是同義語，契丹人如此酷愛龍，自然也表示他們居住的區域是龍的故鄉，契丹人也是龍的傳人。對於龍文化的認同，強烈表現了契丹人與漢人共為一體的思想感情。

遼朝的皇帝在許多場合下都以中國自居，如遼興宗在給大臣蕭韓家奴的詔書中說：「我朝之興，世有明德，雖中外向化，然禮書未作，無以示後世。」[2]這裡「中外向化」的「中」，顯然是指遼朝而非北宋，也就是說遼朝即是中國，中國即指的遼朝，語意是很清楚的。又如興宗欲出兵攻打西夏，起兵前遣使赴宋，書信中有「元昊負中國當誅」一語，這裡的中國也是指遼朝。給宋朝寫信，遼朝卻以中國自居，喻義是很深長的，這等於向宋朝表明，「中國」二字並非中原帝王的專利品，契丹人既是黃帝後裔，自然也有資格使用「中國」二字。道宗大安年間，太子洗馬劉輝上書說：「西邊諸蕃為患，士卒遠戍，中國之民疲於飛挽，非長久之策。」[3]這裡的中國同樣是指遼朝。劉輝是漢人，他在書信裡明確無誤地把遼朝百姓稱為「中國之民」並非故作驚人之語，也不是筆誤，而是很自然地託出了自己的觀點，遼朝管轄之地並非化外，也是「中國」的一部分。這種「漢契一體」的觀念，在當時是非常難能可貴的。

由於儒家思想在遼朝占有統治地位，遼朝朝野都在努力學習儒家經典，並貫徹到實際中去。統治者大力提倡孝道，穩定社會秩序，那些深諳儒家之道的各級官吏，也都各盡所能，力圖把遼朝治理成為太平盛世。如道宗時大公鼎任良鄉（今屬北京市）令，「省徭役，務農桑，建孔子廟學，部民服化」[4]；蕭文知易州（河北易縣）時，「悉去舊弊，務農桑，崇禮教，民皆化之」[5]；耶律儼大安初年任景州（河北遵化）刺史，「繩胥徒，禁豪猾，撫老恤貧，未數月，善政流播，

2　《遼史‧蕭韓家奴傳》。
3　《遼史‧劉輝傳》。
4　《遼史‧大公鼎傳》。
5　《遼史‧蕭文傳》。

郡人刻石頌德」[6]；耶律棠古在天祚天慶年間任烏古部節度使，烏古部因受到歧視而反叛，棠古諭降之，「遂出私財及發富民積，以振其困乏，部民大悅」。以上所舉四位能吏並無文集傳世，我們無從得知他們的哲學思想，只能從他們的政績中推測出，若非根深柢固的儒家思想薰陶，他們是不會有這種「致君堯舜上，再使風俗淳」的襟抱的。

還有一些官吏，能夠洞察時弊，直言無隱，表現出了憂國憂民的思想。如興宗耶律宗真下詔於天下，詢問治道之要說，如今徭役不比往年多，征伐也不經常，五穀豐登，倉廩殷實，然而百姓仍很窮困，造成這種局面，是官吏治理不力？還是百姓太懶惰？如今徭役中什麼最重？老百姓對什麼最感痛苦？應該省掉哪些賦稅？補役之法怎樣恢復？盜賊之害怎樣防止？大臣蕭韓家奴回答說：陛下如欲均濟天下，應當知道百姓窮困的原因，然後採取補救的措施。如能做到「節盤游，簡驛傳，薄賦斂，戒奢侈」，只需堅持數年，則窮困可以蘇息，貧窮者便可致富了。對於如何制止盜賊，這是一個應該認真對待的問題。近年來，百姓窮愁潦倒，無奈之中便去剽竊，良民往往化為兇暴之人，更甚者殺人無忌，亡命山澤，釀成禍亂。「今欲芟夷本根，願陛下輕徭省役，使民務農。衣食既足，安習教化，而重犯法，則民趨禮義，刑罰罕用矣。」蕭韓家奴最後的結論是：「寇盜多寡，皆由衣食豐儉，徭役重輕耳。」[7]不難看出，他的這一番話完全是從儒家的「民本」思想出發的。

6　《遼史・耶律儼傳》。
7　《遼史・蕭韓家奴傳》。

第二節 ·

金代的
哲學思想

　　金代同遼代一樣，也以儒家思想作為統治
百姓的基本思想。金代研究哲學最早的當推隱
士杜時升。杜時升是霸州信安（今河北霸縣東
信安）人，幼時博學而知天文，但不屑於仕
進。章宗承安、泰和年間，宰相幾次舉薦時升
可以大用，時升見紀綱敗壞，風俗侈靡，遂渡
河南下，隱居嵩、洛山中，從學者甚眾。「大
抵以『伊洛之學』教人自時升始。」[8]在這之後
不久，蒙古軍便大舉南下，宣宗播遷汴京，局
勢急轉直下，金境幾無淨土。時升預料蒙古兵

雙魚紋銅鏡（金）

會假道於宋，渡漢水進入宛（河南南陽）、葉（河南葉縣），然後長驅入汴（河
南開封）。後果如所言。時升死於哀宗正大末年，沒有書籍傳世。金代自世宗、
章宗之世，儒風丕變，學校日盛，「當時儒者雖無專門名家之學，然而朝廷典
冊、鄰國書命，粲然有可觀者矣」[9]。既然當時還沒有專門名家之學，杜時升關

8　《金史·杜時升傳》。
9　《金史·文藝傳上》。

於伊洛之學的內容未能流傳下來，也就很自然了。

金代末年的王若虛曾任縣令、國史院編修官、左司諫、刺史、直學士等職，金亡不仕，與劉郁東游泰山。他著有《滹南遺老集》四十五卷，裡邊透露出一些哲學思想。宋代思想家程頤（伊川）提出，婦女丈夫死亡，雖貧窮到無以自存的地步，也不可再嫁，餓死事小，失節事大。王若虛指出：「此迂儒執方之論也。先王制禮，雖曲為之防，亦須約以中道而合乎通情，故可以萬世常行，而人不為病。若程氏者，刻覈已甚矣。」[10]在金代便有這種不同於流俗的見解，是很可貴的。另外，他對《五經》、《論語》、《孟子》、《史記》、《新唐書》等書的議論，也有獨到見解。

在金代稱得上有哲學思想的，當推趙秉文。最能體現他的哲學思想的是《滏水文集》。

趙秉文歷仕五朝，官至六卿，是金朝中後期最有影響的人物。他擅長詩詞，精通書法，曾與楊雲翼共掌文柄，時人號稱楊趙。任職期間，提倡孔學，推崇韓愈。楊雲翼說他：「蓋其學一歸諸孔孟，而異端不雜焉，故能至到如此，所謂儒之正理之主盡在是矣。天下學者景附風靡，知所適從，雖有狂瀾橫流障而東之，其有功吾道也，大矣！」[11]看來楊雲翼的這些話，不盡是溢美之詞。

趙秉文喜歡講「道」。他所說的道是指天道，也即天理，道是超自然的。他說：「聖人有以明夫道之體，窮理盡性語夫形而上者也；聖人有以明夫道之用，開物成務語夫形而下者也。」[12]這裡明確提出了道的體、道的用兩個方面。道的體窮理盡性，是形而上的「道」；道的用開物成務，是形而下的「器」。換句話說，道的體是理性的，是第一性的，而道之用則是物務的，是第二性的。道是天下萬物之源。

趙秉文認為道就是太極，太極就是氣，氣產生於人們心中。他說：「天地間

---

10 王若虛：《滹南遺老集·雜辨》。
11 《閑閑老人滏水集引》。
12 《滏水文集·道學發源引》。

有大順至和之氣，自然之理，根於心，成於性。」[13]道不是高不可攀、可望而不可即的虛無縹緲之物，它就存在於自身之中，只要能做到慎獨，就可得到：「吾恐貪高慕遠空談無得也，雖聖學如天亦必自近始。然則何自而入哉？曰慎獨。」[14]所謂慎獨，就是在獨處時能謹慎不苟。趙秉文強調慎獨，認為只要做到慎獨，就能領悟到道的奧妙。

對於人性論這一問題，趙秉文也有自己的見解，但基本上是韓愈性三品說的發揮。他說，荀子認為人性是惡的，楊子說人性是善惡相混的，韓愈說性有上、中、下三等。荀、楊兩人所說是指情，韓子三等之說是指才。實際上，「中者天下之大本也，此指性之本體也。方其喜怒哀樂未發之際，無一毫人欲之私，純是天理而已」[15]。這裡的「中」，是「天下大本」，是「性之本體」，這才是純天理，它是喜怒哀樂都未萌發時毫無私欲的境界。如果趙秉文的議論到此為止，雖然只是在概念上兜圈子，作為理論闡述，還有可取之處。但是他又說，由「中」產生出「情」的善惡，只有「大人」才能做得到。也就是說，只有「大人」才能承性的善而為上等。「大人」是指誰呢？當然是指統治階級，普通人與性的上等無緣，只能居於中、下等。這完全是為封建地主階級張目的言論，應當受到批判。

對於君臣、父子、夫婦、朋友之間的關係，趙秉文也把這些納入「道」之中，他認為君臣、父子、夫婦、朋友之間固有的關係就是道，離開了這些就不是道，處理好此道的關鍵是一個「誠」字。能做到誠，便不會欺人，能夠謹慎。誠由喜歡學習開始，逐漸臻於博學、審問、慎思、明辨的境界。為了維護現行的社會秩序，使人們安於現狀，趙秉文又提出了中庸說。所謂中庸，不偏叫中，不變叫庸，儒家以中庸為最高的道德標準，《論語・雍也》篇說：「中庸之為德也。其至矣乎！」總起來看，趙秉文的說教是為統治階級服務的。

---

13 同上。
14 同上。
15 《滏水文集・性道教說》。

元代的
哲學思想

受宋代理學家的影響，元代湧現出了一批成就頗大的理學家。開風氣之先，在北方傳播理學最著名的是趙復，我們在第二章中已經述及，這裡不再贅述。元代的理學家按其政治態度，可以分為兩類：一類是積極入仕，在朝廷上宣傳自己的政治主張，如許衡、竇默、郝經等人；另一類是隱居不仕，閉門著述或教授生徒，如劉因、吳澄、許謙等人。

一、元代的哲學家

（一）許衡的哲學思想

許衡（1209-1281 年），懷孟河內（河南沁陽）人，字仲平，號魯齋，學者稱魯齋先生，《宋元學案》一書中立有《魯齋學案》、著有《魯齋遺書》等。他與劉因、吳澄並稱為元代三大學者，許衡、劉因又是元朝立國時倚重的學者，官至左丞、國學祭酒。

儒士姚樞棄官不仕，隱居蘇門（河南輝州市）時，許衡從其受學，非常重視朱熹的《小學》。所謂《小學》，是朱熹講的關於灑掃應對的日常工夫，許衡認

為這是理學的入門和要津。他在《小學》中領悟出許多道理，並努力實踐，提出「道」是「民生日用」和養民「治生」的思想，給沉悶的理學帶來了清新空氣，在元朝被視為「朱子之後一人」。他對「華夷之辨」的觀念比較淡薄，與蒙古統治者的合作毫無芥蒂，提出在元朝管轄的區域內重視儒學，推行漢法，與劉秉忠、張文謙等一起定官制、立朝儀，又參與了制訂曆法，以儒學六藝教授蒙古弟子，特別是在他大力宣傳下，朱熹的《四書集注》在仁宗時被訂為科場程式。由於他不遺餘力地維護封建統治秩序，在元朝是知名度很高的人物。

許衡對於天道有自己的看法。他說：「道生太極，函三為一，一氣既分，天地定位。」所謂太極，是指原始混沌之氣，《周易·繫辭》中有「易有太極，是生兩儀，兩儀生四象，四象生八卦」的記載。這是說氣運動而分陰陽，由陰陽而產生出春、夏、秋、冬四時，有了四時才產生出天、地、風、雷、水、火、山、澤等八種自然現象。許衡提出「道」在「太極」之上，強調「道」是絕對性的。所謂「函三為一」是指老子所說的「道生一，一生二，二生三」。「道」在許衡這裡，與程顥所說「天之自然」也即理是一個意思，他認為由「道」而衍生「一氣」，然後分為天地，這才分出了有形可見的具體世界。「一氣」也叫「精氣」，由「精氣」產生出日月星辰、人和萬物等有「輪廓」的東西。而本原的「道」是一種絕對不動的精神實體。按照許衡的學說，世界的生成與演化，是從絕對走向相對，而後相對交錯，產生出了萬物，故世界是從無到有的。這種先有理後有物的解釋，是唯心主義的說法。

許衡推崇朱熹，在很多方面發揮了朱熹的學說。比如朱熹在講到致知格物中，也提出實踐不可偏廢，他說：「切問、近思是主於致知，忠信、篤行是主於力行。知與行，不可偏廢」。知與行相輔相成，好比車的兩輪，知之愈明，則行起來愈是堅定；行動越是堅定，道理就知道得越是清楚。現在的弊端就在於，講學者大多缺乏實踐，而實踐者又輕視理論，殊不知實踐者所以成功，是講學的功勞，因他所知道的更明確，因此實踐起來，信心就更堅定。許衡據此發揮說，世界上只有兩件事，即知與行；知與行，兩者應當齊頭並進；聖人教人，也只是兩個字，從『學而時習之』開始，便只說知與行；凡是行之不力者，都因為知之不真；如果知之甚真，哪有行之不力的道理？許衡強調，只有努力實行才算體現了

真知。根據這一精神，他在教育中主張，讀書之暇，便應該習禮，或學習書算。年齡小的讓他學習拜跪、揖讓、進退、應對，或射，或投壺，負者罰其讀書若干遍、先生教書時內容不要貪多，但須詳盡，若學生不甚理解，應打比方，務必使其通曉。讀書的目的應是看他能否付諸行動，而不是僅僅看他的口頭表白。其實，許衡所說的「行」，主要是二程、朱熹所一再宣揚的克己，也即是「存天理，去人欲」。

理學是中國封建社會後期統治階級的統治思想，主要內容是天道心性，心性又是理學的中心。許衡認為理在人身上的體現就稱為心、性。有人問他：「心也、性也，一理也何如？」他回答說：「便是一以貫之。」根據他的理解，他認為心、性、理三者是一回事。他還認為，人在形成為人時，又受氣的清濁不同的影響，所以人在出世之後，其人性已非先天的本然之性，是氣質之性，表現千差萬別，有的智，有的愚，有的美，有的惡。有的人氣質清美，能夠超凡入聖，成為大聖人；有的人則氣質濁惡，成為與禽獸無異的惡人。多數人處於中間狀態，美惡兼而有之，清濁程度不同，應該讓這些人去其昏蔽，恢復其明德之性，然後成為聖人。如何變化某一個人的氣質呢？關鍵是修養方法，如謹慎、虔誠、持敬等等。如一人獨處之時，不與外物接觸，因此也不會被物欲昏蔽，這叫未發之時；已與外物接觸，叫做已發之時。兩者之間還有個將發而未發的瞬間。根據不同的情況，修養方法也不相同，特別是人的欲念將萌而未發的時候，應該特別「謹慎」，不要因一念之差而做錯了事。

許衡在論及天理對人的關係時，似乎是人人平等，其實並不如此。他認為，因各人的氣質不同而有貧富貴賤的差別，這種差別是上天造成的，個人不能改變，這顯然是為社會上現存的不合理的等級制度製造理論根據，是不可取的。許衡的理學雖係繼承了朱熹的學說，但並未嚴守朱學門戶，他主張天理存於心中，這與朱熹是不完全一致的。由他所開創的以實踐為特徵的流派，到了明代便成了朱學的正統。

許衡的理學思想固然有唯心主義的一面，但他的貢獻也是不應該湮沒的。蒙古人崛起於漠北草萊之間，與中原地區相比，無論其經濟、政治制度、文化思想

都是落後的，許衡在此時通過自己的不懈努力，對蒙、漢之間的融合和文化交流，做出了可喜的成績。他主持元朝國學，以儒家經典教授蒙古弟子，後來許多達官顯宦就出自他門下，成為一代名臣。這些人對推動蒙漢文化的交流和相互的借鑑、吸收，是起了很大作用的。許衡本人為元朝的長治久安經營擘劃，四處奔走，功不可沒。他力勸元世祖忽必烈推行「漢法」，以「漢法」作為元朝的立國規模，要忽必烈「治心慎獨」，以得「民心」為要，同時要興學校，重農桑，這些建議都是符合當時的實際情況的。儘管一部分蒙古權貴極力反對推行漢法，但是行漢法是大勢所趨，蒙古人進入中原之後，除了推行漢法別無選擇，客觀形勢促使他們接受漢化。從這個角度說，許衡所起的作用，是應該充分肯定的。

（二）劉因的哲學思想

劉因（1249-1293 年）一名，字夢吉，雄州容城（河北徐水）人，因仰慕諸葛亮「靜以修身」之語，便以「靜修」自號，學者稱靜修先生，著有《靜修先生文集》，與許衡同為元初北方的兩個著名理學家。他的父祖均是金朝儒士，宣宗受蒙古人之迫遷都汴京時，劉因祖父隨著遷往汴京。蒙兵進逼汴京時，劉因之父又攜家北歸。金朝滅亡後，劉因才在雄州容城降生，因此對金朝文物眷戀不已，自視為金朝遺民。至元八年（1271 年）蒙古國改國號為大元，至元十九年（1282年），應太子真金之徵為贊善，教授近侍子弟，不久，以侍奉母疾為由辭歸。至元二十八年（1291 年），朝廷又以集賢學士來徵，他以疾固辭。後隱跡林泉，以授徒為生。清人全祖望在其《宋元學案・靜修學案》中分析他不肯仕元的原因時說，劉因見宋、金相繼而亡，元又不足為輔，故南悲臨安（宋亡於臨安），北悵蔡州（金亡於蔡州，即今之河南汝南）。全祖望所說未嘗沒有道理，但並非問題的癥結所在。最根本的原因在於，劉因不肯與有羶酪之風的蒙古人和光同塵，以為合作就辱沒了儒學，因此超然物外，不肯出仕。

劉因曾從國子司業硯彌堅受學，後又得南儒趙復所傳程朱理學，便由章句之學轉向理學。他認為天地之間凡人力之所為，都是「氣機」所使，既成而毀，毀而復新，天地就這樣生生不息。這種生生不息之理，既包括自然界的成毀、代

謝，也包括社會的成毀、代謝，都是理勢相因的結果，否則萬物不能生長，人的繁衍也就停止了。這種生生不息的變化，劉因稱之為「氣機」。但是「氣機」是個混沌不清的概念，是物質或是精神？只有弄清了這一點，才能回答世界萬物變化的原因，劉因沒有把「氣機」交代清楚，正好說明他的世界觀是唯心主義的。

劉因認為，人欲可化為天理，血氣可化為性情，人欲怎樣才能轉化為天理呢？他說，天生這一世人，就能辦一世事，從自己身上就能解決問題。他打了個比方：嶺南多毒，但金蛇白藥可治毒；湖南多氣，薑橘茱萸可治氣。魚鱉螺蜆可治濕氣但生於水中，麝香羚羊可治石毒而生於山中，如果沒有戰勝那些毒的氣，就不能產生於毒氣之中。這是說，要想改變人的欲望和血氣，關鍵在於擴充他自身固有的德性和善端。怎樣擴充呢？他以人與蜂、鼠的關係比喻人與物的關係：鼠是畏人的，一天，自己正在靜坐，有老鼠出入懷中，似乎不知道我是人，熟視之也不見鼠有畏人的舉動。我的父親曾與人在易水上會飲，忽有蜂群飛來，驅趕馬蜂的人都挨了螫，我父親不動，結果安然無恙。這個例子說明，人的氣如不暴露於外，外物襲來時不去激怒它，就像沒看見一樣，更不去激使它來，它離去後也就互相忘掉了。劉因的比喻是從周敦頤的「主靜」與程顥的「主敬」演化而來，但周、程主張在動靜中以靜為主，而劉因卻是對物視而不見，專務其靜，物之來去，猶如「相忘」，也就是說要內外兼忘，無分彼我，這樣，人與物便化而為一，物我無別了。這反映出劉因在認識論上反求於己的唯心主義。

劉因認為，「道」無時無處不在，一個人如果他的志向在於為善為君子，這個志向就能達到；如果是為了追逐一己之私利，這個志向就不一定能達到。一個人德性的高低，不在於其官爵的大小，而在於本身的道德修養。這個意見是對的。在談及道與物的關係時，劉因認為「道」最根本，道並非「出於物」，也即不本於物，因此也就不為物所制，道是在萬物之上的一種抽象的絕對本體。這個觀點又是唯心主義的。劉因還認為，人對外界現象的認識不真實，不可靠，應當放棄對客觀世界的認識，只要回到精神世界自我求索，就可與天道合一，成為聖賢。這樣，天即我，我即天，聖即我，我即聖。這個認識也是不可取的。劉因的理學思想中吸收了老、莊和佛教的東西，但是他的思想體系又是為封建統治階級服務的。因此，他的理學能成為後期封建制度的思想支柱，絕不是偶然的。

劉因的經學思想也值得探討。他認為人生下來時「材無不全」，這個「材」是指完善的性，之所以「不全」，是受了「異端」的迷惑，怎樣補救呢？只有讀書，才可以恢復其「全材善性」。讀哪些書呢？當然是先讀六經、《論語》、《孟子》，然後是史書與諸子之書。所謂六經，是指《詩》、《書》、《易》、《禮》、《樂》、《春秋》，其中《樂經》早已亡佚，實際只剩下了五經。這五經被視為治世的典則，於是注解蜂起，凡解經者稱注，凡解注者稱疏，注疏有官定的，也有私撰的，多至百家。這些注疏多為訓詁性質，很少闡發思想。到了唐末宋初，始有人依經解說，大講天道心性，這就是義理之學，也就是理學。劉因批評近世學者往往捨去傳注、疏釋，便直接去讀宋儒的議論，這是不妥當的。他主張讀書必先讀傳注而後去讀疏釋，然後再去讀議論，以此強調漢、唐傳注和疏釋的重要，而宋儒則主張摒棄漢唐訓詁，劉因與他們是有區別的。劉因之所以要強調漢、唐訓詁，是因為訓詁雖然繁瑣，使人生厭，但訓詁是僅就六經而發的，沒有穿鑿附會的成分，因而不失六經的本意，是可信的。劉因生活於宋、元鼎革之際，感到理學雖然是一項大學問，但不能挽救宋朝的滅亡，於是轉而去求之於過去的聖賢經傳，這種時代局限決定了劉因重視漢、唐訓詁，他不可能提出更新的思想。

劉因對六經和歷史同樣重視。他在《敘學》中提出「古無經史之分，《詩》、《書》、《春秋》皆史也，因聖人刪定筆削，立大經大典，即為經也」。作為一個理學家，能提出「古無經史之分」的命題，是很有見地的。稍早於劉因的元儒郝經就有「古無經史之分」的提法，劉因在這個說法上作了點發揮，他強調古史在經過聖人刪削之後，才成為經典的，這與後世所說的「六經皆史」是有區別的。劉因主張有志氣的學者，應當努力鑽研六經、《論語》、《孟子》，當從《詩經》學起，然後依次是《書經》、《禮記》、《春秋》、《易經》，六經學習完畢，再學習《論語》、《孟子》，然後是諸子、辭賦、文章、書法，這一次序不可紊亂。因為《詩經》「導情性而開血氣」；《書經》是「聖人之情見乎辭者也」；血氣既開，情性既得，一個人的大本就確立了，這時「禮」才派得上用場；《春秋》是用天道王法評判天下事業的；《易》使聖人成終成始；《論語》、《孟子》使聖賢止於至善；諸子、辭賦使人懂得事理，思路開闊。這些見解與郝經的看法大致相同，郝經也有這樣的議論，但兩人並無師承授受關係，可見經史相通之說，是金代北

方士子流行的見解。

劉因「古無經史之分」的提法，對後世的影響很大。明代王陽明提出，史書《春秋》也是經，《五經》也是史，《易經》也包犧氏（即伏羲氏）之史，《書經》是堯、舜以下的歷史，《禮記》、《樂經》是三代的歷史，這一說法可能是在劉因「古無經史之分」的提法上敷衍鋪陳而成的。清代在幾次文字獄之後，莘莘士子談虎色變，只能埋頭考據，皓首窮經，於是漢學盛行，六經被捧為圭臬，以致造成學術界思想僵化、枯竭，針對這種情況，章學誠為了打破這種萬馬齊喑的沉悶局面，提出了「六經皆史」的口號。把儒家經典說成是史料，具有離經叛道的重要意義，其見識遠在劉因之上，但還是受了劉因的影響。就劉因的本意來說，「古無經史之分」的提法，並不是否定六經的本身。

（三）吳澄的哲學思想

吳澄（1249-1333 年）字幼清，撫州崇仁（今屬江西）人，號草廬，人稱草廬先生。他二十七歲前生活於南宋，後半生是在元朝度過的，與許衡齊名，有「南吳北許」之稱。吳澄十五歲時便讀朱熹的《大學章句》，十六歲時拜饒魯學生程若庸為師，成為饒魯的再傳弟子。又曾師事程紹開，程紹開以「和會朱陸」為學旨，曾築道一書院，以便和會朱、陸兩家，因而吳澄的思想中兼有朱、陸的成分。大體說來，其理學著作近朱，哲學思想則近陸（九淵）。入元後，因程鉅夫之薦，四次入京，任國子司業、國史院編修、制誥、集賢直學士等，但為時甚短，大部分

吳澄像（元）

時間是在窮鄉僻壤從事理學著述，有《吳文正公集》、《草廬精語》等。

吳澄年輕時便以朱熹之後道統的接續者自居。他說，所謂豪傑之士，因其見

識超過儕輩而知名。戰國時孔子之徒沒有了，於是楊子、墨子之徒橫空出世，只有孟子一人生於斯時，他願學孔子，接續了他的薪傳，真是曠古一人的豪傑之士。孟子沒後，千餘年間溺於俗儒的陋習，淫於老子、佛學的異教，沒有豪傑出世。後來到了宋代，周、程、張、邵，一時迭出，又過了百餘年，朱熹集以上幾家的大成，真是中興的豪傑！但是繼承朱子的學說而自任者，還有人嗎？如果沒人，繼承者就落在他肩上了。自從韓愈創儒家道統說後，後來的儒家爭先恐後以繼承道統自居，都說自己得了孔門心傳，陸九淵稱「當今之世，捨我其誰」。而朱熹又把陸九淵排斥在道統之外，吳澄的道統論，比所有人都要激進。他把道統的歷史分為上古、中古、近古三個階段，每一階段又分為元、亨、利、貞四個小段，兩宋諸儒屬近古階段中的「貞」這一小段內，似乎道統的歷史到此為止，不再發展了。在其《道統圖》中，近古理學階段從周敦頤到朱熹，也按元、亨、利、貞排列，朱熹被排到「利」位，而不是放到「貞」位，顯然不符合朱熹是理學集大成者的地位，弦外之音，「貞」位應該屬於他吳澄，別人是無權染指的。《元史》本傳說他「以斯文自任如此」，看來是有根據的。

吳澄在經學上確實繼承了朱熹的衣鉢，完成了他的未竟之業。朱熹認為三禮中的《儀禮》是禮之根本，《禮記》只是秦、漢諸儒解釋《儀禮》之書，應以《儀禮》為經，取《禮記》及其他雜書中有關禮者，附屬於本經之下。為此，他編寫了《儀禮經傳通解》。但該書屬於草創，內容多闕略未備，雖經其弟子黃、楊復補苴罅漏，還有許多不盡如人意之處。吳澄花費多年精力，對朱熹的學說引申發揮，撰成《五經纂言》一書。經過他的整理，《儀禮》這部佶屈聱牙的書得以流傳，的確是經學史上的一大貢獻。吳澄不但編次整理《儀禮》，還對其內容以義理加以疏解，探其主旨，發揚光大朱熹之說，使禮經與其他四經（《易》、《詩》、《書》、《春秋》）一起從漢、唐以來的典制訓詁轉入義理疏注，朱子門人中沒一個人能做到這一點，在元代治《禮》學的諸儒中，也沒人能望吳澄的項背。

吳澄認為人性是得之於天，因此成為本然之性，因氣質不同而有善惡之分，人從母胎中降生時，就受了天地之氣，這些氣或清或濁，或美或惡，因程度不同，人性便有了差別。他認為孟子、荀子關於人性的爭論，是各執一詞，對「性」字的理解不同，所有的觀點都可綜匯在天地之性與氣質之性中，這兩個

「性」字不能截然分開，如純正良善的天地之性附於人時，因人的氣質有清濁之分，故人性也有善惡之分。就是那些因氣濁而性惡的人，其本身同樣有天地之性。由此可見，天地之性既給予性善的人，也給予性惡的人，在天地之性這一點上，性善之人與性惡之人本質上是相通的。這一看法與朱熹接近。但如何識見天理，恢復天地之性，吳澄主張要從自身去發現善端，並進而擴充善端，「今不就身上實學……非善學者也」。這種「身上實學」的見解，似與朱熹格物窮理的方法不合，倒是與陸九淵先識本心的方法接近。他在給陸九淵（象山）語錄作序時說，「道」存在於天地之間，今古如一，人人皆可得到，不因賢或不肖、智或愚而有所偏向。能反之於自身，就可知道，天之所給予我者，我本身已有，不必外求，從自身尋找並加以擴充即可，不必再從他處增添了。不從自身尋找並擴充善端，卻要從別處尋找，陸象山是不贊同的。今天的人口談先生、心慕先生者大有人在，有人能懂得先生學說的真諦嗎？有人能成為先生式的學者嗎？在另一篇文章中又說，陸先生的學問，不在乎語言文字，因此，朱子的語錄達百餘卷，累計千萬億言，而陸的語錄僅有一帙，即使這一帙，分量也不大。究其原因，是因為先生平日教人，專門在心身上用功夫，一時精神之感發，旨意之懇到，比如良工斫輪，大冶鑄金，其巧妙之處，是別人無法模仿的。從這兩段議論看，他對陸氏之學是很佩服的。

吳澄的理學思想是宋代理學的繼續和延伸，這種思想是在「和會朱陸」中形成的，他承朱熹的餘緒，卻並不嚴守朱學門戶，「和會朱陸」而右陸，以至有「宗陸背朱」的嫌疑，有人認為吳澄所學即陸氏之學。但是作為元代經學大家的地位，是沒人能動搖的。

（四）鄧牧的哲學思想

鄧牧（1247-1306 年）字牧心，浙江錢塘（浙江杭州）人。他出生二十九年後南宋滅亡，懷著眷戀故國的心情四處遨遊，後來隱居餘杭大滌山中的洞霄宮，不肯出仕元朝。成宗大德年間，元廷敦請他出山，他自稱是三教（儒、釋、道）外人，沒有應徵。對南宋的滅亡，他有切膚之痛，只能以筆墨來發洩對元朝統治

的不滿。他的著作有《洞霄圖志》、《伯牙琴》。《伯牙琴》集中代表了鄧牧的哲學思想，對元朝統治者進行了猛烈的抨擊。他冷靜地觀察到，社會上有的人輕裘肥馬，有的人食不果腹，這種人剝削人、人壓迫人的現象之所以存在，是因為皇帝是貪得無厭的掠奪者，他憤怒地詰問：「天生民而立之君，非為君也；奈何以四海之廣，足一夫之用邪？」[16]以蔑視的口氣稱皇帝為一夫，這是需要有膽量和勇氣的。儘管他無法也不可能改變社會的現狀，但這種氣魄和膽量是令人佩服的。

鄧牧既敢於指斥天子，對於那些如狼似虎的官吏，就更加大膽地揭露與鞭笞了。他說，今日一個官員，大者食邑數萬戶，小者雖無俸祿，因有權在手，到處掠奪為食，以代替耕田的收入。如今數十戶農夫竭力勞作，還不夠一個官員揮霍，如果再有遊手好閒之徒去坑害百姓，百姓就更難生活了。這好比讓虎狼去當牧羊倌，而指望羊群蕃息，是根本辦不到的事。他尖銳地指出，官吏就是為民害的虎豹蛇虺：

今之為民不能自食，以日夜竊人貨殖，摟而取之，不亦盜賊之心乎？盜賊害民，隨起隨撲，不至甚焉者，有畏忌故也。吏無避忌，白晝肆行，使天下敢怨不敢言，敢怒而不敢誅，豈上天不仁，崇淫長奸，使與虎豹蛇虺均為民害邪？[17]

盜賊搶掠還有畏忌，官吏白晝肆行而無避忌，如此說來，官吏連強盜都不如！

鄧牧還通過寓言來揭露統治者，如在《越人與狗》中，把元朝統治者比喻為狗；在《楚佞鬼》中又把元朝統治者比方為「楚鬼」。對於生活在水深火熱中的百姓，鄧牧寄予了深切的同情，支持他們反抗暴政，不要俯首貼耳接受統治。他說：官府奪百姓之食，百姓不得不怒；竭百姓之力，百姓不能不怨。百姓起而為亂，是因為有人奪走了他們的衣食；百姓危害社會，是因為有人使他們財力枯竭。而號稱為治理百姓者，掠奪盡百姓的財力，使他們瀕於危險的境地，逼迫他們起而反抗。這種分析是很有道理的。

---

16 《伯牙琴·君道》。
17 《伯牙琴·吏道》。

社會上的不合理現象是怎樣造成的呢？鄧牧歸咎於秦朝的統一與秦始皇個人。他說，秦始皇破壞了古代的分封制度，變六合為一統，頭會箕斂，竭天下之財以奉始皇一人，而君王更加驕貴；焚詩書，濫用法律，修築萬里長城，凡能夠鞏固其位而養尊處優者，無所不用其極，這樣一來，皇帝就越發孤立了。他經常惴惴不安，好像一個平民百姓懷揣一錠金子，恐怕別人來搶奪，這種處境也很危險呀！如果說鄧牧對封建社會人壓迫人的現象揭露得淋漓盡致，至今仍閃耀著光芒的話，那麼，他對社會上不合理現象根源的探討，就大錯特錯了。秦始皇把分裂的國家歸攏在一起，變六合為一統，恰恰是進步現象，無可厚非，至於他頭會箕斂，另當別論，這是任何一個封建帝王都免不了的。

怎樣才能出現一個理想的社會呢？他設計了一個藍圖，希望能出現天下人都不想當君王的堯舜時代的社會。在這個社會中，君民相安無事，當然不是說不要官吏，但是官吏人數一定不要太多，這些官吏一定得選用賢才。廢除層層疊疊的機構，不設縣令，聽天下人自己管理治亂安危，不是很好嗎？這個無盜賊、無戰爭的社會，百姓的職業不同，都能自食其力，人與人之間的關係融洽，君子的道德愈高尚就愈謙遜，威望越尊對人越是誠敬。對別人隱惡揚善，別人有善行如同自己有一樣，唯恐大家不知道，自己承認不如他。聽說別人有了過錯，竭力包涵回護，不忍心看著他躋身不了君子的行列。歷史的車輪不能倒轉，堯舜禪讓的時代已經一去不復返了，鄧牧幻想的這個社會是虛無縹緲、不可能存在的，到頭來只能陷入悲觀絕望的境地。

（五）謝應芳的哲學思想

謝應芳（1295-1392 年），武進（今屬江蘇）人，字子蘭，號龜巢，以教授生徒為業，江浙行省薦舉為清獻書院山長，辭而不就。順帝至正初年，隱居白鶴溪，築室取名龜巢，便以此為號。元末農民大起義爆發，避亂吳中，明王朝建立，天下大定，始返回家鄉。著有《辨惑編》，是反對封建迷信的專著，另有詩文集《龜巢稿》。

《辨惑編》是針對社會上流行的迷信思想而發的，他要一一正本清源，提出

自己的見解，故取書名為《辨惑》。該書共分十五目：死生、疾癘、鬼神、祭祀、淫祀、妖怪、巫覡、卜筮、治喪、擇葬、相法、祿命、方位、時日、異端。

謝應芳認為，人的生命長短，是由健康程度決定的，健康與否與疾病有關，但不能把疾病歸咎於鬼神，生了疾病要去醫治，不要求神問鬼，有些人「往往貪生畏死而為異端邪說之所惑」[18]，這是很不應該的。他敘述了自己的親身經歷：文宗天曆年間發生了大疫，他的母親及其他人都得了瘧疾，但他們不迷信鬼神，不事祈禱，積極用藥物治療，結果都痊癒了，安然無恙。而鄰居中因迷信鬼神，到處求神問卜，耽誤了治療，不少人死於非命，令人歎息不已。由此可見淫祀不足信。

基於以上情況，他大力疾呼改變迷信的風俗，斥責巫覡、卜筮為妖妄之舉。對於喪葬中廣集僧人，大力操辦佛事，棺槨衣衾務求華美，甚至不惜傾家蕩產的做法，極力表示反對，號召士大夫之家「正風俗，息妖妄，擯巫者不用」[19]。

謝應芳既反對世俗迷信，也反對宗教迷信。他認為人死之後，齋佛打醮毫無意義，還不如用這些錢去賑濟一鄉人戶的饑荒。為此他援古證今，說明危害，要汲取歷史上的教訓：梁武帝迷信因果之說，命僧流為他祝福，結果社稷傾覆，餓死臺城，因果在哪裡？道家以老子為師，也沒有設醮之說，宋徽宗妄意求福，命羽流之輩為他辦此事，過了不久，便社稷傾覆，淪落金國，身死異域，道士（羽流之輩）又給他帶來了什麼福祉呢？他告誡人們說：「前代名賢，當今豪傑，卓然有見而不惑者固嘗有之。惟閭閻小人，惑者什九，諸友無足效也。」[20]這個看法是很有見地的。

謝應芳斥佛、道為異端，態度是很堅決的，但由於時代限制，他的學說中仍然有唯心論的成分。比如他說，孔子曾說過「由也不得其死」的話，由即仲由，也就是子路，後來子路果然戰歿於衛；孟子說過「死也盆成括」的話，後來盆成

---

18 《辨惑編‧死生》。
19 《辨惑編‧巫覡》。
20 《辨惑編》附錄《與王氏諸友論齋醮書》。

括果然被殺於齊，聖賢知道人的生死禍福，這是陰陽五行之術所不能比擬的。其實這完全是唯心論的解釋。孔子、孟子沒有預測人生死的法術，他們說子路、盆成括不得善終，後來的結局證實了他們的話，完全是一種巧合，謝應芳卻篤信不疑，說明他的無神論思想是不徹底的。

二、元代的朱陸合流

元代理學的最大特點是朱陸合流。之所以會有這種變化，同朱熹、陸九淵去世後的情況有關。

朱熹死後，其徒黃榦得其薪傳，還有號召力，黃榦死，朱熹之學便顯出了衰敗跡象。朱熹提倡格物致知，要做到這一點，必須博覽群書，專事義理，而黃榦的門人卻把讀書博覽弄成了訓詁之學，流風所及，甚至朱熹的裔孫朱芮，在元代也去搞經纂、訓釋，這樣就把朱熹之學弄得支離破碎，面目全非了。

朱熹門人中也有專事理學者，但未能嚴守朱學門檻，朱熹的三傳弟子吳澄，雖從事理學，但又與朱子不同，以致被人目為陸學。元朝初年的胡長孺等由朱學轉為陸學，還有的人雖能株守朱學，但又緊閉門檻，自我陶醉。清朝學者全祖望就說過，朱學在進入南宋理宗端平年間後，閩中、江右的弟子犯有支離、桀戾、固陋的毛病，能夠「中振」朱學的，只有北山、東發兩支。北山是指何基這一支。何基（1188-1269 年）是婺州金華（今屬浙江）人，字子恭，號北山。早年受業於黃，得親傳朱熹之學，主張治經當謹守精玩，不必多起疑義，王柏、金履祥俱出其門下。清人黃宗羲說何基僅能熟讀四書，才幹平庸；金履祥論說往往與朱熹牴牾；王柏對朱熹的《大學》格物傳補，視為多餘。東發是指黃震這一支。黃震（1213-1280 年）宋代慶元慈溪（浙江慈溪東南）人，字東發，著有《黃氏日鈔》，係考訂經史子集之作。全祖望認為，「《日鈔》之作，折衷諸儒，即於考

亭（朱熹）亦不肯苟同」[21]，是朱子的傳人，卻折衷諸儒學說，甚至於對朱子的議論也不贊同。全祖望對黃震的批評是很尖刻的。總之，在朱熹身後，朱學的思想已顯露出薪火不繼的景象，他的後繼者已提不出新見解了。

朱學顯示出衰落景象，那麼，陸學又如何呢？自陸象山死後，這一派驟然失去了昔日的輝煌，也陷入了不景氣之中。他的門徒在江西的一支稱「槐堂諸儒」，最有名的是傅夢泉，號稱陸氏高足，但未得陸學真諦，講課不知所云，聽者昏昏欲睡，後來這一支逐漸湮沒無聞。陸象山門下較有影響的是浙東「四明四先生」。四明（浙江寧波）四先生是指楊簡、袁燮、舒璘、沈煥，四人均是四明人，故稱四明四先生，其中以楊簡為首，人稱楊簡為慈湖先生。楊簡、袁燮把陸象山的「發明本心」理解成「明悟為主」，以至於不讀書、不窮理，專做打坐工夫。清人批評說「慈湖（楊簡）之下，大抵盡入於神」，是很有道理的。他們名為傳陸子之學，其實已經失去了陸學的精髓。舒璘、沈煥也不完全株守陸學。陸學到了元代，可說是每況愈下了。陸象山的裔孫在元代窮愁潦倒，年過五十歲，貧窶不能娶妻，就是陸學衰敝的寫照。

進入元代，無論是朱學還是陸學，都已被歪曲得偏離了原來的宗旨，因而也就難以繼續下去。朱、陸之間自「鵝湖之會」發生爭論後，這種爭論一直持續不斷，長期的爭辯，都把各自的缺陷暴露得淋漓盡致。朱、陸的門徒們覺得已無必要再爭論下去，應該打破門戶之見，取長補短，元代的鄭玉、吳澄、虞集等人就主張朱、陸「和會」。吳澄認為所謂朱陸之爭，是兩家不肖的門徒故意製造出來的事端，陸象山的「本心論」是和孔、孟以及宋代的周敦頤、程頤、張載、邵雍的學說一脈相通的。「朱陸二師之為教一也，而二家庸劣之門人，各立標榜，互相詆訾，以至於今。學者猶惑，嗚呼甚矣！道之無傳，而人之易惑難曉也。」[22]朱陸兩人「為教一也」的說法是很新穎的提法，既然在早年就沒有根本分歧，這時合流就是很自然的事了。

---

21 《宋元學案·東發學案》。
22 《宋元學案·草廬學案》。

吳澄的學生虞集、王應麟的入室弟子袁桷等人，都有朱、陸本是一體的論調，與吳澄的說法前後呼應。其中論述得最得體、最深刻的是鄭玉。鄭玉（1298-1358 年），字子美，元徽州歙縣（今屬安徽）人，通經學，對《春秋》尤有研究，不求仕進，設師山書院，教授生徒。元廷授以官，辭而不授。朱元璋部將鄧愈於至正十七年（1357 年）率兵入徽州，徵他為官，不從，被囚於室，自縊而死。他在論述朱、陸應該合流時，不鸚鵡學舌，說朱、陸宗旨本來相同的話，而是說兩家在學術上各有千秋，應當取對方之長，補自己之短。這一說法非常得體，明末清初的學者黃宗羲、全祖望等對此說深表贊同。鄭玉詳盡地分析了朱、陸兩家的利弊，他說：「陸子之質高明，故好簡明；朱子之質篤實，故好邃密。蓋各因其質之所近而為學，故所入之塗（途）有不同爾。及其至也，三綱五常，仁義道德，豈有不同者哉？」[23] 在扶植封建倫理綱常上，兩家沒有分歧，不過只是陸學本質高明，因此喜歡簡明扼要；朱子學說的本質厚道實在，因此分析問題時深邃嚴密，區別僅此而已。既無原則分歧，調和起來便容易了。怎樣調和呢？當然不是兩家學說的拼湊，而是取陸學的本心論，再加上朱學為學致知的次序和堅定實在的下學工夫。「所以，元代的朱陸合流，實際上是以朱學篤實的工夫，去彌補陸學『談空說妙』的弊病，從而使陸學獲得生機。」[24]

元代理學家的情況各不相同，比如史蒙卿、鄭玉是「由陸入朱」，而徐霖、胡長孺則是「由朱入陸」，許謙、許衡等是朱學人物，又兼取陸學的本心論，吳澄、虞集也是如此。元代朱、陸之所以能夠合流，首先是因為有共同思想基礎，也即在扶植封建倫理綱常上是一致的，其次是朱、陸兩人少年時氣盛，學說上有矛盾，但到了晚年，也都覺察到自己有偏激情緒，朱熹自悔說話支離，陸象山稱與朱熹的爭論是「粗心浮氣」，這說明兩人在思想上有互通之處，這就為兩派的調和提供了契機。南宋朱、陸兩家的理學，在元代趨於合流，對明代王學起了孕育作用。元代理學家人才輩出，搭起了從南宋的陸學過渡到明代王學的橋梁。元代的朱陸合流，只不過是兩家學說融合的開端，有許多問題還未來得及解決，到

---

23 鄭玉：《師山文集·送葛子熙之武昌學錄序》。
24 侯外廬、邱漢生、張豈之主編：《宋明理學史》上冊，頁 755，北京，人民出版社，1984。

了王陽明時期，才有工夫對朱、陸學說的精華融會貫通，剪裁熔鑄，形成新的、博大精細的王學體系。王陽明對朱、陸學說的研究，比起元代理學家更進了一步，絲毫顯不出彌合的痕跡了。

第七章

五光十色
的宗教

遼代的宗教

一、薩滿教

所謂薩滿教，是一種由薩滿扮演重要角色的宗教形態，以薩滿和神相通，代神說話，驅魔消災，為民求福為特色。薩滿教的起源與圖騰崇拜有關，是中國古代北方各族中盛行的多神教，契丹族最早就信奉這種薩滿教。作為多神教的薩滿教，雖然對靈魂和祭天的觀念都相去不遠，但是每一個薩滿的說法都與其他薩滿不同。只要對統治者有利，不管怎樣祈禱祝福，統治者都能接受。契丹人在氏族社會時期，由於生產力低下，對風、雨、雷、電、日、月、星辰、山川、河流等自然現象不理解，認為這些自然現象像人一樣有生命，能夠給他們帶來危害，因而對自然現象非常崇拜。

既然有薩滿教，就得有從事這項活動的薩滿，薩滿因具備溝通人神的力量而使一般百姓敬畏，據說契丹人的始祖就是薩滿。葉隆禮的《遼志》記載，相傳契丹族有三個君長，第一個叫乃呵，此人持一髑髏，住在穹廬之中，用氈覆在身上，人不得見。國家有了大事，殺白馬灰牛祭祀，君長始變人形出來處理國事，辦完事後，仍入穹廬之中，成為一具髑髏，後來因國人偷看他的行藏，這個君長便消失不見了。又有一個君長號曰呵，頭戴野豬頭，身披野豬皮，居住在穹廬之中，國家有事時便出面辦理，辦畢後仍隱入穹廬中。後來因為他的妻子偷走了他披的豬皮，這個君長便銷聲匿跡，再也找不到了。最後有一個君長叫名晝里昏

呵，他養羊二十隻，每天吃掉十九隻，只留下一隻，但是到了第二天，他的羊群又成了二十隻，於是又吃掉十九隻，留下一隻，如此循環反覆，羊群總不見減少。事實上，這三個君長都是薩滿，從這三個薩滿的經歷中，我們得以窺見契丹族由母系社會向父系氏族公社過渡的一些情況。第一個君長頭戴髑髏，是表示當時生產力低下，不少人因凍餓而死成為髑髏；第二個君長戴野豬頭，披野豬皮，是表示當時人們已經能夠獵得野豬之類的野獸了，但因食品不豐富，有人竊走了君長的豬皮，他便沒法存在，不知所往了；第三個君長學會了飼養羊的技術，有了初步的畜牧業，這個君長便不再消失了。這三個君長行使著治理國家的權力，但又不是正常的人，視事時不是拿著髑髏，就是披著豬皮，可能是薩滿在進入角色時，需要使用這些道具，才可以使人們相信，自己才更有力量。

大同市下華嚴寺遼代雕像

不過，契丹人在正式建國前，還沒有專職薩滿，建國後才有這種專門從事神事活動的宗教職業者。這種人被稱為巫或巫覡，覡是專指男巫。分為太巫、大巫、巫三個等級。

通常在皇帝身邊為祭祀服務的是太巫，他們的地位最高。遼朝統治者按照故俗祭祀日月山川。這一類祭祀甚多，如太祖耶律阿保機天贊三年（924 年）八月「至烏孤山，以鵝祭天」，同月，「次業得思山，以赤牛青馬祭天地」等。祭祀儀式最隆重的是木葉山（內蒙東部西拉木倫河〔潢河〕與老哈河〔土河〕合流處）的祭山儀式，這是因為那裡乃契丹神話傳說中神人與天女相會並結成為夫婦之處，因而是契丹祖先的發源地。《遼史·禮志》很詳盡地描述了祭祀的經過：設天神、地位於木葉山，東向，當中立一棵君樹，前面豎立一堆樹，用來象徵朝臣，又對應樹立兩棵樹，作為神門。皇帝、皇后到來後，夷離畢（遼代掌刑獄的北面朝官）準備好祭祀用品：赭白馬、玄牛、赤白羊，一律是雄性的。僕臣叫旗鼓拽剌，殺死牲畜，按禮儀肢解其體，懸掛在君樹上，然後太巫用酒灑在祭品之上。禮官叫敵烈麻都，上奏說，一切都已準備就緒，請皇帝皇后祭祀天地。祭山儀式結束後，命令中丞奉茶果、餅餌祭拜天地，執事郎中二十人將福酒、胙肉奉獻於皇帝、皇后前，太巫祭奠灑酒後，帝后等再拜，然後，在位的群臣也再拜。由太巫灑酒祭奠，稟告天地，說明這個儀式是由他主祭的。喪葬儀式也是由太巫主持的。上一任皇帝崩後，由新嗣位的皇帝率領群臣，到靈柩前三次祭奠。靈柩由宮殿的西北門抬出，放在車中，安臥在素茵（白色的褥子）上，「詰旦，發引，至祭所，凡五致奠，太巫祈禳」[1]。祈禳也就是禱告，即乞求上蒼降福並除去災殃。再生儀也是一種比較隆重的儀式，每隔十二年，皇帝本命年前一年季冬之月，選擇一個吉日舉行再生之禮。當皇帝入再生室，進行完誕生過程後，太巫以物覆蓋皇帝的頭部，站起來後，群臣稱賀，再拜。為皇帝出生時接過生的女醫生從執酒婦手中接過酒獻給皇帝，太巫拿著皇帝小時的繦褓、彩結等物給皇帝祝福，其他群臣皆進繦褓、彩結，皇帝拜先帝諸人御容畫像，最後大宴群臣，再生禮才算完成。在這一儀式中，太巫始終是中心人物。

1　《遼史·禮志二》。

太巫在《遼史》中出現不多，在歲除儀中，「巫及太巫以次贊祝火神訖，門使贊皇帝面火再拜」。[2]

巫的活動很多，如在祭山儀式中的祭日過程中，巫穿白色衣服，三次致辭，也就是祈求上天賜福，每致詞一次，皇帝、皇后下拜一次，凡在場的官員也跟著下拜。此外，在瑟瑟儀（皇帝、皇后祈雨儀式）、皇帝喪葬儀、正旦日、祭名山大川時，巫都扮演著重要角色。

由以上事例看來，到了契丹人建立國家後，巫已進入國家政治生活，成為統治階級鎮壓愚弄百姓的幫兇，多數人以此為終身職業。當然，民間也有大量的巫從事各種麻醉百姓的活動。

二、佛教

佛教何時傳入契丹地區？根據現有記載，可能是在遼太祖耶律阿保機時期。早在阿保機當遙輦痕德可汗的夷離董時，在天復二年（902 年）就「城龍化州（內蒙奈曼旗西北八仙筒附近）於潢河之南，始建開教寺」[3]。龍化州的開教寺可能是遼朝的第一座寺院，他稱帝的第三年（909 年）四月，又命左僕射韓知古在龍化州大廣寺建碑以紀功德。阿保機即位的第六年（912 年），「以所獲僧崇文等五十人歸西樓，建天雄寺以居之，以示天助雄武。」[4]西樓即遼上京（內蒙巴林左旗駐地林東鎮東南二里波羅城），由此可見，遼朝統治者已不止在一處建佛寺了。胡嶠《陷北記》記載：「上京，所謂西樓也。西樓有邑屋市肆，交易無錢而用布。有綾、錦諸工作，宦者、翰林、伎術、教坊、角、秀才、僧尼、道士等，皆中國人，而並、汾、幽、薊之人尤多。」[5]這些漢人大部分是阿保機掠走的俘虜，俘虜中有許多佛教徒，契丹地區的佛教，就是他們傳入的。

2　《遼史‧太祖本紀上》。
3　同上。
4　《遼史‧太祖本紀上》。
5　《契丹國志‧胡嶠陷北記》。

遼太宗耶律德光因為長期受漢文化的薰陶，比起乃父來，更為篤信佛教，祈禱佛祖保佑及為此而飯僧的記載，屢見史籍。如天顯十年（935年）十一月，「幸弘福寺為皇后飯僧」[6]，會同五年（942年）六月，「聞皇太后不豫，上馳入侍，湯藥必親嘗。仍告太祖廟，幸菩薩堂，飯僧五萬人」[7]。一次便施捨給五萬名僧人吃飯，可見僧人人數不少，從事佛教職業者是一支龐大的隊伍。永州（內蒙昭烏達盟西拉木倫河與老哈河匯合口西南）是太祖耶律阿保機所置的南樓之地，也是冬捺鉢的所在。永州有木葉山，上建契丹始祖廟。太宗立石敬瑭為傀儡皇帝後，自潞州（山西長治）回國，經幽州（北京城西南）時來到大悲閣，見大悲菩薩像，指著像對他的母親說，我夢見神人命我送石郎（即石敬瑭）為中國皇帝，就是這尊佛像，冠冕未改，只是服色不同而已。「因移木葉山，建廟，春秋告賽，立為家神。興軍必告之，乃合符傳箭於諸部。」[8]這座祠名叫菩薩堂，這尊佛像就是白衣觀音像。把佛像尊為家神，說明佛教在耶律德光心中的地位。他以後的遼朝皇帝都崇奉佛教，樂此不疲，顯然是與太宗佞佛有關的。

繼遼太宗之後，世宗、穆宗、景宗三朝也特別喜歡作佛事。如穆宗應曆二年（952年），「以生日、飯僧，釋繫囚。」[9]景宗保寧六年（974年）十二月，「以沙門昭敏為三京諸道僧尼都總管，加兼侍中。」[10]侍中係朝廷命官，屬門下省。任命一個僧人兼任行政官員，這在遼朝史上是從未有過的事，可見景宗對佛門的重視，也表明佛教勢力在這一時期不斷擴大。一般的佛教徒也很受優遇，不僅免除差役，而且可以享用寺院財產。由於皇帝信仰佛教，流風所及，也蔓延到了戚畹貴族、達官顯宦之中，他們也都沉湎於佛教中了。

遼代進入中期以後，契丹族統治者精神空虛，無所事事，對佛教更感興趣，不時舉行佛事活動。一般平民百姓，因生活困苦，無法解脫，便從佛教中尋求寄託，也紛紛皈依佛門。這樣一來，佛教在遼朝傳播得就更為廣泛了。到了元朝，

6　《遼史・太宗本紀上》。
7　《遼史・太宗本紀下》。
8　《遼史・地理志一》。
9　《遼史・穆宗本紀上》。
10　《遼史・景宗本紀上》。

還有人問儒士出身的官員張德輝：「或云，遼以釋廢，金以儒亡，有諸？」[11]遼朝滅亡的原因很多，並非只為佞佛，但到了元朝仍有人提出這樣的疑問，說明佛教在遼朝已是一支舉足輕重的勢力了。

聖宗當政以後，遼代的佛教進入了全盛時期。因為他全面地接受了漢文化，精通詩賦自不必說，「至於釋、道二教，皆洞其旨」[12]。儘管他兩教都通，但在信仰上仍偏重佛教。統和二年（984年）九月，他的父親景宗忌辰時，下詔諸道施行行香、飯僧。所謂飯僧就是給僧徒們提供齋食。統和四年（986年）七月，在上京開龍寺舉行了長達一個月的佛事活動，為在同宋朝戰爭中遼方陣亡的將士祝福，「飯僧萬人」[13]。為一萬僧侶提供一個月的齋食，這是一筆不小的開支，聖宗慷慨解囊，沒有絲毫的猶豫。聖宗行幸過許多寺院，每到一座寺院，都給僧侶們提供齋食。聖宗之前，不准私自剃度僧尼，違者治罪，聖宗時曾一度放寬，法禁一開，難免魚龍混雜，泥沙俱下。聖宗發覺後，趕緊採取補救措施，統和九年（991年）正月，「詔禁私度僧尼」[14]，統和十五年（997年）十月，又重申「禁諸山寺毋濫度僧尼」[15]。兩次下詔禁止私度僧尼，說明當時偽冒僧尼者為數不少，因而有加以整頓的必要。聖宗重視佛學，當時出現了不少有學問的僧人，如行均撰寫的《龍龕手鑑》，就是那時問世的。這是一本為研究佛經而編撰的字書，收字二六四三〇餘個，注為一六三一七〇字，為廣大僧俗研究佛經提供了方便。對沙門的不良行為，聖宗能加以約束和限制，不准他們為所欲為，他自己也有不為無名寺觀題額的決定，以免這些寺院狐假虎威，倚勢欺人。當晉國公主建佛寺於南京（北京城西南）時，請求聖宗賜額，聖宗答應了。大臣室昉進諫說：「詔書悉罪無名寺院，今以主請賜額，不唯違前詔，恐此風愈熾。」[16]聖宗認為室昉說得有理，就未為晉國公主所建的佛寺題額。而聖宗齊天皇后卻很奢侈，不僅

---

11 《元史・張德輝傳》。
12 《契丹國志・聖宗天輔皇帝》。
13 《遼史・聖宗本紀二》。
14 《遼史・聖宗本紀四》。
15 同上。
16 《遼史・室昉傳》。

所乘車輦飾以黃金，「又造九龍輅、諸子車，以白金為浮屠，各有巧思」[17]。用白金製造佛塔，未免太過分了。

繼聖宗即位的興宗，繼續執行崇佛政策，因而佛教更加興隆，他還親至佛寺，接受具足戒。太宗在木葉山行祭山儀時，在拜山儀過樹之後，增加了先去菩薩堂這一過程，然後拜神，興宗沒有遵循這個規矩，而是先拜菩薩堂及木葉山遼河神，「然後行拜山儀，冠服、節文多所變更，後因以為常」[18]。這表明興宗比太宗事佛更為虔誠。他多次變服進入酒肆、佛寺。他在位期間，燕京佛寺相望，大者有三十六座，僧人官職稱正、副判錄，或稱之為司空。興之所至，他「朝皇太后，召僧論佛法」[19]。朝見皇太后，還不忘記召見僧侶討論佛法，足見佛教在他心目中占有很重要的位置，甚至召見大臣時也詢問佛教之事，如耶律馬哥一次朝見興宗，興宗問他：「卿奉佛乎？」馬哥回答說：「臣每旦誦太祖、太宗及先臣遺訓，未暇奉佛。」[20]興宗以為大臣們都像他那樣沉溺於佛教，馬哥回答得很巧妙：自己因誦太祖、太宗和先臣的遺訓，沒有空暇奉佛，興宗聽了很高興。宣獻皇后是興宗祖母，她忌辰時興宗「與皇太后素服，飯僧於延壽、憫忠、三學三寺」[21]，為祖母薦冥福。興宗心血來潮時，甚至設置僧官，有個非濁禪師，興宗徵召他入闕，賜以紫衣，加檢校太傅太尉。另有一個叫惠鑑的僧人，也被封為檢校太尉，《遼史·百官志》中無此官，可能是專為僧人而設的官職。

道宗可能是遼朝諸帝王中信佛最為誠篤，對佛經造詣最深的一個。他曾親自去寺院講經，以示對佛教的支持。他頒行《御制華嚴經贊》，親自書寫《華嚴經五頌》出示群臣，命皇太子書寫佛書，表示了對佛教的一片虔誠。他還多次召僧徒講經，如大康五年（1079年）十一月，「召沙門守道開壇於內殿」[22]，壽隆六年（1100年）十一月，「召醫巫閭山僧志達設壇於內殿」[23]。僧徒被封為官者甚

17 《遼史·后妃傳》。
18 《遼史·禮志一》。
19 《遼史·興宗本紀一》。
20 《遼史·耶律馬哥傳》。
21 《遼史·興宗本紀二》。
22 《遼史·道宗本紀四》。
23 《遼史·道宗本紀六》。

多，如「僧守志加守司徒」，「僧志福加守司徒」，「加圓釋、法鈞二僧並守司空」[24]。司徒、司空古稱三公，非勳貴不授，道宗封僧人如此顯貴的官職，無怪乎世俗百姓爭先恐後地皈依佛門了。咸雍八年（1072 年）三月，「有司奏春、泰、寧江三州三千餘人願為僧尼，受其足戒，許之。」[25]一次便剃度三千餘人為僧尼，從此他們便可不耕而食，不織而衣，這對食不果腹，衣不蔽體的百姓來說，遁入空門對他們有著強烈的吸引力。道宗曾「一歲飯僧三十六萬，一日祝髮三千」[26]。在他看來，佛教事業越是興旺，便越能顯示出他的治國才能。與大量剃度僧尼的同時，道宗還大量建造堂塔伽藍，奉福寺大殿氣勢恢宏，被譽為國內第一，清寧年間建造的錦州大廣濟寺的白塔，至今仍然保存完好，成為彌足珍貴的文物。

遼朝最後一個皇帝天祚帝，對佛教也有著濃厚的興趣，他即位伊始，便「召僧法頤放戒於內庭」[27]，天慶三年（1113 年）正月，「禁僧、尼破戒」[28]。所謂放戒，當指讓宮廷之人皈依佛門；所謂不准僧尼破戒，當指禁止願意還俗的和尚、尼姑還俗。

遼朝諸位皇帝的這種佞佛活動，除了揮霍掉大量財富之外，不能給國家帶來任何好處，有識之士早就認識到了這一點。契丹貴族婦女耶律常哥在咸雍年間作文以述時政，其中說：「勿泥空門，崇飾土木，勿事邊鄙，妄費金帛。」[29]指出沉淫於佛門，大興土木，用兵邊陲，給國家帶來了沉重負擔，應該引起當權者的注意。道宗雖稱讚其文，但並不採納她的意見。上有好者，下必甚焉。道宗篤信佛教，臣子也跟著胡編亂造佛門之事，以討取他的歡心。有個叫孩里的大臣，係回鶻人，平常信仰佛教，清寧初年，有一次跟隨道宗狩獵，從馬上跌了下來，昏死過去，很久才蘇醒，自述他昏過去後，被兩人引至一城，宮室寬敞，有一個身穿

24 《遼史·道宗本紀二》。
25 《遼史·道宗本紀三》。
26 《遼史·道宗本紀六》。
27 《遼史·天祚帝本紀一》。
28 同上。
29 《遼史·耶律常哥傳》。

緋袍的人坐在殿上，手拿公文對他說，把你抓來是抓錯了，你將來官至使相，能活到七十七歲，然後把他放還。「道宗聞之，命書其事。」[30]對這一派胡言亂語，竟然深信不疑。

遼代統治者的佞佛活動，導致遼代寺院經濟很發達，戚畹貴族、權勢之家，甚至地方的富豪縉紳，常常把金錢、莊田、民戶施捨給寺院，毫不靳惜。這些寺院因擁有大量的土地和民戶，致使許多僧侶成了封建地主。《遼文匯》有一篇沙門守約的《縉陽寺莊帳記》，這本帳目寫於興宗時期，字句已殘缺不全。根據帳目記載統計，該寺已占田近九百畝。一座名聲不大的寺院竟能田連阡陌，占有如此多的耕地，那些規模宏大的寺院，占有的田產就可想而知了。

遼代皇帝以取釋名為時尚，如聖宗取名文殊奴，興宗取名宗真，景宗二子分別叫普賢奴、藥師奴，世宗之女名觀音、長壽女、延壽女等等。契丹與周圍信仰佛教的國家也有交往，如聖宗時「回鶻進梵僧名醫」[31]，「鐵驪（也作鐵利，金部族名，住地為今湯旺河與呼蘭河東西，松花江南北岸區域）那沙乞賜佛像、儒書，詔賜《擴國仁王佛像》一。」[32]道宗時西夏曾兩次向遼朝進獻佛經，一次是進回鶻僧、金佛、《梵覺經》，另一次是進貝多葉佛經。道宗大康年間還曾「詔僧善知讎校高麗所進佛經，頒行之」[33]。大安年間，「日本國遣鄭元、鄭心及僧應範等二十八人來貢。」[34]與鄰國的佛教交流，促進了遼朝文化的繁榮。

在重視佛教傳播的同時，遼朝統治者還投入大量人力、物力校勘、編纂、刊印佛經。興宗重熙年間興中府（遼寧朝陽市）建靈岩寺時曾購得一部藏經，可知那時已有刊印的佛經了。估計文字體例、印刷品質上有不完善之處，不過藏經的出現，為佛教的傳播帶來了積極影響。道宗清寧年間，「詔求乾文閣所闕經籍，命儒臣校讎。」[35]由這一條詔書可見，乾文閣所藏佛經還不是完璧，因而命人四

---

30 《遼史‧孩里傳》。
31 《遼史‧聖宗本紀六》。
32 同上。
33 《遼史‧道宗本紀四》。
34 《遼史‧道宗本紀五》。
35 《遼史‧道宗本紀二》。

處搜求，然後加以校讎。「契丹藏經也叫《遼藏》、《丹藏》，自興宗重熙初刊印，至道宗咸雍四年（1068 年）完成了五百七十九帙。《丹藏》印製精美，紙薄、字密，卷帙輕簡，墨色飽滿」[36]。覺苑、非濁、法均等高僧為校讎刊印佛經作出了巨大貢獻。道宗以後，遼朝多次將《遼藏》賜予高麗。但收藏於山西大同華嚴寺經藏中的《遼藏》已經散失，這是很可惜的。

談到《遼藏》，就不能不提北京市房山縣白帶山的雲居寺。自從隋朝大業年間僧徒靜琬在此開鑿石室，收藏刻石板佛經以來，頗受世人重視，唐初建號雲居寺，由靜琬的弟子繼續刻造，但傳了五世便中斷了。遼聖宗時韓紹芳知涿州，偶游雲居寺，發現了許多石刻經卷，連忙上奏聖宗，聖宗派人勘訛刊謬，補缺續新。興宗、道宗時又續刻石經，至清寧年間刻完《大般若經》、《大寶積經》共六百塊，加上原存石經《涅槃經》、《華嚴經》，共為二千七百三十塊，合稱為四大部經。天祚帝時將這些石經埋葬雲居寺西南角地下，地上刻有標誌，以便他日出土。這些石經至今保存完好。

凡信佛教者都要修功德，功德圓滿，才能成正果。修功德的方式主要是建佛塔、修寺院、立經幢等。這種工程費錢甚多，一般人無法承受，於是民間便出現了一種特殊組織，類似現在的基金會，當時叫做「邑社」。邑社是由地方信徒結成的宗教社團，人數多少不一，既有臨時性組織，也有永久性組織。這些組織均由寺院管理，寺院中德高望重的長老主持其事。邑社贊助寺院舉辦各種佛事活動，將所得收入儲備於寺院中，這些款項按不同的用途劃分為安置舍利專用的舍利邑、刻經用的經寺邑以及供塔燈邑、兜率邑等，一年一度的佛誕紀念活動的太子誕聖邑也設有專門基金。各邑社均有自己的規約、章程，人人都要自覺遵守。加入邑社者不限官吏百姓，不分窮富貴賤，不問男女老幼。因為基金的使用牽涉到大家的利益，因此需要有嚴密的組織和高度完善的管理，從主持其事的長老到具體辦事的都維那、維那及邑長、邑證、邑錄、提點等，都要協調一致，才能作出決定，但他們之間有分工。至於一般社員則稱為邑人。

---

36 馮繼欽、孟古托力、黃鳳岐：《契丹族文化史》，頁 341，哈爾濱，黑龍江人民出版社，1994。

遼代建造了許多寺塔，如聖宗時建造的獨樂寺（在天津市薊縣）和奉國寺（在遼寧省義縣），興宗時建造的山西大同的大華嚴寺等。塔則有山西應縣木塔、內蒙呼和浩特萬部華嚴經塔、遼寧錦州廣濟寺塔、河北涿縣雲居寺塔等。

遼代佛教宗派眾多，主要有華嚴宗、密宗、法相宗（也稱慈恩宗）、淨土宗、律學、俱舍學等，其中勢力最大的是華嚴宗和密宗。

三、道教

遼代的道教雖然地位不如佛教顯赫，但統治者仍然允許它存在，太祖耶律阿保機於神冊三年（918 年）就下詔「建孔子廟、佛寺、道觀」[37]。說明阿保機無意抑彼揚此，而是對儒、釋、道三教相容並蓄。在他看來，三教都是可以用來麻醉人民群眾的工具，可以並行不悖地發展。比起佛教來，道教的影響較小，流行區域及人數也不能與佛教相比，儘管如此，它還是受到了統治階級的歡迎，他們當中對道教感興趣者不乏其人。阿保機不僅建立道觀，而且「命皇后皇太子分詣佛寺道觀」[38]，表示對佛、道兩派不分軒輊。其子耶律倍也喜歡研究道教，「嘗譯《陰符經》」[39]。對道教頂禮膜拜，仰慕不已的要數景宗第三子齊國王隆裕了，他「自少時慕道，見道士則喜。後為東京（遼寧遼陽市）留守，崇建宮觀，備極輝麗，東西兩廊，中建正殿，接連數百間。又別置道院，延接道流，誦經宣醮，用素饌薦獻，中京（即東京）往往化之」[40]。耶律隆裕在他為官的東京斥鉅資大興土木，建造道觀，搞得金碧輝煌。除此之外，又別建道院，道士絡繹不絕，誦經之聲可聞，整個東京城的百姓似乎都沉浸在道教的狂熱中了，耶律隆裕真不愧為道教的虔誠信徒。遼聖宗耶律隆緒對釋、道兩教都有研究，賞賜物品時，兩教都不偏廢，態度是公允的。興宗耶律宗真雖然「尤重浮屠法」，僧人有二十餘人

---

37 《遼史・太祖本紀上》。
38 《遼史・太祖本紀下》。
39 《遼史・義宗倍傳》。
40 《契丹國志・齊國王隆裕傳》。

拜三公、三師兼政事令，但對於道教，也有濃厚興趣，王綱、姚景熙、馮立等人皆是道流，在興宗易服微行時相識，遂受到寵信，後來都成為顯宦。最有意思的是，興宗對戲劇有特殊嗜好，常常在夜宴時演戲，他以九五之尊與道士劉四端兄弟、王綱等人進入樂隊，充當場面手，並命令後妃改穿戲服，充當女道士。皇后的父親蕭磨只進諫說：「番漢百官齊集於此，眾目睽睽之下，讓後妃進入演戲行列中，恐怕不合時宜。」興宗大怒：「擊磨只，敗面，曰：我尚為之，若女何人耶？」[41]在興宗看來，他自己身為帝王，還不惜紆貴降尊，充當戲劇中的場面手，後妃充當一個女道士，就更不在話下了，因此，後父蕭磨只勸諫時，便把他打得滿面流血了。這個例子說明，興宗是喜歡道教的。

第二節 ·

金代的宗教

一、原始宗教

金代的原始宗教是薩滿教，這是一種多神教。在佛教、道教廣泛進入女真人地區前，薩滿教在女真人心目中享有崇高地位。

薩滿教是社會生產力發展低下時的產物，當時人們無法控制自然界，因此對自然力和自然物崇敬膜拜，天在女真人心目中是地位最高的神，因此也就有了祭

---

41 《契丹國志·興宗文成皇帝》。

天、拜日的風俗。人和神之間需要代言人溝通，這個溝通的人，「國人號為珊蠻（即薩滿）。珊蠻者，女真語巫嫗也，以其變通如神，粘罕（即完顏宗翰）之下，皆莫能及」[42]。

女真人長期接受契丹人的統治，在許多方面都接受了契丹人的影響，拜天禮就是其中一例。「金因遼舊俗，以重五（五月五日）、中元（七月十五日）、重九（九月九日）行拜天之禮。重五於鞠場，中元於內殿，重九於都城外。」[43]其過程是：先用木頭刻成一個大盤，形狀如船，底子是紅色，上畫雲鶴文。再用木頭搭成五六尺的高臺，把木盤放在它的頂端，盤中盛滿食物，然後把宗族召集在一起，對著木盤下拜。皇帝則在常武殿築臺拜天。重五這天黎明，拜天所需之物陳設完畢，百官齊集球場樂亭南等候。皇帝穿戴整齊，乘輦前往，由宣徽使前導，自球場南門進入拜天臺，下輦後來到鋪著墊具的座位，皇太子以下百官也各就各位。宣徽使主持拜天儀式，皇帝再拜之後，上香，又再拜。排食拋盞畢，再拜，跪飲福酒畢，最後一次再拜。百官也陪著再拜。當這一切儀式都進行完後，皇太子以下百官先退場，皇帝最後乘輦離去。

拜天之後，還要舉行射柳、擊球的遊戲。所謂射柳，是在球場上插兩行柳枝，以尊卑為序用箭射之，以射斷者為勝，中而不斷或根本就射不中的為負。擊球是每人乘平常熟悉的馬，持數尺長的鞠杖，眾人分為兩隊，共擊一球，將球擊入網囊者為勝。射柳、擊球是拜天活動的繼續。

對風、雨、雷、電的崇拜，是薩滿教的又一項重要內容。章宗明昌年間，禮官上奏說，國家大事，莫重於祭祀。當國者供奉神靈，祈求上天降福，都是為了百姓。我朝自祖廟祫古代帝王把遠近祖先的牌位集合在太祖廟舉行大合祭的一種迷信活動）五享外，只有社稷、岳鎮海瀆定為經常祭祀之處，而天地日月風雨雷師祭祀的禮節還闕略不備，應讓有關部門制定祭祀之禮。尚書省也跟著上奏：天地日月之祭應由皇帝親祭或令有關部門主持其事。至於風雨雷師之祭乃中等祭

---

42 《三朝北盟會編・政宣上帙三》。
43 《金史・禮志八》。

祀，可令有關部門主持，各州縣應當通祀。章宗除了親自參加祭天活動外，又迅速制訂了祭祀風師、雨師、雷師的禮儀。祭風師的時間定在每年立春後的第一個丑日，地點在中都（北京）景豐門外東南隅的巽位，因巽為八卦之一，代表風，屆時立壇祭祀。祭雨師的時間定在每年立夏後的申日，地點在中都端禮門外西南隅的坤地。同日也祭祀雷師。其他如祭封長白山、混同江神。世宗大定年間敕封上京護國林神為護國嘉陰侯，同時又制定了祭祀岳、鎮、海、瀆的禮儀。章宗明昌年間，應道士楊道全之請，「封沂山為東安王，吳山為成德王，霍山為應靈王，會稽山為永興王，醫巫閭山為廣寧王，淮為長源王，江為會源王，河為顯聖靈源王，濟為清源王」[44]。這些都是金代原始宗教對樹木、山、川、風、雨、雷等自然界崇拜的遺意。

隨著財產分配的不平等與氏族上層分子權力的擴大，他們需要薩滿來維護自己的利益，於是便出現了職業的巫嫗集團。這些巫嫗專門替人祛災消疾，而在科學不發達的情況下，人們也都把希望寄託在他們身上。女真人「其疾病，則無醫藥，尚巫祝。病，則巫者殺豬狗以禳之」[45]。有病時請巫祝治療，巫祝沒有回春之術，只會殺豬狗祈禳，結果使許多人死於非命。蚩蚩小民信任巫祝，女真人的高層統治者也信而不疑。女真人的祖先昭祖，名叫石魯，結婚很久還沒有兒子，「有巫者能道神語，甚驗，乃往禱焉」。過了一會兒說，有男子魂魄來了，此子厚有福德，子孫昌盛，若誕生於世，可取名為烏古乃。又過了一會說，有女子魂魄來了，可取名為五忍。石魯之妻共生了兩男兩女，「其次第先後皆如巫者之言，遂以巫所命名名之」[46]。這則記載只能當神話傳說，未足憑信，但也說明巫祝在女真人中間是很有地位的。

女真人有燒飯之俗，這與薩滿教靈魂不死之說有關。「死者埋之而無棺槨。貴者生焚所寵奴婢、所乘鞍馬以殉之。其祭祀飲食之物盡焚之，謂之燒飯。」[47]大概他們相信，人死之後只是到了另一世界，仍需奴婢侍候，也要騎馬、吃飯，

44 《金史・禮志七》。
45 《三朝北盟會編・政宣上帙三》。
46 《金史・烏古乃傳》。
47 《大金國志・初興風土》。

於是便燒死奴婢殉葬，將生前所騎之馬埋入地下，又把祭祀物品燒掉。由此可見薩滿教在女真人的精神生活中起過重要作用。

二、佛教

女真人信仰佛教甚早，可以追溯到其始祖函普時期：「金之始祖諱函普，初從高麗來，年已六十餘矣。兄阿古乃好佛，留高麗不肯從。」[48]函普兄弟三人，阿古乃為長，函普還有個弟弟叫保活里。他們本是女真人，後其地為高麗所居，因此史書說他從高麗來。函普之兄已經信奉佛教，函普是否信佛，史無明文，但從《三朝北盟會編》上女真人「奉佛尤謹」[49]的記載來看，不排除函普信仰佛教的可能。但有一點可以肯定，金代的佛教文化受到鄰近的高麗、渤海和南宋的影響，而在佛教國家化、佛教藝術與禪宗等方面，則全盤繼承了遼朝的做法。

佛教在金國有嚴密的組織，僧人中德高望重者，由皇帝賜號，或稱「大師」，或稱「大德」。在京城的僧人稱國師，帥府的僧人叫僧錄、僧正，各郡的僧人叫都綱，各縣的僧人稱維那。國師稱號賜予京城中年老而又位尊的僧人。國師甚有威儀，地位相當於王者的老師，皇帝有時也要向他下拜。國師都披紅袈裟，升堂問話。帥府的僧職叫僧錄、僧正，一般選擇道行高者擔任，任期為三年，三年任滿，另擇他人。也設立官府，配備人役，受理僧尼之間的訴訟，穿紫袈裟。各郡的僧職都綱，任期也是三年，有師的稱號者賜紫袈裟，無稱號者穿戴與一般僧人相同。各縣僧職維那，受理本縣僧尼訴訟，杖責以下可以自行做主，杖責以上的刑罰要申報到僧錄、都綱司那裡解決。

女真人甚重視佛教，「浮圖之教，雖貴戚、望族，多捨男女為僧尼。」[50]金太宗完顏晟不但自身皈依佛門，而且每年設立齋會，舉行飯僧活動，參加的僧尼多

---

48 《金史·世紀》。
49 《三朝北盟會編·政宣上帙三》。
50 《大金國志·浮圖》。

達萬人。皈依佛門既可解決衣食之厄，死後又可進入極樂世界，因此蚩蚩小民從者如流，太宗不得不在天會八年（1130 年）下詔「禁私度僧尼」[51]。熙宗崇信佛教，對僧侶頗為優渥，太子濟安有疾時，「上與皇后幸佛寺焚香，流涕哀禱，曲赦五百里內罪囚」。濟安死後，熙宗又「命工塑其像於儲慶寺，上與皇后幸寺安置之」[52]。上京之地有慶元、儲慶等六座寺院，香火之盛，可見一斑。儲慶寺是名僧海慧奉熙宗之命修建的。還有一個叫悟銖的漢人和尚，在皇統年間被熙宗任命為都右街僧錄，後來成為燕京佛教界的大師。

金世宗是有金一代最負盛名的君主，他在位期間是金國的全盛時期，很多寺院都是在那時建立的。如大定二年（1162 年）在燕京建了大慶壽寺，開山祖師是頗負盛名的玄冥禪師公，世宗為表示支持，賜錢二萬緡，還撥給沃田二十頃充作寺產。同時又在山西盂縣（山西陽曲東北）建慈氏院、清涼院兩座寺院。大定八年（1168 年）東京遼陽府創建清安禪寺，建成後一次便剃度僧人五百名。大定二十四年（1184 年）建棲隱寺於仰山，以玄冥為開山祖師，國家撥給田地，在全國度僧一萬名。差不多與此同時，燕京昊天寺也重新修建，賜田百畝充作寺產，每年要剃度僧尼十人。大定二十六年（1186 年）燕京香山寺建成，世宗「幸其寺，賜名大永安，給田二千畝，栗七千株，錢二萬貫」[53]。世宗時能夠建立那樣多佛寺，顯然是與國家的財力雄厚有關。

世宗對於佛教並不放任自流，而是實行了嚴格管理，剃度僧人和創建寺院是兩件至關重要的事，倘管理不善，必然會造成混亂，金朝規定，度人出家與創建寺院均由官方經營籌畫，私人不得染指，違者嚴懲不貸。為保證僧人品質，防止濫竽充數，政府派人按照規定的時間和人數舉行度僧考試。考試甚為嚴格，即使是應考童僧，也要熟悉《法華經》、《華嚴經》、《報恩經》等五部經典。對童尼的要求稍為放寬，可以減少一半。寺院還有近似佛教學位的考試，按規定三年舉行一次，每次八十人，考試內容在經律論內。金代僧官制度是承襲而來，但只能

51 《金史·太宗本紀》。
52 《金史·濟安傳》。
53 《金史·世宗本紀下》。

在規定的許可權內活動，不許干預政治。遼代寺院享受「二稅戶」的特權，即國家與寺院共同享用民間繳納的稅金，金代則全部將稅收收歸國有，寺院無權過問。遼代的「邑社」制度雖然在金代仍然存在，但權力已不如那時顯赫，所籌資金主要用來幫助寺院刊印、收藏藏經，有時也用來解決寺院僧人生活上的困難。比起遼代來，金朝對佛教的控制是比較嚴的。

對佛教進行控制，並不意味著金代統治者不再重視佛教，從皇帝到戚畹貴族不但優待名僧，而且大量施捨田地、財錢給佛寺，僅世宗時為其生母貞懿太后出家為尼而大興禪寺、尼院，就由內府出資三十萬，捨施田地二百頃，另賜錢百萬。民國初年遼陽城西北角出土的金世宗大定年間建造的《東京大清安禪寺英公禪師塔銘》說，「貞懿太后以內府金錢三十餘萬，即東都建清安寺」，寺內人數甚多，「中有僮僕四百人」。又云：「初，垂慶寺，即太后所居者，其尼盡戚裡貴人，舊例皆以清安入室。」[54]一座寺院僅僅便用四百人，僧尼人數之多可以想見！而這些尼姑又是貞懿太后的親戚故舊，她們到這裡來，大概用不著晨鐘暮鼓，黃卷青燈，而是安享清逸。由此可見，金朝統治者雖然不許寺院收稅，但又慷國家之慨，把大筆金錢投入寺院，這同讓寺院收稅並沒有多大差別，只不過是拐了個彎兒而已。

金代佛教中宗派甚多，但主要流派是禪宗，百餘年間興盛不衰，名僧輩出，最著名的禪師是萬松行秀，章宗時請他到內廷講經，賜予袈裟，讓他住在中都西山的仰山。萬松行秀著有《從容錄》，闡發以佛教為主的三教融合思想，他的弟子李純甫（屏山）、耶律楚材是金朝末年佛教界中的翹楚，特別是李純甫著《鳴道集說》，繼續發揮萬松行秀以佛教為中心的三教融合思想，徹底批判了宋代周敦頤、程頤、程顥、朱熹等人的排佛論，而宣揚佛法起了很大作用。

一九三四年在山西省趙城縣廣勝寺發現了金刻本《大藏經》，是金代佛教史上的一件大事。這部《大藏經》係山西省南部有志於佛教的人出資刻印的，發起人是比丘尼崔法珍，從熙宗皇統八年（1148 年）至世宗大定年間，歷時三十年

---

54 遼寧省博物館編：《遼寧史蹟資料》，轉引自張博泉：《金史簡編》，頁 415。

方才刻印完成。接著又把金刻本《大藏經》所收錄的章疏、史傳、經錄等四十六種未傳世的珍籍作為《宋藏遺珍》影印梓行，這些珍籍包括已經散佚而在宋代重譯的經律論目錄《大中祥符法寶錄》、《景新修法寶錄》、《天聖釋教總錄》等。另外，金代也在如今的北京市房山縣刻造石經，據說直到章宗明昌年間，刻經還在進行。

三、道教

金朝統治者在崇佛的同時，也不菲薄道教，「金國崇重道教，與釋教同。自奄有中州之後，燕南、燕北皆有之。所設道職，於帥府置司，正曰道錄、副曰道正，擇其法籙精專者授之，以三年為任，任滿則別擇人。」[55]到了熙宗時，又設置道階，共分六等，有侍宸、授經等，「諸大貴人奉一齋施，動獲千緡」[56]。

金代以前的道教無非是丹鼎派、符籙派，金代則在這兩派之外，新增了全真教一派。女真人在入主中原後，中原地區的漢人上層分子雖有一部分與女真政權合作，但大部分漢人因社稷傾覆，山河破碎，深受民族壓迫而心情抑鬱，他們需要道教作精神慰藉，金朝統治者也想利用道教麻醉百姓，緩和社會矛盾，於是新道教便應運而生。金熙宗時滄州（今屬河北）人劉德仁採用老子《道德經》的主旨創「大道教」，勸人安守貧困，知足常樂，不妄求於人。大道教在河北一帶流傳很廣。在劉德仁之前已有衛州（河南延津北）人蕭抱珍創的「太一教」，流傳於河南一帶，主要特點是用「太一三元法籙」為人祈禱治病。這兩個民間新道教流派雖然都得到了金代統治者的承認，但因教主文化素養較低，教義又過於簡單，不能涵蓋道教的傳統文化，也不能滿足社會上對道教的需求，另創一個層次較高的道教流派已是大勢所趨。在這種情況下，有個叫王喆的人，順應時代思潮，在北方創立了新的道教學派——全真道。

---

55 《大金國志·道教》。
56 同上。

王喆（1113-1169 年）字知明，道號重陽子，陝西咸陽大魏村人，他家業豐厚，有巨萬之富，是個大地主。工喆幼習儒業，長入府學，年輕時目睹了宋金交兵於陝西、宋兵很快潰敗的場面，心中無限悲憤。他想投筆從戎，報效國家，但又傳來了北宋滅亡，衣冠南渡的消息，中原恢復無望，他不禁憂心如焚。金朝在中原地區站穩腳跟後，便開科取士拉攏士人，王喆和許多青年轉而投靠金廷，應武舉考試，以期得到功名富貴。可惜他困頓場屋，功名蹭蹬，直到四十歲，仍然與功名無緣，一怒之下，便轉向了宗教。王喆雖對女真統治者不滿，但他的階級利益又與女真統治者一致，可說是一榮俱榮，一損俱損，因此，他所創的全真道，自然以維護封建地主階級的利益為前提，也正好適應了金朝統治者用宗教配合封建統治的需要。聰明的金世宗馬上予以承認、扶植，同時又加以嚴格的管理。

按照任繼愈教授的說法，金元時期的全真道可以分為四個階段[57]。第四階段的時間是元中期至元末，第一、二、三階段都在金代。

第一階段為創始期，約從海陵王完顏亮正隆四年（1159 年）至世宗大定二十七年（1187 年）。特點是少數教首在山野修煉，以行動詭異而受人注意。王喆自稱正隆四年時在甘河鎮酒肆中遇到異人並傳授真訣，遂棄家到終南（陝西周至縣東終南鎮）南時村穴居獨處，稱其所居之處為「活死人墓」，自號「王害風」，見人時佯狂瘋癲，無人時潛修金丹。和王喆同時進入終南修煉的還有李凝陽、和玉蟾兩人。王喆修煉數年，投入他門下者寥寥，他只得東出潼關，來到山東半島，打起全真道的旗號，靠他的三寸不爛之舌，居然收錄了出身於縉紳地主的七人為弟子，他們是馬鈺、譚處端、劉處玄、丘處機、王處一、郝大通、孫不二。王喆善於宣傳，隨機施教，巧舌如簧，很快便在文登、寧海、福山、萊州建立了五個群眾性的教團「會」或「社」。不久，王喆死於返關中的途中。他傳教時間雖短，但在理論和組織上都為全真道的發展打下了基礎。

王喆歿後，七個弟子分散在秦冀魯豫等地傳教，以掌教者馬鈺活動的關陝一

---

57 任繼愈等：《中國道教史》，頁 520，上海，上海人民出版社，1990。

帶為中心。由於他們那時還未與金朝統治者結上關係，金廷恐怕百姓利用宗教「作亂」，一度禁止宗教活動，並將道士遣送還鄉，馬鈺也被從關中趕回山東老家。

第二階段為發展期，約從大定二十七年（1187年）至宣宗興定二年（1219年）。這一時期劉處玄、丘處機先後掌教，以山東半島為活動中心，力爭得到金朝統治者的承認與扶植，進而建立穩固的宗教活動基地。適逢世宗皇帝因淫欲過度而身體羸弱，需要講求保養之術，於是王喆的弟子王處一得以被召至京，世宗親自詢問養生之道。接著又召丘處機進京，命他在萬寧宮之西搭庵居住，以便時時垂詢，又讓他主持萬春節醮事。隔了不久，世宗再召王處一，但當王處一抵京時，世宗已魂歸道山。繼任者章宗命王處一為世宗設醮祈冥福。皇帝一再召見全真道士，使全真道聲譽大噪，吸收了許多信徒。章宗登位伊始，見全真道迅速發展，恐怕聚眾生事，不利於朝廷，為防患於未然，於明昌元年（1190年）十一月，「以惑眾亂民，禁罷全真及五行毗盧」。明昌二年（1191年）又「禁乙太一混元受籙私建庵室者」[58]。其實，章宗此舉完全是多慮，全真道維護金朝統治是其宗旨，不可能利用宗教活動反對金朝，相反，在緩和社會矛盾、階級矛盾方面，全真道有不可替代的作用，金朝有識之士早就看出了這一點，因此紛紛向章宗上奏，請求解除禁令，章宗馬上准奏，收回了成命。此後，全真道再未遭到過禁止。承安年間，金朝與蒙古戰事正酣，因財政拮据，曾出售觀額、度牒、大師號、紫衣以渡難關，全真道乘機購買了不少度牒。章宗還兩次召見王處一，讓他參加在亳州（河南鹿邑）太清宮為祈嗣而舉行的「普天大醮」；丘處機也曾應山東地方官之邀，招降楊安兒、耿京領導的起義軍，但未奏效。

第三階段是鼎盛期，時間從宣宗興定三年（1219年）至金末。自從宣宗把都城從中都遷至汴京後，蒙古兵又跟蹤而至，金朝同時與宋蒙交惡，而後宋蒙又連袂攻金，中原百姓飽受兵燹之苦，輾轉溝壑，顛沛流離，幻想有朝一日能脫離苦海，於是紛紛加入全真道。丘處機等沒有料到，動盪不安的社會反而為全真道

---

58 《金史・章宗本紀一》。

的發展提供了契機。由於全真道擁有眾多的信徒，蒙古、金、南宋都先後爭取該道為其服務。興定二年（1218年）丘處機居住蓬萊（今屬山東），金宣宗多次遣使敦請他出山，因為蒙古攻金，未能成行。次年處機移居掖縣（今屬山東）昊天觀，宣宗又派提控邊鄙使召他去開封，為處機婉拒，使者只帶回了處機所寫頌揚宣宗功德的詩歌回奏。宣宗並不灰心，又派出專使相召，但使臣在路途聽說金軍將領叛變降宋，無法通過，只得怏怏而歸。不久，南宋京東安撫兼總管李全、大名總管、統制彭義斌都曾遣使相召，處機均不應命。元太祖十四年（1219年），遠在西域大雪山（興都庫什山）的成吉思汗也遣使相召，善於審時度勢的丘處機，斷定蒙古人將取得天下，不能錯過這一失之交臂的交結機會，立即欣然應命，以七十餘歲的高齡，率領十八名弟子首途西域。成吉思汗之所以召見丘處機，主要是想求得長生不老之藥，延年益壽。丘處機勸他節欲止殺，敬天愛民，成吉思汗對他的言論表示滿意，稱他為「丘神仙」，讓他「掌管天下的出家人」，赦免全真門下道士的差役賦稅。丘處機東歸後居住在燕京長春宮，那裡很快成為全真道活動的中心。

大道教也稱真大道教，是金初滄州人劉德仁所創，是道教中較小的流派。該教主張去嗜欲，摒酒肉，勤耕種，耐艱苦，自給衣食，戒目共分九條，都是勸人安分守己，忠君孝悌的。

太一教是金朝天眷年間衛郡道士蕭抱珍所創，是華北三大新道教（即全真道、真大道教、太一教）中唯一的符籙派，太一「蓋取元氣混淪，太極剖判，至理純一之義也」。以符籙祈禳、驅神弄鬼來愚弄百姓，鼓吹該教專以篤人倫、翊世教為根本。熙宗曾召他赴闕，敕賜觀額「太一萬壽」。三代師蕭志沖本姓王，「乃以法嗣而改蕭姓，凡法嗣皆從蕭氏，蓋祖師之訓也」[59]。他初住中都天長觀，因河水犯郡城而移居蘇門（河南輝縣市），求教者接踵而至，「歲所傳無慮數千人」。後來他又移住汲縣（河南衛輝市）朝元觀，講道授徒。章宗明昌年間，尚書右丞劉瑋自大名（河北大名東）移鎮河中（山西永濟西蒲州鎮），路過朝元觀時，專門前往拜謁，執弟子禮甚恭。州的副長官移剌前往謁見，見志沖靜坐無

---

59 王若虛：《滹南遺老集·太一三代度師蕭公墓表》。

為，問他有何受用，他回答說：「靜中自有所得，非語言可以形容。若無得者，雖片時不能安，況終身乎？」[60]章宗時因皇嗣未立，在亳州太清宮設普天大醮，蕭志沖也參與其事。後來又到中都太極宮誦經百日，可見金朝統治者是很重視太一教的。

第三節 · 西夏的宗教

一、原始宗教

古代党項人生產力低下，對許多自然現象如日、月、星辰、風、雨、雷、電無法理解，認為這些現象通統是「天」支配的結果，「天」有神奇偉大的力量，主宰著人世間的一切，它既能降福於人間，也能給人們帶來災難，因此虔誠地崇拜「天」，於是史籍中便出現了「三年一聚會，殺牛羊以祭天」的記載。三年才聚會一次以祭天，可見這一宗教活動是很隆重的，用牛羊為犧牲，表明党項人從事的是畜牧業，他們的財富是牛羊，希望上蒼保佑他們牛羊蕃息，牧業興旺。

隨著生產力的提高和社會的發展，党項人也由對「天」的崇拜發展到鬼神崇拜。在他們心目中，鬼主惡、神主善，鬼有餓鬼、虛鬼、孤鬼、厲害鬼、殺死鬼之分，神有天神、地神、富神、戰神、守護神、大神、護羊神之別。此外，還有

---

60 王若虛：《滹南遺老集‧太一三代度師蕭公墓表》。

山神、水神、龍神、樹神等。從形形色色的神來看，党項人是信仰多神的。即使在佛教傳入西夏以後，對自然及鬼神的崇拜仍未絕跡。元昊稱帝后，專門從都城興慶府（寧夏銀川）至西涼府（甘肅武威）祀神。傳至第五代皇帝仁宗仁孝，曾在甘州（甘肅張掖）黑水河邊建橋立碑，名為《黑水建橋敕碑》。敕者，皇帝的命令或詔書也，仁宗以不容商議的口吻命令黑水河上下所有隱顯一切水土之主，山神、水神、龍神、樹神、土地諸神等，「咸聽朕命」。讓這些神靈弘揚神力，消弭水患，使橋道久長。冥冥之中的神靈須聽命於人世上的皇帝，在歷史上是不多見的。

党項人不但崇拜鬼神，而且還盛行詛咒和巫術。「咒的對象是鬼。方法是挖一個坑把所謂『鬼』送入坑中，在坑邊詈罵，以達到消災祛禍的目的。驅鬼的專職人員是巫師。」[61]占卜則是問吉凶、解疑難的手段。用兵打仗之前必先占卜觀察徵兆。用艾草燒羊胛骨查其徵兆者稱「炙勃焦」；剖竹占卜叫「擗算」，方法是擗竹於地，如漢人折蓍草占卜求數一樣；第三種是咒羊，「夜以羊焚香祝之，又焚穀火布靜處，晨屠羊，視其腸胃通則無兵阻，心有血則不利」；第四種是矢擊弓弦，「以矢擊弓弦，審其聲，知敵至之

西夏地神石臺座

期與交兵之勝負，及六畜之災祥、五穀之凶稔。」[62]占卜活動通常是由巫師進行的，西夏人稱巫為「廝」，稱巫師為「廝乩」，巫師以凡人的身分與鬼神對話，他們是溝通人和鬼神之間的橋梁。在一般百姓看來，他們法術無邊，手眼通天，因而格外受到尊重。隨著生產力的發展，西夏文產生後，人們的知識逐漸增多，視野逐漸開闊，不信鬼神而改信佛教的人增多，巫師們也就失去了昔日的輝煌地位。

---

61 史金波：《西夏文化》，頁 62，長春，吉林教育出版社，1986。
62 《宋史·夏國傳下》。

二、佛教

党項人信仰佛教很早，這是因為他們居住的河西走廊是西域進入中原的通道，在他們移居之前，從涼、魏至隋、唐，佛教已在這裡流行了六、七百年之久，党項人移居這裡後，不可能不受佛教的影響，更何況西夏周邊的國家如北宋、契丹、回鶻、吐蕃等民族均信仰佛教，受這些民族的薰染，党項人信仰佛教也是很自然的事。

當然，党項人並不是被動地接受佛教，而是主動皈依的。芸芸眾生經過長期的戰亂與遷徙，生活十分痛苦，他們想擺脫苦難，但又找不到途徑，佛教教義中關於人生無常，活著信佛行善，死後可進入極樂世界的說教，給災難深重的百姓在精神上帶來了安慰，佛教在党項下層人民群眾中得以很快流行開來。西夏統治者看到佛教可以作為麻醉百姓的精神武器，維護自己的統治，便大力提倡佛教，他們本人也摒棄其他信仰，率先接受佛教，這樣一來，佛教在西夏全境更加迅速地得到了傳播與發展。

西夏統治者崇奉佛教，始於德明時期。德明與其子元昊都曾派人至北宋境內的五臺山（山西五臺縣）供佛寶，父子兩人都通曉佛學，從宋朝購進過卷帙浩繁的大藏經，在西夏建國前後，這種活動至少有五次之多。如宋仁宗天聖八年（1030 年）德明派人赴宋，獻馬七十匹作為交換條件，請求賜給佛經，宋朝當即應允。有時宋朝為表示友好，不收馬匹，照樣贈送佛經。西夏統治者還拿佛經作為結好鄰國的手段，如諒祚曾向契丹進貢回鶻僧、金佛與《梵覺經》，乾順又向契丹進貢過貝多葉佛經。大量佛經流入西夏，使得西夏佛教迅速發展。為了翻譯佛經，創制西夏文便被提到了日程上來。

元昊在建國伊始，就命人用西夏文翻譯佛經，興建佛教建築舍利塔，佛教徒在各地頗受禮遇，因而寺廟、僧人便不斷增多。天授禮法延祚十年（1047 年），元昊又興建了規模更大的佛教寺廟高臺寺，貯存宋朝賜給的經卷，並延請回鶻僧人譯經。西夏與宋交惡時，元昊中宋人反間計，殺妻兄野利旺榮，皇后野利氏接旺榮之妻沒藏氏入宮居住，元昊與她私通，被皇后發覺，令沒藏氏出家為尼，在

興慶府戒壇寺受戒，後來又修建了承天寺：「沒藏氏好佛，因『中國』（指宋朝）賜大藏經，役兵民數萬，相（選擇）興慶府西偏起大寺，貯經其中，賜額『承天』，延回鶻僧登座演經，沒藏氏與諒祚（沒藏氏是諒祚母親）時臨聽焉。」[63]由是可知西夏初已有女尼。元昊為表示對佛的虔誠，「又以四孟朔為節」[64]。孟為春夏秋冬四季的第一個月，即正月、四月、七月、十月，朔為初一日，元昊規定在這幾個月的初一日禮佛。「這實際上是用行政命令的手法使全民皈依佛教，通過這樣的全民性的佛事活動，把佛教抬上了更高的地位。」[65]

毅宗諒祚即位時還在繈褓之中，由其母沒藏氏垂簾聽政。沒藏氏本人就曾出家為尼，對佛教的虔誠是不言而喻的。諒祚受母親的影響，幼小時曾與母親一起聽僧侶講經，從十六歲親政後，向宋朝求賜大藏經，還向遼朝進貢回鶻僧、金佛及《梵覺經》，加強了同周邊國家的佛事交流。諒祚在位時還創建了鳴沙州（寧夏中寧縣）的安慶寺。

惠宗秉常系毅宗之子，即位時年方七歲，由其母梁太后攝政。母子兩人都對翻譯佛經有濃厚的興趣。北京圖書館收藏的一幅西夏譯經圖，圖中有秉常與其母梁氏分坐於譯場兩側的場面，西夏統治者對譯經的重視於此可見。秉常時還刻印了很多漢文佛經，黑水城遺址出土的漢文佛經中有一部分就刻印於這一時期。其中天賜禮盛國慶五年（1073年）刻印的《般若多心經》是迄今所知西夏漢文佛經的最早刻本。河西走廊的佛教聖地莫高窟、榆林窟，都有秉常當政時期的漢文題記。

崇宗乾順是惠宗的長子，即位時三歲，由母后梁氏攝政。梁氏既是佛門弟子，又是胸懷文韜武略的女中豪傑，曾多次領兵與宋鏖戰。儘管如此，崇宗一朝還是翻譯了不少佛經，從他即位至天民安元年（1090年）短短五年時間裡，已用西夏文譯完佛經三千五百七十餘卷，這是中國歷史上的第一部蕃文大藏經。乾順還和母后梁氏斥鉅資重修涼州（甘肅武威）感通塔及寺廟，他親政後在佛教方

---

63 吳廣成：《西夏書事》卷十九。

64 《宋史·夏國傳上》。

65 史金波：《西夏佛教史略》，頁31，銀川，寧夏人民出版社，1988。

面所做的第一件事，便是在甘州（甘肅張掖）建築規模巨大的臥佛寺，還曾親至莫高窟、榆林窟燒香禮佛。乾順為佛教在西夏的繁榮作出了貢獻。

壁畫《文殊變》（西夏）

佛教在西夏後期依然受到重視，仁宗皇帝執政長達半個世紀還多，把西夏佛教推進到了一個新階段，「使佛事重新，令德法復盛」。他派人到金國購買佛書，設立刻字司專門從事刻印事業，流傳至今的許多西夏佛經都是在這時刻印的，分漢文和西夏文兩種。與此同時，仁宗還請高僧講佛經，作法會，救生靈，濟貧苦，舉行一系列佛事活動。仁宗朝宰相任得敬晚年皈依佛門，一次因病輾轉床褥，為早日康復而發願刻經。他在刻經發願文中說，自己「疾病纏綿，日月雖

多，藥石無效。故陳誓願，鏤板印施，仗此勝因，冀資冥佑。倘或天年未盡，速癒沉屙；必若運數難逃，早生淨土」。耐人尋味的是，任得敬染疾未奪去生命，卻因謀篡伏誅。仁宗花甲之年恰逢本命年，也大作佛事活動，印刷佛經彩畫以資慶祝。乾二十年（1189年）仁宗六十五歲時，一次便散施番、漢《觀彌勒菩薩上升兜率天經》十萬卷，漢文《金剛經》、《普賢行願經》、《觀音經》各五萬卷，飯僧、放生、濟貧、釋囚等法事，進行了十晝夜，真是盛況空前！

仁宗以後，西夏又傳五代帝王而亡，共計三十四年。仁宗皇后羅氏也篤信佛教，為祝福仁宗早升西天淨土，發願刊印漢文《佛說轉女身經》。她還不惜代價，耗用大量人力、物力派人抄寫全部西夏文大藏經，多達三千五百餘卷。這一時期，還有私人刻印經卷，如僧人智廣、慧真編輯的《密咒圓因往生集》一卷，篇幅雖然只有萬言，卻請了西域和東土的高僧反覆校譯，並用漢、梵兩種文字印行。

西夏末年戰亂頻仍，山河殘破，統治者妄想通過佞佛挽救敗亡局面。神宗遵頊以皇帝名義繕寫泥金字西夏文《金光明最勝王經》，如今庋藏在西安市的一部分殘頁，雖已歷時七個世紀之久，字跡仍鮮豔如初。神宗之子德任因政見與父親不合，一怒之下，捨棄太子之位，出家為僧，被囚繫於靈州（寧夏靈武西南）。西夏滅亡之際，仍有大批佛教信徒，這就為元代佛教的發展提供了條件。

西夏既重視佛教，便在政府機構中設有相應的官署，共有三個，即僧眾功德司、出家功德司、護法功德司。西夏官署分為五品，也即五個等級，中書與樞密為「上品」，即第一級，僧眾功德司等三個宗教管理機構屬「次品」，也即第二級，僅次於上品，其他的文武百官都在這兩品之下，說明西夏統治者何等重視佛教！西夏統治者不惜耗費鉅資供養人數眾多的僧侶，就是要他們編造神話，去愚弄芸芸眾生，俯首貼耳地接受自己的統治。

談論西夏的佛教，就不能不談到藏傳佛教。來自吐蕃（西藏）的喇嘛教，至少在元昊時期便在西夏政治上嶄露頭角。西夏與吐蕃地域相接，早就有經濟、文化交流，吐蕃的喇嘛教被西夏所接受，也是很自然的事。元昊與宋朝媾和後，遣使謝宋朝的冊封，「又遣蕃僧吉外吉法正等報謝景中所賜佛經」，開了喇嘛教僧

侶在西夏政治舞臺上任職的先河。西藏噶瑪葛舉派的都松欽巴是該派初祖法王，在吐蕃影響很大，仁孝派人入藏奉迎，都松欽巴因事不能親至，派弟子格西藏瑣布前來，仁孝尊他為上師，並組織力量翻譯佛經。現在保存完好的《佛說寶雨經》的西夏文版是根據藏文譯者校訂的。其後都松欽巴所創粗布寺建白登哲蚌寶塔時，仁宗皇帝曾贈送赤金纓珞與幢蓋等飾物。西藏薩迦派第三代祖師箚巴堅贊的弟子迥巴瓦國師覺本，被西夏主奉為上師。神宗遵頊光定四年（1214 年），西夏將領萬慶義勇建議夏主聯宋攻金，派蕃僧攜帶蠟丸書前往西和州（甘肅西和縣西南）宕昌寨與宋軍聯繫，宋朝的蕃兵總管馬上上報，但後來沒有結果。西夏派吐蕃僧人為使者，說明對他們是很信任的。蒙古人崛起於漠北草原後，成吉思汗多次出兵進攻西夏，曾向西夏國主的上師、吐蕃人通古娃‧旺秋箚西請教佛法。仁孝任國主時曾規定，凡擔任僧官者，須會讀誦十幾種經咒，其中吐蕃文經咒占了一半，最後還要請精通吐蕃語的人進行考試。南宋人彭大雅撰、徐霆疏證的《黑韃事略》一書說：「西夏國俗，自其主以下，皆敬事國師。凡有女子，必先以薦國師，而後敢適人。」西夏國師多是吐蕃僧人，西夏女子必先和國師同宿，然後才能嫁人，這一記載未必可靠，但從一個側面反映出西夏僧人中吐蕃（西藏）僧人地位最高，因而權勢炙手可熱。有資料表明，吐蕃僧人是西夏剃度僧人的關鍵人物。元人馬祖常的《河西歌》敘述西夏的風俗說：「賀蘭山下河西地，女郎十八梳高髻。茜根染衣光如霞，卻召瞿壇做夫婿。」[66]瞿壇是指喬達摩，原是釋迦牟尼種姓，在詩中泛指僧人。河西則指今甘肅、青海二省黃河以西，即河西走廊與湟水流域一帶，在詩裡是指西夏。西夏的女子年僅十八歲，綺年玉貌，身穿茜草根染的衣服，燦如雲霞，卻找了個僧人做夫婿，這反映出僧人在西夏受人尊敬，生活優裕，因此年輕女子不惜以身相許。流風所及，直到清初，陝西邊郡山中「僧人皆有家小」，按史學家趙翼的說法，此乃「甘、涼一帶舊俗也」[67]。事實上，藏傳佛教在西夏境內河西走廊的瓜（甘肅安西縣東南鎖陽城）、沙（甘肅敦煌）、甘、涼等州的影響遠比其他地區要大，喇嘛教僧侶在西夏政治上和社會上都占有重要地位。

---

66 馬祖常：《石田文集‧河西歌》。
67 趙翼：《陔餘叢考‧妻肉僧》。

西夏的佛經有西夏文、藏文、漢文三種。西夏文佛經中有一部分譯自藏文，還有一部分佛經雖用西夏文寫成，但在每一西夏字旁，又用藏文注其讀音，這說明藏傳佛教在西夏佛教中占有重要地位。漢文佛經有八、九十種，西夏文佛經大約有四百種。多達八百二十部，三千五百七十九卷的西夏文大藏經是中國佛教史上的瑰寶。西夏文佛經分經、律、論三藏。西夏佛教有許多宗派，影響最大的是密宗和禪宗。密宗又稱真言宗，傳說系印度大乘佛教祖師龍樹所創。該宗主張即身成佛，對設壇、供養、誦咒、灌頂等儀式均有嚴格規定，需由導師秘密傳授。西夏人在進入封建社會後，因生產力相對低下，還保留有較為原始的信仰與風俗，因此容易接受密宗那種類似巫術的儀式與條規。禪宗是西夏佛教中影響較大的宗派。該宗主張師徒之間要「以心印心」，在行動與語言上互相默契，而不重視對佛教典籍的鑽研。當時的西夏佛教經卷不論是西夏文還是漢文，都不易掌握，使一般皈依佛門者望而生畏，禪宗因不強調熟悉佛經，因此易於被人們接受。禪宗勢力不斷擴大，一些精通禪學的高僧也就應運而生。除了密宗和禪宗外，佛教流派還有華嚴宗、淨土宗、天臺宗等。他們勢力較小，不能與密宗、禪宗相頡頏，但在西夏百姓中也有一定影響。

　　除了佛教外，西夏還有道教，不過勢力不大，因而引不起人們的注意。如元昊之子寧明曾跟隨道士學習辟穀法，打算不食穀物便升天成仙，結果枉自送掉了性命。宋神宗元豐四年（1081 年），宋軍大舉進攻西夏，百姓四散逃避，「靈州城中惟僧道數百人」。以上兩則記載均見於南宋人李燾撰寫的《續資治通鑑長編》中，說明西夏人中還有一部分信仰道教。

第四節·
元代的
各種宗教

一、薩滿教

　　蒙古族最信奉的是薩滿教，這是起源於原始社會的一種原始宗教。因為原始社會時期生產力低下，一切都受大自然的支配，因而把日月星辰、山川土地、風霜雨雪等自然現象當作崇拜的物件。《黑韃事略》一書中記載，韃靼人認為月亮是善神，能給人帶來幸福，因此每當新月升起時，便望月而拜。《多桑蒙古史》說，韃靼民族與其他遊牧民族一樣，「承認有一主宰，與天合名之，曰騰格里。崇拜日月山河五行之屬。出帳南向，對日跪拜，奠酒於地，以酹天體五行」[68]。忽必烈行軍打仗時，乘坐在一個木製的寶盆裡，「寶盆頂上飄揚著繪有日月圖案的皇旗」[69]。對星辰也很崇拜，對北斗星尤甚，尊之為「七老星」，往往用酸馬奶和其他動物祭祀。此外，還崇拜土地，在薩滿教的頌詞中，稱天為「慈悲仁愛的父親」，稱地為「樂善好施的母親」。推而廣之，與土地有關的山川、河流，也成了蒙古人崇拜的對象。在蒙古人的文告中，最常見的是「長生天」一詞，表明他們對「天」懷著深深的敬意，如現存河南省鹿邑縣太清宮的聖旨碑，第一句

68　馮承鈞譯：《多桑蒙古史》上冊，頁 33，上海，商務印書館，1939。
69　陳開俊等譯：《馬可·波羅遊記》，頁 84，福州，福建科學技術出版社，1981。

話便是「長生天氣裡」，另一塊《海都太子令旨碑》開頭也是「長生天底氣力裡」。元代祭天儀式是很隆重的，「元興朔漠，代有拜天之禮」[70]。

蒙古人還盛行圖騰崇拜。同其他民族一樣，選擇了本民族特別尊敬的動物蒼狼、白鹿作為標誌的圖騰，有的部落以白鴻和鷹為圖騰。這些圖騰就是當時的「部落神」。

蒙古人相信靈魂不死，人死後靈魂仍能脫離軀體而單獨存在，「以為死亡即由此世度彼世，其生活與此世同」[71]。有人患病，在其居住的帳篷前面樹立一支矛，別人不能進入帳內。若不幸死亡，其親友即號哭不已，然後馬上下葬，因為人死以後已受惡鬼的鉗制，不能再與屍體多接觸了。人死亡後，在屍體前要擺上肉和馬乳，平常親近之人要來獻食。埋葬時，將其平常所乘之馬備齊鞍轡，加上弓箭及其他器具一起殉葬，以供死者在另一世界使用。參加過這一葬禮的人，應兩次經過火堆，以祛除不祥之物，死者生前所居之帳幕與其他所用之物都用水洗淨，並設喪食作為紀念。若是宗王病死，便在一帳幕中置死者於座上，前面擺放一張桌子，上面器皿裡陳放肉一塊、馬乳一杯。安葬時將帳幕與雌馬一匹、馬駒一個，另有一匹備了鞍轡的雄馬，連同其他貴重物品，一律埋葬墓中。其葬地保密，派人守護，不許別人走近。這些繁文縟節主要是想為死者在另一世界安排一個理想的生活環境。

成吉思汗認為，無數毫不相干的事可以致災，或遭雷擊，因此嚴禁向水中或灰燼之上撒尿，嚴禁跨火、跨桌、跨食盤，禁止洗滌衣服，直至破弊為止。他們相信冥冥之中有神靈監視陽世上人的舉動，所以才訂下了這些戒律。這種鬼神崇拜與圖騰崇拜、祖先崇拜、自然崇拜，都是蒙古族原始宗教薩滿教的主要信仰。

蒙古人認為，人之所以有災難禍殃發生，是因為惡鬼作祟，祛除之法是擺上供品，請珊蠻（巫師）祈禳。「珊蠻者，其幼稚宗教之教師也，兼幻人、解夢人、卜人、星者、醫師於一身。此輩自以各有其親狎之神靈，告彼以過去、現

70 《元史·祭祀志》。
71 馮承鈞譯：《多桑蒙古史》上冊，頁33，上海，商務印書館，1939。

在、未來之秘密。擊鼓誦咒，逐漸激昂，以至迷惘，及神靈之附身也，則舞躍瞑眩，妄言吉凶，人生大事皆詢此輩巫師，信之甚切。設其預言不實，則謂有使其術無效之原因，人亦信之。」[72] 這些珊蠻大多素質不高，假借天意，信口開河，人們竟信之不疑。《蒙古秘史》記載，成吉思汗篤信珊蠻，晃豁壇族人蒙力克有七個兒子，其中一個叫闊闊出的，又名帖卜騰格里（巫神），成吉思汗對他十分信任，一向言聽計從。他挑撥成吉思汗與弟弟合撒兒的關係，說長生天指示，合撒兒將對成吉思汗構成威脅，成吉思汗不問青紅皂白便把合撒兒逮捕，然後加以拷打審問，多虧訶額侖母親救出。闊闊出又奪取了成吉思汗另一個弟弟斡惕赤斤所屬的百姓，斡惕赤斤前往索要時，闊闊出又罰他下跪。成吉思汗忍無可忍，才命斡惕赤斤把闊闊出打死。「帖卜騰格里死去以後，晃豁壇族的兒子們都老實了。」[73] 以後又產生了新的珊蠻，不過他再也不敢凌駕於成吉思汗之上了。珊蠻制度存在了很久，定宗貴由死後，由皇后斡兀立海迷失監國，她「嗜巫術，終日與珊蠻共處，政綱紊弛極矣」[74]。可見那時珊蠻仍有很高地位。

隨著對外軍事擴張，亞洲、歐洲的廣袤土地都相繼成了蒙古人囊中之物。這些地區有多種宗教，成吉思汗的政策是，不將自己信仰的薩滿教強加於被征服的任何民族，不管他們信仰何種宗教，成吉思汗都不加干預，只要有利於自己的軍事擴張，各種宗教都允許存在。這種相容並蓄的政策，減少了許多軍事衝突，的確不失為一項明智之舉。「成吉思汗親自規定，一切宗教都應受到尊重，不得偏愛，對於各種教士都應恭敬對待，把它作為法令的一部分。這項原則，所有他在東方和西方的後裔歷代都忠實地予以遵守。」[75] 成吉思汗的子孫中，按照各自的意願和愛好，可各選擇一種宗教，如蒙哥汗和貴由汗（即憲宗和定宗）信奉基督教，蒙哥之母唆魯禾帖尼信奉景教，忽必烈之孫阿難答則信奉伊斯蘭教等等，也有不信任何宗教的。「他們雖然選擇一種宗教，但大多數不露任何宗教狂熱，不

72 同上。

73 謝再善譯：《蒙史秘史》，頁 241，中華書局，1957。

74 馮承鈞譯：《多桑蒙古史》上冊，頁 263。

75 道森編、呂浦譯、周良霄注：《出使蒙古記·緒言》，頁 18，該緒言由道森寫成，北京，中國社會科學出版社，1983。

違背成吉思汗的箴撒，也就是說，對各教一視同仁，不分彼此。」[76]元世祖忽必烈說：「人類各階級敬仰和崇拜四個大先知。基督教徒，把耶穌作為他們的神；撒拉遜人，把穆罕默德看成他們的神；猶太人，把摩西當成他們的神；而佛教徒，則把釋迦牟尼當作他們的偶像中最為傑出的神來崇拜。我對四大先知都表示敬仰，懇求他們中間真正在天上的一個尊者給我幫助。」[77]

二、佛教

蒙古人最早接觸的佛教是禪宗，這是漢化了的佛教，口心相傳，沒有文字，與其他以經典相傳的宗教不同。元太祖九年（1214 年）蒙古人攻陷了金人轄下的寧遠（山西五寨北），成吉思汗召見當時只有十三歲的僧侶海雲及其師父中觀，這是接觸佛教之始。成吉思汗遠征西域時，在戎馬倥傯之際，還未忘記中觀、海雲師徒，允許他們統轄漢地僧人，並蠲免其差役。成吉思汗開了優待佛教徒的先例，他的繼承者也亦步亦趨，對佛教徒優禮有加。忽必烈在潛邸時，海雲曾北上朝覲，給忽必烈留下了深刻印象。禪宗中的一支曹洞宗有個僧人叫萬松，萬松的弟子耶律楚材是蒙古國時期的治世能臣，頗受元太宗窩闊臺的信任。十三世紀中葉，吐蕃佛教（喇嘛教）在宮廷中地位超過了禪宗，但就全國而言，禪宗仍然最為流行，白雲宗、白蓮教是從佛教派生出來的，在南方擁有眾多的信徒。

蒙古人何時與吐蕃佛教結下不解之緣，迄今還未取得一致意見，但元太宗窩闊臺的兒子闊端是蒙古人接觸吐蕃佛教的關鍵人物，則一向沒有異議。闊端受封領有青藏地區、駐戍涼州（甘肅武威），派將軍多達率軍入藏，回來後向闊端報告了烏斯藏各教派的情況，建議任命其宗教首領管理其地。闊端決定邀請烏斯藏宗教領袖薩斯迦班智達一晤，薩斯迦班智達攜帶兩個侄子八思巴、恰那奔赴涼州，商談了烏斯藏歸順蒙古的條件，併發回了致烏斯藏納里的僧俗首領的信，從

---

76 志費尼著、何高濟譯：《世界征服者史》上冊，頁 29，呼和浩特，內蒙古人民出版社，1980。
77 陳開俊等譯：《馬可‧波羅遊記》，頁 87。

此西藏正式歸入中國版圖。八思巴曾謁見忽必烈於征滇途中，為他的妻、子行灌頂禮，並留侍在他身旁。與八思巴一同前往的還有噶瑪噶舉派的噶瑪拔希，他在謁見忽必烈後，又北上朝覲憲宗蒙哥。後來噶瑪拔希涉嫌支持阿里不哥與忽必烈爭帝，忽必烈即位後疏遠了他。薩斯迦派的地位空前提高，八思巴被封為國師，授以玉印，統領釋教。

至元六年（1269年）八思巴因創制蒙古新文字有功，被封為帝師大寶法王，在中央設總制院（後來更名為宣政院），如遇吐蕃有事，即分院往鎮，用人自選。總制院長官品秩為從一品，帝師是當然人選，下面的院使十人，第一名由中央政府任命，第二名由帝師薦舉僧人充任，這就是元朝特有的帝師制度。帝師位尊勢隆，他可主持宮廷的某些重大佛事活動，其職責中有一項是給元朝天子與皇室傳授佛戒，舉行灌頂等宗教儀式。皇帝即位之前，須從帝師受佛戒九次，八思巴就給忽必烈、皇后察必、皇太子真金講解過佛教教義。至元十七年（1280年）八思巴圓寂，忽必烈給他加了一大串封諡：「皇天之下、一人之上、開教宣文輔治大聖至德普覺真智佑國如意大寶法王、西天佛子、大元帝師」。自八思巴後，帝師成為制度，直到元朝滅亡，歷代皇帝都有帝師。帝師帶領僧徒作佛事，為皇帝及皇室成員延壽，祈禱國泰民安。同時也給皇室成員受戒。如泰定三年（1326年）皇后亦憐真八剌受佛戒於帝師，次年皇子又受佛戒於智泉寺。帝師掌領的宣政院，與中書省、樞密院、御史臺成為朝廷的四個獨立系統，有權自闢官屬。各路府州縣都有管理佛寺僧徒的機構，直屬於宣政院，不受同級政府管轄。江南地區曾設行宣政院，管領江南各省佛教，僧官由宣政院任免。

上有所好，下必甚焉。因元朝皇帝信仰吐蕃佛教，對佛教徒優禮有加，蒙古王公貴族也紛紛起而效尤，使得佛教在蒙古人中迅速發展。長期生活在干戈俶擾中的百姓，不想再受刀兵之苦，希望有一個安定的生活環境，便也紛紛皈依佛門，全國各地興起了一股修建佛寺之風。如和林（蒙

「全寧路三皇廟」銅祭器（元）

古人民共和國鄂爾渾河上游東岸哈爾和林）有佛寺十二座，即使在比較偏僻的今蒙古人民共和國庫蘇吉爾省阿爾布拉縣境內，也興建有為憲宗蒙哥祝福的釋迦院。上都（內蒙正藍旗東閃電河北岸）寺廟林立，僅《元史》所記，就達一百六十七座，其中的乾元寺、開元寺、天元寺、萬安寺、帝師寺等，都是有名的寺院。其他如今內蒙呼和浩特東郊的白塔村，元代叫豐州，屬汪古部管轄範圍，境內佛寺甚多，有宣教寺、定林禪寺、薦福寺等。內蒙古赤峰市克什克騰旗係元代弘吉刺部按陳那顏牧地，為應昌府所在地，城中有報恩寺。這一類的寺廟幾乎到處都有。

元代舉行佛事活動耗資之巨，遠遠超過了其他朝代。如延四年（1317 年）宮廷佞佛用面四十三萬九千五百斤、油七千九百斤、酥二萬一千八百七十斤、蜜二萬七千三百斤，這些支出完全是民脂民膏，統治者卻揮金如土，毫不斬惜。佞佛活動頻繁，造成國庫空虛，百姓負擔沉重，無怪乎有人驚呼：「國家經費，三分為率，僧居二焉。」[78]佛教徒又依仗權勢，為非作歹，怙惡不悛。「為其徒者，怙勢恣睢，日新月盛，氣焰熏灼，延於四方，為害不可勝言。」[79]如江南釋教總統楊璉真加挖掘杭州南宋諸帝及大臣墳墓一百零一所，殺無辜平民四人，受人獻美女、寶物無算，攘奪別人財物，計黃金一千七百兩，銀六千八百兩，其他寶玩甚多。至於公然奪民田產，搶掠良家子女為奴婢，強占屬於國家的山場、河泊、關津、橋梁等等，更是屢見不鮮。至大元年（1308 年）上都開元寺僧人強買民薪，百姓上告到留守李璧處，李璧剛詢問根由，僧人已持棍闖入公堂，將他按倒在地，大施威虐，並將他囚入空室，僧人卻遇赦得免。次年又有僧人與諸王妃子爭道，「拉妃墮車毆之，且有犯上等語，事聞，詔釋不問」[80]。順帝年間，吐蕃僧人以運氣術討好天子，號「演揲兒法」，還有「雙修法」、「秘密法」，「皆房中術也」[81]。元朝之所以不足百年而亡，與喇嘛教的氾濫是有很大關係的。

除了喇嘛教外，還有禪（即禪宗）、教（分天臺、華嚴、法相三宗）、律（即

---

78 張養浩：《歸田類稿·時政書》，乾隆五十五年周氏刻本。
79 《元史·釋老傳》。
80 同上。
81 《元史·哈麻傳》。

律宗）三大流派。這三個流派的特點是「禪尚虛寂，律戒嚴行，而教則通經釋典」。元代最流行的是禪宗中的臨濟、曹洞兩家，大體上說來，臨濟宗流行於南方，曹洞宗流行於北方。曹洞宗的代表人物是金元之交的萬松行秀，他是耶律楚材之師。行秀的另一弟子福裕曾主持西京（山西大同）少林寺，福裕一系是元代曹洞宗的主要繼承者。臨濟宗的大師當首推北方的海雲印簡，他與成吉思汗、忽必烈祖孫兩人都有交往，忽必烈的重要謀士劉秉忠是他的弟子。由於這層關係，海雲被推崇為中興禪宗的臨濟第十六代祖師。南方的臨濟宗代表人物有雪岩祖欽、高峰原妙、中峰明本等師徒。

白雲宗和白蓮教是由佛教派生出來的兩個道門。白雲宗是北宋末年洛陽寶應寺僧孔清覺在杭州白雲庵發起的，提倡素食念佛，故稱白雲宗。宋代白雲宗一直未獲得合法地位，入元受到承認，仁宗延年間被取締。白蓮教產生於南宋初，入元後有時承認，有時禁絕，元末農民大起義時，就是以白蓮教作號召的。

三、道教

進入元代後，全真教的首領丘處機因給成吉思汗講過修身養命之道而大受賞識，獲得了比太一、大道諸教及佛教、儒學更為優越的地位。丘處機死後，繼任者尹志平、李志常為促成本宗的興盛繁榮付出了很大心血。他們不但在終南祖庭會葬了祖師王喆，為丘處機舉行了顯赫的葬禮，而且廣築道觀，甚至在山水迢遞的和林也建了道院，同時還刊印道藏。丘處機跋涉萬里覲見成吉思汗的經過，也由李志常著錄成《長春真人西遊記》，才得流傳至今。丘處機的第四代傳人祁志誠，居住雲州（河北赤城縣北雲川）金山，道譽甚隆。丞相安童曾向其問道，志誠告以修身治世之要，安童接受了他的意見，在輔佐世祖時，以清靜忠厚為主。等到罷職還第時，意態悠閒，似與世無爭的人，世人都認為他是受了志誠的啟發。後來安童又被召為相，辭而不就，世祖不允，安童又去志誠處求教，志誠未說其他，只說：「昔年你的同僚有哪些人？現在的同僚是哪些人？」安童大悟，入見世祖說：「為臣昔年當宰相時，年紀尚輕，輔佐陛下不出差錯，是因為殿中

的大臣多是我的師友，能給我出主意想辦法，今天的大臣都是和我一樣剛剛提拔的，配合不會很默契，臣的政績怎能超過當年呢？」世祖問：「誰給你講的這番話？」安童回答說是祁真人，世祖嗟歎不已。

與佛教徒一樣，元朝也設有道官管理僧徒。在中央，道教屬於集賢院管轄，地方上郡置道官一人，官階為五品，宮觀設置主掌。全真教宗師的繼承由道徒推薦，報朝廷批准。

全真教在其全盛時還刊刻道藏《玄都寶藏》，為了提高全真教的知名度和爭取道流的正宗地位，掌教尹志平決定命披雲真人宋德方主持刊藏，先後設立了經局二十七處，以管州（山西靜樂）所存《大金玄都寶藏》為基礎，並旁搜博采遺佚，再加上全真道人的其他著述，一併刻入道藏中，共印了一百多部。可惜蒙哥時期釋道大辯論時道教敗北，道藏中很大一部分被焚毀，這是很可惜的。

正一道又稱玄教，是元代道教符籙派的統稱。該教創自漢代張道陵，後居江西龍虎山。傳至三十六代張宗演時，正值世祖剛剛覆滅南宋，統一全國，遣人召見張宗演，待以客禮，對他說：「己未年（理宗開慶元年，即 1259 年）我率師駐紮武昌城下，曾派人訪問你的父親，你父親給我捎話說，二十年後當混一天下，神仙之言今天已經應驗了。」特地賜宴，並賞賜張宗演玉芙蓉冠，組金無縫服，命令他主管江南道教。至元二十九年（1292 年）張宗演死，其子與棣嗣位，為第三十七代宗師，仍然掌管江南道教。兩年後，與棣死於京師，由其弟與材嗣位，為第三十八代宗師。大德年間，成宗在上都召見與材，授為正一教主，主領龍虎山、皇山、茅山三山符籙。武宗即位，與材又來覲見，被封為留國公。他死後由其子嗣成繼任，為第三十九代，「襲領江南道教主領三山符籙如故」[82]。

元代正一教還有兩個著名的人物，一個是張留孫，另一個是吳全節。張留孫是信州（江西上饒）貴溪人。張宗演奉命北覲忽必烈時，留孫從行。因正一道持符籙念咒作法，更易取得蒙古統治者的信任。忽必烈想留下正一道士常住大都，

---

82 《元史·釋老傳》。

其他道士均以北方地高風寒為由，婉辭而去，只有張留孫因奏對稱旨留了下來。留孫善於驅邪禳災，漸受元廷眷隆。至元二十五年（1288 年），元廷讓他參與掌管道教的集賢院事，張留孫馬上成了南北道教諸派的欽定盟長。此後，他主盟道壇三十多年，受玄教大宗師印，領集賢院士，秩二品，位在大學士之上，是元代品秩最高的道官。張留孫死後，深通儒學的吳全節繼任玄教大宗師。他除主盟道教外，還以自己的特殊身分參議朝政，與其他大臣的關係也很融洽。這個時期正一道對元廷的政治影響，似乎超過了勢力煊赫的全真教。

真大道教為金初劉德仁創建，五傳至酈希成，住在燕京天寶宮，憲宗蒙哥始賜名為真大道教，授希成為太玄真人，領教事，賜以冠服，又給紫衣三十襲，分發給其門徒。至元五年（1268 年）世祖忽必烈命希成的門徒孫德福統轄諸路真大道教。傳至張志清掌教時，他「捨傳徒步至京師，深居簡出，人或不識其面。貴人達官來見，率告病，伏臥內不起。至於道德縉紳先生，則納屨杖屨求見，不以為難」[83]。比起那些趨炎附勢，橫行無忌的道教徒來，他的節操還是比較高尚的。

太一教是金朝天眷年間衛郡道士蕭抱珍所創。四世祖蕭輔道被忽必烈之母唆魯禾帖尼賜號為中和仁靖真人，忽必烈在潛藩時對他也很尊重。五世祖李居壽在劉秉忠死後曾掌管兩京（大都、上都）太一宮祠事。

四、伊斯蘭教

伊斯蘭教是七世紀阿拉伯人穆罕默德創立的宗教，唐代傳入中國。成吉思汗建國前，伊斯蘭教商人到過蒙古經商。成吉思汗建國後，大批伊斯蘭教商人來到中國，與蒙古權貴合夥經商。「蒙古幾次西征後，中西交通非常發達。中亞和西亞的回回人通過各種途徑（被俘、投降、經商、求官、應召）大批來華，其中不

---

83 同上。

僅有商人，還有工匠、技師、軍官、兵士、教士、貴族、平民、婦女等各色人。其中不少人在政治上取得了較高的地位。」[84]如為太宗理財的奧都剌合蠻，丞相、阿合馬，治世能臣賽典赤‧瞻思丁等人都是回回人。

元代回回人足跡遍天下，凡回回人大多數都信仰伊斯蘭教，很少有例外。這一方面是因為回回人善於經商，要奔走四方；另一方面是因為元朝政府採取了宗教相容政策，使得伊斯蘭教得以在全國傳播。他們居住大體上是大分散、小集中，始終保持自己的風俗習慣特色。元朝建國之初的中統三年（1162 年），中都（北京）即有回回人三千餘戶，多係富商大賈。

依據諸色人戶各依本俗管理的規矩，元朝政府在中央設有回回哈的司，掌管宗教活動及有關回回人的戶婚、錢糧以及部分刑名事務。

元代伊斯蘭教僅流行於回回人中，蒙古人權貴中只有忽必烈之孫阿難答是虔誠的伊斯蘭教徒。他是安西王忙哥剌之子，忙哥剌領有的關隴河西地區，正是西域進入中原的孔道，這裡回回人甚多，阿難答自小受到伊斯蘭教的薰陶，便皈依了該教。他的部下十五萬人中有一半以上信仰伊斯蘭教。成宗崩後，他爭奪帝位失敗被誅，但是伊斯蘭教在西北地方的影響卻無法消除了。明末在元代的亦集乃路（內蒙額濟納旗東黑城）還發現過伊斯蘭教的禮拜寺遺址。

五、基督教

景教是基督教的一個教派，稱聶斯脫利派，元代文獻也寫作耶里可溫。景教在唐代傳入中國，當時稱波斯經教，教堂稱波斯寺，後來改稱大秦寺。遼、金時期，中國西北和北方的一些少數民族如克烈部、乃蠻部、汪古部等信仰景教。元代設崇福司，「掌領馬兒‧哈昔、列班、耶里可溫、十字寺祭享等事」[85]。馬兒‧

---

84 楊志玖：《元史三論‧元代回回人的政治地位》，頁 246，北京，人民出版社，1985。
85 《元史‧百官志五》。

哈昔是敘利亞文的音譯，是對聶斯脫利主教的稱呼；列班意為法師、律師，是對聶斯脫利僧侶的稱呼。他們也享有蠲免差發的優待。元代景教徒較多的地區是唐古特（泛指青海、西藏地區）、汪古、大都及江南部分地區。

馬可·波羅在他的遊記中記載，葉爾羌城（新疆莎車）的「居民一部分信仰基督教」；莎車（今屬新疆）王國「一小部分是聶斯脫利派基督徒，向大汗稱臣納貢」；沙州（甘肅敦煌）「居民大部分是土庫曼族，少部分是聶斯脫利派基督教徒和回教徒」；甘州（甘肅張掖）「也有一部分基督教徒和回教徒」。[86]蒙古國建立後，大汗的親屬中便不乏基督教徒，拖雷之妻、忽必烈的母親唆魯禾帖尼就是其中的一個。定宗貴由對基督教有著濃厚的興趣，《蒙古史》一書的作者加賓尼敘述他的見聞說：「據經常同他在一起的基督教徒告訴我們……他們堅信，他即將成為一個基督教徒。關於這一點，他們有明顯的證據，因為他供養著基督教的教士們，並且以基督教方面的供應品供給他們。再者，在他的大帳幕前面經常附設一座禮拜堂。」[87]應唆魯禾帖尼之召東來的敘利亞人愛薛，出身於聶斯脫利世家，曾掌領過崇福司事。元朝的勁旅阿速軍，是從高加索地區徵集來的，他們都是基督教徒。

遊牧於鄂爾渾河和土拉河之間的克烈部，其貴族信仰聶斯脫利派基督教，後為蒙古所滅。遊牧於阿爾泰山周圍的乃蠻部也是聶斯脫利派教徒，也被蒙古人滅亡。從此之後，汪古部成為東方信仰聶斯脫利教的最著名部族。汪古部原居西域，後遷內蒙，信仰景教。汪古部首領阿剌兀思曾與成吉思汗合勢進攻乃蠻，皈依蒙古人較早，其駐地之一是黑水（內蒙達茂旗艾不蓋河）附近的按打堡子，該地曾發現有刻著「十」字的殘磚，可能是景教徒的禮拜堂。元代淨州路（內蒙四子王旗西北城卜子村）居住著汪古部馬氏一家，信景教，元代著名文學家馬祖常即其後裔。馬氏為景教世家，其先祖由西域輾轉遷至淨州。另外，在砂井（內蒙四子王旗紅格爾蘇木）也發現有景教遺跡。

---

86 陳開俊等譯：《馬可·波羅遊記》，頁 43、44、49、54，福州，福建科學技術出版社，1981。

87 〔英〕道森編、呂浦譯：《出使蒙古記》，頁 66，北京，中國社會科學出版社，1983。

大都是元代政治中心，也是基督教各派爭相活動之地，聶斯脫利教在這裡有一定勢力，北京郊區房山縣至今還保留有十字寺的遺址。江南的基督教是在南宋覆亡後傳入的，杭州、揚州、泉州等地都有傳教士活動，且有教堂存在。元以後景教逐漸衰落，西北方少數民族改信伊斯蘭教，汪古部則改信佛教了。不過景教在促進東西方文化交流方面所起的積極作用，是不應抹殺的。

第五節 ·

金代、元代三教（儒、佛、道）歸一思想的發展

一、金代的三教合流

金代末年出現了儒、釋、道三教合一的**趨勢**，這是當時文人學者與金朝統治者逐步走向合作的反映，也是各民族文化交流融合的結果，更是儒、釋、道三教發展的必然趨勢。原來三教門戶森嚴，各有畛域，到了金末，儒士與佛、道教徒的交往日益密切，他們精通儒家經典自不必說，同時還精通佛、道教義，而佛教徒與道教徒也有許多人精通儒家經典，社會上出現了許多儒、釋、道兼通的人，不少人開始自覺地尋求三教合一的途徑。金朝後期的文壇領袖趙秉文既對北宋二程理學有研究，又兼通佛、道，在學術界影響很大。另一金末學者李純甫普讀佛、道書籍，以佛相容儒、道著述合三家為一。全真道更明確主張儒、釋、道合一，把儒家的忠孝、佛家的戒與道教的丹鼎合而為一。這一文化現象對中國文化思想的發展有重要影響。

二、元代的三教合流

早在蒙古國時期，最有名的大臣耶律楚材就主張釋、道、儒三教合一。他的老師萬松老人兼通釋、儒，造詣精深，對他影響很大。「他一方面讓楚材領悟禪機，認識到佛法最為博大，最終一切都歸結為佛的旨意；另一方面卻使楚材保存了入世的念頭，而為了入世，則必須踐行儒家的學說」[88]。在萬松老人看來，信佛信儒可以並行不悖，他要求耶律楚材以佛治心，以儒治國。耶律楚材遵循萬松老人的教誨，終於脫穎而出，成為元代最有名的政治家。耶律楚材是三教同源論者，他多次說「三教根源本自同」，「須知三教皆同道」，「三聖元來共一庵」，還認為老子、孔子

耶律楚材像

和釋迦牟尼是三位聖人，其教皆有益於世。就耶律楚材本人的信仰而言，他是同佛、儒兩教聯繫在一起的。他本信奉儒教，即使在把佛法認作真理之源以後，仍然十分重視孔教的價值與意義。

進入元朝以後，儒、釋、道三教合流的思想繼續有所發展。元朝各代皇帝都以西番僧為師，「雖帝后妃主，皆因受戒而為之膜拜」[89]。佛教徒怙勢恣睢，氣焰熏灼，為害不可勝言。與此同時，又大力推崇儒學，成宗時建宣聖廟於京師，武宗至大元年（1308 年）加孔子號為大成至聖文宣王，先後以顏子、曾子、子思、孟子、周敦頤、程頤、程顥、張載、朱熹、司馬光、張栻等從祀。仁宗就認為，若論明心見性，自然是佛教為深。但若要修身治國，自非儒教不可。他說：「朕所願者，安百姓以圖至治，然匪用儒士，何以至此。設科取士，庶幾得真儒之用，而治道可興也。」[90]他已認識到，若要治國安邦，釋、儒皆不可偏廢的道

---

88 黃時鑑：《耶律楚材》，頁 12，上海，上海人民出版社，1986。
89 《元史·釋老傳》。
90 《元史·仁宗本紀一》。

理。

元代尊崇國師，西番僧人有很高的地位。世祖命大臣廉希憲受戒，希憲是儒士，並不信佛，很巧妙地回答說：「臣受孔子戒矣」。世祖從未聽說過孔子有什麼戒律，很懷疑地問：「孔子亦有戒耶？」希憲回答說：「為臣當忠，為子當孝，孔子之戒，如是而已。」[91]把孔子所提倡的忠孝與佛教戒律相提並論，的確是令世祖滿意的回答。大臣孛術魯翀在翰林院為皇帝講解經史，有一次皇帝問他儒、釋、道三教何者為貴，魯翀回答說：「釋如黃金，道如白璧，儒如五穀。」表面看來，魯翀把佛、道比作黃金與白璧，的確珍貴無比，儒教只是五穀，其價值與黃金、白璧相去甚遠，皇帝大惑不解地問：「若然，則儒賤耶？」魯翀不慌不忙地說：「黃金、白璧無亦何妨？五穀於世豈可一日闕哉！」[92]黃金、白璧雖貴，但沒有它也不影響生活；五穀雖賤，但沒有它就要餓肚子，就實用價值來說，五穀在黃金、白璧之上。還有一次，帝師至京師，朝臣一品之下，皆乘白馬郊迎。大臣匍匐於地進酒，帝師傲不為禮。只有孛術魯翀舉杯說：「帝師，釋迦之徒，天下僧人師也。余，孔子之徒，天下儒人師也。請各不為禮。」[93]這種不卑不亢、非常得體的話，使帝師無話可說，只得笑而舉杯飲酒。這段故事說明，佛教雖貴，但並不自居於儒教之上，而是各守其分。

全真道人李道純在一篇問答語錄中說：「涅槃與脫胎，只是一個道理。脫胎者，脫去凡胎也，豈非涅槃乎？如道家煉精化氣，煉氣化神，煉神還虛，即抱本歸虛，與釋氏歸空一理，無差別也。」[94]說佛、道兩家沒有差別，確實是見解獨到。別人又問他：「脫胎後還有造化嗎？」道純回答：「有造化。在聖人云：身外有身，未為奇特，虛空粉碎，方露全真。所以脫胎之後，正要腳踏實地，直待與虛空同體，方為了當。且如佛雲真空，儒曰無為，道曰自然，皆抱本還原，與大虛同體也。執著之徒，疇克知此一貫之道哉！」這裡把佛、儒、道聯繫在一起，無論從哪個角度說，脫胎都是「抱本還原，與大虛同體」，更證明儒、釋、

---

91 《元史·廉希憲傳》。
92 《南村輟耕錄·三教》。
93 《元史·孛術魯翀傳》。
94 《清庵先生中和集》，轉引自周良霄、顧菊英：《元代史》，頁766，北京，人民出版社，1986。

道三教合流，同出一源了。

　　《南村輟耕錄》的作者陶宗儀，在書中有《三教一源圖》，把儒分成理、性、命三部分；釋分成戒、定、慧三部分；道分成精、氣、神三部分，然後加以比附。這種做法雖然滑稽，但在表述三教合一這個命題上，還是很有見地的。

亮點書系．中國文化通史 A1001011

中國文化通史・遼西夏金元卷　上冊

主　　編　鄭師渠

版權策畫　李　鋒

發 行 人　陳滿銘

總 經 理　梁錦興

總 編 輯　陳滿銘

副總編輯　張晏瑞

編 輯 所　萬卷樓圖書股份有限公司

排　　版　菩薩蠻數位文化有限公司

印　　刷　維中科技有限公司

封面設計　菩薩蠻數位文化有限公司

出　　版　昌明文化有限公司

桃園市龜山區中原街 32 號

電話 (02)23216565

發　　行　萬卷樓圖書股份有限公司

臺北市羅斯福路二段 41 號 6 樓之 3

電話 (02)23216565

傳真 (02)23218698

電郵 SERVICE@WANJUAN.COM.TW

大陸經銷

廈門外圖臺灣書店有限公司

電郵 JKB188@188.COM

ISBN 978-986-496-164-1

2018 年 1 月初版

定價：新臺幣 420 元

如何購買本書：

．劃撥購書，請透過以下郵政劃撥帳號：

帳號：15624015

戶名：萬卷樓圖書股份有限公司

．轉帳購書，請透過以下帳戶

合作金庫銀行 古亭分行

戶名：萬卷樓圖書股份有限公司

帳號：0877717092596

．網路購書，請透過萬卷樓網站

網址 WWW.WANJUAN.COM.TW

大量購書，請直接聯繫我們，將有專人為您
服務。客服：(02)23216565 分機 610

如有缺頁、破損或裝訂錯誤，請寄回更換

版權所有・翻印必究

Copyright©2016 by WanJuanLou Books CO., Ltd.

All Right Reserved　　　　Printed in Taiwan

國家圖書館出版品預行編目資料

中國文化通史. 遼西夏金元卷 / 鄭師渠著. --
初版. -- 桃園市 ：昌明文化出版 ；臺北市 ：
萬卷樓發行, 2018.01

　冊 ；　公分

ISBN 978-986-496-164-1(上冊 ：平裝). --

1.文化史 2.中國

630　　　　　　　　　　　　107001805

本著作物經廈門墨客知識產權代理有限公司代理，由北京師範大學出版社（集團）
有限公司授權萬卷樓圖書股份有限公司出版、發行中文繁體字版版權。